YUCATÁN
Cobá
Chichén Itzá
Dzibilchaltún
Mayapán
Tulum
Isla Cozumel
Uxmal
Jaina
Kabáh
Sayil
Labná
QUINTANA ROO
Mexiko
TIEFLAND-MAYA
CAMPECHE
Santa Rita
Cerros
Altun Ha
Lamanai
Usumacinta
TABASCO
El Mirador
Uaxactun
Venta
Palenque
Tikal
BELIZE
Piedras Negras
Yaxchilán
Pasion
Bonampak
Chiapa de Corzo
CHIAPAS
PETEN
HOCHLAND-MAYA
Quirigua
Nebaj
Utatlan
Motogua
HONDURAS
GUATEMALA
Copan
Izapa
Iximché
Kaminaljuyu
Ocos
Abaj Takalik
El Baúl
EL SALVADOR

Ulrike Peters

Die Azteken

Ulrike Peters

Die Azteken

Mythos und Wirklichkeit

marixverlag

Aussprache:
Orts- und Personennamen des Nahuatl werden nach spanischen Sprachregeln ausgesprochen, so Chihuahua = Tschiwawa, d. h.:
Ch = tsch
j = ch
ll = lj
c = k (vor e und vor i = z)
u = w
x = s vor Konsonanten

Abkürzungen:
MNA = Museo Nacional de Antropología = Nationalmuseum für Anthropologie in Mexiko-Stadt

Inhalt

Einleitung

So werde ich also gehen müssen,
wie die Blumen verwelken?
Nichts wird übrigbleiben von meinem Namen?
Bleibt keine Erinnerung an mich auf dieser Erde?
Wenigstens Blumen, wenigstens Gesang![1]

Diese Frage eines anonym verfassten Gedichtes aus den *Cantares Mexicanos*, den »Altaztekischen Gesängen«, kann man nur dahingehend beantworten, dass die Azteken bzw. die Nahuas noch heute mit circa zwei Millionen die größte indianische Volksgruppe in Mexiko bilden und die aztekische Kultur bis in die Gegenwart das Land prägt.

Die Kultur der Azteken ist die bekannteste unter den altmexikanischen Kulturen. Meistens verbindet man mit den Azteken Krieg und Menschenopfer. Weniger bekannt ist jedoch, dass die Azteken sich durch eine hochentwickelte Kultur mit Schrift und Kalender sowie Philosophie, Theologie und Dichtung auszeichneten. So gab es unter den aztekischen Herrschern Universalgenies, die nicht nur durch ihre Eroberungen, sondern auch als Philosophen und Dichter berühmt wurden. Ein Hauptthema aztekischer Philosophie und Dichtung ist die Vergänglichkeit und der Sinn des Lebens. Von den Azteken besitzen wir nicht nur archäologische Zeugnisse wie z. B. Tempel sowie Kunstwerke wie z. B. monumentale Steinplastiken oder hervorragende Federarbeiten, sondern im Unterschied zu anderen indianischen Hochkulturen auch eigene schriftliche Quellen aus vorspanischer Zeit in Form von Bilderhandschriften bzw. Codices. Darüber hinaus sind die entsprechenden Berichte und Geschichtswerke sowohl spanischer wie auch indianischer Autoren aus der spanischen Zeit zu nennen.

Von sehr bescheidenen Anfängen als kleine Gruppe von Einwanderern im Hochtal von Mexiko gelang den Azteken ein rasanter Aufstieg zur mächtigsten Herrschaftsmacht in Mittelamerika. Von ihrer Hauptstadt Tenochtitlán (heute Mexiko-Stadt) herrschten sie über ein Gebiet von über 200 000 km² vom heutigen

1 *Cantares Mexicanos* 9v., in: Miguel León-Portilla 1986, 154 (dt. Übersetzung U. P.).

Bundesstaat San Luis Potosí bis zur heutigen Grenze Guatemalas und über ca. 5–6 Millionen Menschen. Dabei übernahmen sie viele kulturelle Leistungen der vorangegangenen Kulturen wie z. B. von den Olmeken, von Teotihuacán und den Tolteken oder von den Nachbarvölkern wie z. B. den Chichimeken, Mixteken oder Zapoteken. Eine Truppe von 600 Spaniern unter Führung von Hernán Cortés beendete diese Herrschaft mit der Eroberung von Tenochtitlán 1521. Für die Indianer begann mit der Kolonialzeit nach der Eroberung eine Zeit der Unterdrückung und Ausbeutung.

Aztekische Tradition ist nach wie vor in Gesellschaft und Alltagsleben Mexikos präsent. So sind z. B. die Werke der auch bei uns bekannten mexikanischen Künstler wie Diego Rivera, Frida Kahlo oder Carlos Fuentes von der indianischen Tradition geprägt. Die Kenntnis der indianischen Vergangenheit ist dementsprechend eine Voraussetzung für das Verständnis der Kultur und Gesellschaft des heutigen Mexikos. Denn die aztekische Vergangenheit ist für die mexikanische Identität heute ein wichtiges Kriterium. So ist das Nationalmuseum für Anthropologie in Mexico City, das die weltweit bedeutendste Sammlung aztekischer und altmexikanischer Geschichte bietet, gleichzeitig eines der prägnantesten Symbole mexikanischer Selbstdarstellung. Und die heilige Jungfrau von Guadalupe ist seit der Mexikanischen Revolution nicht nur Symbol indianischer, sondern auch mexikanischer Identität. Ihr Heiligtum steht an dem Ort der aztekischen Erdgöttin und ihr Kult stellt somit eine Form indianisch-christlichen Synkretismus dar. Allerdings ist auch die Ambivalenz nicht zu übersehen, die zwischen der stolzen Präsentation der mexikanischen Vergangenheit, der Verehrung aztekischer »Helden« wie Cuauhtémoc, dem letzten Aztekenherrscher, oder Nezahualcóyotl, dem berühmten Herrscher von Texcoco, auf der einen Seite besteht und der sozialen Realität andererseits, in der dem Indio nur ein Platz in der untersten Gesellschaftsschicht zukommt.

»Die blutige Herrschaft der Azteken«[2] – so ein Buchtitel – ist nur ein Beispiel dafür, dass die Azteken nicht selten als Paradigma für Barbarei angeführt werden. Dabei wird meist auf die

2 Von Dale M. Brown, Time Life 1999.

Menschenopfer, auf die Kriege und den Polytheismus verwiesen. Waren die Azteken also grausamer als andere Kulturen dieser Welt, waren ihre Menschenopfer »blutiger« als in anderen Religionen? Was davon ist Mythos, was ist Geschichte? Die vorliegende Darstellung versucht, diesen Fragen nachzugehen und die aztekische Kultur und Geschichte in ihrer Vielschichtigkeit aufzuzeigen. Im Vordergrund stehen daher nicht nur die Geschichte der Azteken von den Anfängen bis zur Gegenwart, sondern auch die vielfältigen und faszinierenden Aspekte ihrer Kultur wie Gesellschaft, Wirtschaft, Religion, Kunst, Philosophie und Wissenschaft. Der vorliegende Überblick über die Vielfalt und Besonderheiten der aztekischen Kultur versteht sich als erste Einführung, nicht als wissenschaftliche Arbeit. Mein besonderer Dank gilt in diesem Zusammenhang auch Herrn Stefan Gücklhorn, dem zuständigen Lektor des Verlags.

Anzumerken ist, dass Nahuatl keine Schriftsprache war und die Sprache in spanischer Zeit in den diversen Quellen unterschiedlich transkribiert wurde. In deutschen Übersetzungen kommen zudem nochmals unterschiedliche Versionen ein und desselben Namens vor. So wird z. B. der Name des Aztekenherrschers Moctezuma auch als Moteuczoma, Motecuhzoma, Moteuczuma, Moctecuzuma oder Montezuma wiedergegeben. Ein Ziel dieser Publikation war die Lesbarkeit, sodass die Namen insgesamt, auch in den Übersetzungen der zitierten Quellen, vereinheitlicht wurden. Ebenso wurde die freie Übersetzung der Quellentexte zwecks besserer Lesbarkeit und Verständlichkeit bevorzugt.

Am Erbe der Azteken haben auch wir in der Alten Welt teil: von Mais, Bohnen, Kürbis, Tomate, Avocado, Kakao bzw. Schokolade bis hin zum Truthahn. Und auch aztekische Bezeichnungen haben Eingang ins Deutsche gefunden, wie z. B. Tomate (*tomatl*), Schokolade (*chocolatl*) oder Kojote (*coyotl*). Der Leser sei nun eingeladen, das faszinierend Andere der aztekischen Kultur kennenzulernen, aber auch Gemeinsamkeiten zu entdecken wie die philosophische Erkenntnis: »Wir leben nur einmal, wir sind nur einmal hier auf Erden.«[3]

---

3 Romances de los Señores de Nueva España, fol. 21r–22v, zit. in Miguel León-Portilla 1986, 164 f. (dt. Übersetzung U. P.).

Das Tal von Anáhuac – Geografischer und kultureller Kontext

Der geografische Schauplatz der aztekischen Geschichte

Von dort aus sahen wir alle zum erstenmal die große Zahl der Städte und Dörfer, die mitten in den See gebaut waren, und die noch weitaus größere Zahl der Ortschaften an den Ufern, und schließlich die sehr gepflegte, kerzengerade Straße, die in die Stadt Mexiko führte.[4]

Anáhuac (= »Land nahe dem Wasser«) wird die Heimat der Azteken, das Hochtal von Mexiko, auch genannt und ihre Hauptstadt lag, wie es Bernal Díaz del Castillo (1490–1584) in dem angeführten Zitat als erster europäischer Augenzeuge beschreibt, in einem See. Dieses Hochtal liegt 2240 m über dem Meeresspiegel, im Westen, Osten und Süden umgeben von den höchsten, schneebedeckten Vulkanbergen des heutigen Staates Mexikos, dem Pico de Orizaba bzw. Citlaltépetl (5636 m), dem Popocatépetl (= »rauchender Berg«, 5462 m) und dem Itzaccíhuatl (= »liegende Jungfrau«, 5230 m). Die Länge des Hochtals von Norden nach Süden beträgt ca. 100 km, von Osten nach Westen ca. 60 km. Insgesamt bedeckt es eine Fläche von ca. 650 km^2. Das Zentrum des Hochtales war von fünf miteinander verbundenen Seen geprägt und zwar dem See von Zumpango, von Xaltocan, Xochimilco, Chalco und von Texcoco. Heute sind davon nur noch minimale Reste übrig. Die aztekische Hauptstadt Tenochtitlán lag auf einer Insel im See von Texcoco, der sein Wasser durch Quellen im Süden erhielt, aber abflusslos war. Entsprechend bestand der südliche Teil des Sees aus Süßwasser, der nördliche aus Salzwasser. Die Spanier führten das Wasser des Seengebietes durch einen Kanal in den Pánuco-Fluss ab, der in Veracruz in den Atlantik mündet. Schon Anfang des 17. Jh.s waren die Seen infolgedessen mehr oder weniger trockengelegt.

4 Bernal Díaz del Castillo 2017, 199.

Im 20. Jh. wurde dem Texcoco-See nochmals Wasser abgeführt, um noch mehr Landfläche zu gewinnen.

Das Hochtal von Mexiko ist in Vegetation und Klima den Alpen ähnlich. Die Jahreszeiten von Sommer und Winter sind nicht so entscheidend wie die Trocken- und Regenzeit. Die Trockenzeit dauert von Oktober bis Mai, die Regenzeit von Juni bis September. Auch die Temperaturunterschiede zwischen den Jahreszeiten sind nicht so stark wie die zwischen Tag und Nacht, die vor allem im Winter durchaus 16–20 °C betragen können. Die Tageshöchsttemperaturen liegen im Sommer bei 25–30 °C, im Winter bei 20–25 °C. Im Winter können die Nachttemperaturen unter 10 °C absinken, und manchmal kann es sogar Frost oder Schnee geben.

Geografisch gehört Mexiko-Stadt wie auch der größte Teil des Staates Mexiko zu Nordamerika. Nur der südliche Teil des heutigen Staates gehört ab der Höhe des Isthmus' von Tehuantepec zu Zentralamerika, der Landbrücke zwischen Nord- und Südamerika, die bis Panama bzw. Kolumbien reicht. Zählt man die Westindischen Inseln dazu, so spricht man statt von Zentralamerika auch von Mittelamerika. Die Gesamtfläche des Staates Mexiko beträgt mit 31 Bundesstaaten und der Hauptstadt Mexiko-Stadt, dem Distrito Federal, 1 972 550 km^2 – Mexiko ist somit sechsmal größer als Deutschland (357 340 km^2).

Die aztekische Kultur war nicht die einzige, sondern eine von vielen mesoamerikanischen Kulturen: Unter dem Begriff *Mesoamerika* werden in der Altamerikanistik die Vorläufer- sowie Nachbarkulturen der Azteken zusammengefasst. Dazu gehören vor allem die Kulturen der Olmeken, die von Teotihuacán, die der Zapoteken, Mixteken, Totonaken, Tolteken und der Maya. Der Altamerikanist Paul Kirchhoff führte diesen Begriff 1943 ein, um damit unabhängig von den modernen Staatsgrenzen das Ausbreitungsgebiet bzw. Kulturareal der vorspanischen Hochkulturen zu bezeichnen. Die Grenze Mesoamerikas in Nordmexiko entspricht ungefähr dem Verlauf der Flüsse Rió Pánuco und Rió Lerma. Im Süden gehörten neben Mexiko die heutigen Staaten Guatemala, Belize, El Salvador und Honduras, zu gewissen Zeiten auch Nicaragua und Costa Rica zu Mesoamerika. Mesoamerika bezeichnet also kein geografisches Gebiet mit festen Grenzen, sondern eines, das von den jeweiligen Kulturen der verschiedenen Zeiten abhängig ist.

Das aztekische Reich reichte vom Atlantik bzw. der Golfküste im Osten bis zum Pazifik zwischen Acapulco und Tehuantepec im Westen. Es umfasste Gebiete der heutigen Bundesstaaten Veracruz, Morelos, Puebla, Hidalgo, Guerrero und Oaxaca.

Mexiko und die mittelamerikanischen Nachbarstaaten sind geografisch ein Gebiet voller Gegensätze – vor allem im Hinblick auf Landschaft, Klima und Vegetation. Während der Norden durch Wüsten und Steppen mit entsprechend trockenem, heißem Klima geprägt ist, herrscht an der Atlantik- und Pazifikküste sowie in den Regenwäldern im Süden feuchtheißes, tropisches Klima. Diese Vielfalt ist vor allem auf die ungleichmäßigen Niederschläge zurückzuführen. Man teilt die verschiedenen Klimazonen ähnlich wie in Südamerika ein in eine *Tierra Caliente* (heiße Zone) bis 800 m über dem Meeresspiegel mit Regenwaldvegetation und Kakaoanbau, eine *Tierra Templada* (gemäßigte Zone) von 800–1800 m mit Mischwäldern aus Laub- und Nadelbäumen, Kaffee-, Baumwoll-, Zuckerrohr- und Agavenanbau und eine *Tierra Fría* (kühle Zone) über 1800 m Höhe mit einer den Alpen ähnlichen Vegetation mit Mischwäldern aus Nadel- und Laubbäumen sowie Graslandschaft.

Geografisch prägend für Mexiko sind zum einen die Küstenebenen des Atlantiks und Pazifiks, zum anderen die Gebirgszüge im Landesinneren. Das Landesinnere wird in der Landesmitte der Länge nach von Norden nach Süden von den Gebirgszügen der Sierra Madre Occidental und der Sierra Madre Oriental durchzogen. Im Hochtal von Mexiko wird die Sierra Madre von einer zu ihr quer von Westen nach Osten verlaufenden Vulkankette, der Cordillera Neovolcánica, gekreuzt, zu der alle gegenwärtig noch aktiven und wie erwähnt die höchsten Vulkane Mexikos gehören. In diesen Gebirgen befinden sich eine Reihe von Ebenen bzw. Hochtälern: Neben dem Hochtal von Mexiko sind das westlich von diesem das Hochtal von Toluca und östlich davon das Hochtal von Puebla.

Die Pflanzen- und Tierwelt und ihre Bedeutung in der aztekischen Kultur

Aufgrund der geografischen Vielfalt ist auch die mexikanische Tier- und Pflanzenwelt sehr vielfältig. Mexiko gehört mit insgesamt 200 000 Tier- und Pflanzenarten zu den artenreichsten Ländern. Es ist unter anderem das Land mit den meisten Reptilienarten (707) und den meisten Schlangenarten (750). Im Folgenden soll auf einige für die aztekische Kultur wichtige Pflanzen- und Tierarten näher eingegangen werden:

Als Pflanzenarten, die wir als Erbe der Azteken übernommen haben sind Mais, Bohnen, Kürbis, Tomate, Kakao oder Avocado zu nennen. Auch die Bezeichnungen mancher dieser Pflanzen haben wir aus dem Nahuatl, der Sprache der Azteken übernommen, wie z. B. Tomate (*tomatl*), Avocado (*ahuacatl*) oder Schokolade (*chocolatl*) sowie ferner auch die Tierbezeichnungen Kojote (*coyotl*) und Ozelot (*ozelotl*). Für die Azteken waren folgende Pflanzen von besonderer Bedeutung:

Mais (*Zea mays*), das tägliche Brot in Mexiko bis heute, gehört zur Familie der Süßgräser. Schon Kolumbus brachte erstmals Mais nach Europa und bereits 1525 gab es in Spanien die ersten Maisfelder. Ursprünglich auf wärmeres Klima angewiesen, wird der Mais heute in entsprechend klimatisch resistenten Sorten weltweit angebaut, 60 % davon als Futtermittel für Tiere. In Mexiko dagegen ist der Mais bis heute die wichtigste menschliche Nahrungsgrundlage. Der kultivierte Mais stammt von dem Wildgras Teosinte aus dem Becken des Río Balsas in Zentralmexiko ab. Die Ähre der Teosinte mit zwei Reihen von Körnern ist dem Aussehen nach eher den Ähren von Weizen oder Gerste vergleichbar als den großen Kolben mit mehreren Körnerreihen heutiger Maispflanzen, die ohne menschliche Hilfe nicht mehr fortpflanzungsfähig sind. Der Beginn der Kultivierung des Maises um 5000 v. Chr. war eine der frühesten und bedeutendsten Domestikationen in der Menschheitsgeschichte und kam einer kulturellen Revolution gleich, weil damit die sesshafte Lebensweise verbunden ist.[5]

5 s. S. 22.

Die **Agave**, die bis zu einer Höhe knapp über 2000 m vorkommt, ist seit der vorspanischen Zeit eine wichtige Nutzpflanze: Aus den Blättern stellte man früher Kleidung her, die Dornen benutzte man als Nadeln sowie für das Blutopfer und aus dem Saft der Agave wird nach wie vor Pulque, Alkohol in gegorener Form (vergleichbar unserem Federweißen) gewonnen. Heute stellt man aus Agaven auch Tequila, gebrannten Schnaps, der im vorspanischen Mexiko unbekannt war, her.

Über den **Kakao** bzw. die Schokolade schrieb der Italiener Girolamo Benzoni Ende des 16. Jh.s: »Sie schien eher ein Getränk für Schweine zu sein als für die Menschheit«. Die Wörter »Schokolade« und »Kakao« stammen aus der Maya-Sprache: *cacau haa* und *chocol haa* (heißes Wasser). Die Spanier machten aus *chocol haa* das Nahuatl-Wort *chocolatl* und dementsprechend wurde es in die europäischen Sprachen übernommen.

Die Kakaopflanze gehört zur Gattung Theobroma und zur Familie der Malvengewächse. Die Früchte, die direkt am Baumstamm oder den unteren dicken Ästen wachsen, sehen wie Honigmelonen oder übergroße Zitronen aus. Eine Frucht enthält 20 bis 60 Bohnen. Die Herkunft der Kakaopflanze ist nicht eindeutig geklärt, wahrscheinlich stammt sie aus Südamerika. Der Anbau des Kakaos begann jedoch in Mittelamerika. Einen Hinweis für den Beginn des Anbaus liefern auf die Zeit um 1150 v. Chr. datierte Keramikreste in Honduras (Ulúa-Tal), in denen der in Mittelamerika nur in Kakao vorkommende Stoff Theobromin nachgewiesen wurde. Heute gibt es 22 Arten des Kakaobaumes, nur sechs davon werden wirtschaftlich genutzt.

Die Kakao-Bohnen dienten nicht nur bei den Azteken als Zahlungsmittel, sondern auch bei den Maya und Schokolade war ein Getränk der High Society – allerdings in einer anderen als der uns heute bekannten Form. Erst nach Änderung der Zutaten konnten sich auch die Spanier mit der Schokolade als Getränk anfreunden, und damit begann der Siegeszug der Schokolade in Europa. Für das Jahr 1544 ist erstmals belegt, dass das Schokoladengetränk neben anderen Geschenken und Handelsgütern an den Spanischen Königshof gelangte. 1585 wurde dann zum ersten Mal eine Schiffsladung Kakao von Veracruz nach Sevilla geliefert. Als Getränk fand die Schokolade von Spanien aus ihre Verbreitung in ganz

Europa. Sowohl bei der spanischen Bevölkerung Neuspaniens als auch in den europäischen Ländern fand dabei eine Geschmacksanpassung statt: Die Europäer tranken die Schokolade kalt oder lauwarm und nicht mehr heiß wie die Indianer und mit Zutaten der Alten Welt wie Zucker, Zimt, Anis und teilweise schwarzem Pfeffer statt dem indianischen Chilipfeffer.

Die **Tomate** (*Solanum lycopersicum*), als Nachtschattengewächs mit Kartoffel und Paprika verwandt, wurde in Mittelamerika in der Zeit zwischen 200 v. Chr. bis 700 n. Chr. domestiziert. Auch die Tomate wurde wie der Kakao schon relativ früh nach Europa gebracht, war aber zunächst nur als Zierpflanze und teilweise als Heilkraut bekannt. Erst im 18. Jh., in Deutschland dann zu Beginn des 20. Jh.s, fand die Tomate als Lebensmittel Verwendung.

Paprika (*Capsicum*) ist wie die Tomate ein Nachtschattengewächs, deren verschiedene Arten sich in Größe, Farbe und der Schärfe unterscheiden und die zum einen als Gewürz, zum anderen als Gemüse Verwendung finden. Die Schärfe wird durch den Stoff Capsaicin erzeugt. Im Tehuacán-Tal bei Mexiko-Stadt konnte man anhand von Funden nachweisen, dass die Wildform der Paprika schon um 7000 v. Chr. zum Speiseplan der damaligen Jäger und Sammlerinnen gehörte, domestiziert wurde die Pflanze wohl zwischen 5200 und 3400 v. Chr.

Auch die **Tabakpflanze** (*Nicotiana*) ist ein indianisches Erbe. Das Rauchen des aus den getrockneten Blättern der Tabakpflanze hergestellten Tabaks diente, ähnlich wie das Trinken von Alkohol, religiösen Zwecken: Geraucht wurde nur bei rituellen Anlässen. Die Spanier übernahmen schnell die Sitte des Rauchens, wobei der Tabak zum Konsummittel wurde. Das erste bekannte Rauchverbot wurde übrigens 1575 in Neuspanien erlassen, nicht aus gesundheitlichen Gründen, sondern in Kirchen mit der Begründung, dass das Rauchen als heidnische Sitte die Kirchen entweihe.

Aus den tropischen Gebieten sind folgende Pflanzen zu nennen: neben Tomate, Kakao und Tabak Vanille, Avocado und Papaya. Im tropischen Regenwaldgebiet der Maya ist der Panama-Gummibaum (*Castilla elastica*) heimisch, aus dessen Milchsaft Chicle für die Vollgummi-Bälle des rituellen Ballspiels hergestellt wurde. Schließlich ist auch der Kopalbaum (*Protium Kopal*) zu nennen, aus dem man Kopal, das Räucherharz für die Opfer, gewann.

Kaffee, Banane, Kokosnuss, Zuckerrohr und Zitrusfrüchte sind Pflanzen, die ursprünglich nicht in der Neuen Welt beheimatet sind, sondern aus der Alten Welt stammen.

Für Mexiko typische **Tierarten** sind: Jaguar, Puma, Ozelot, Kojote, Fuchs, Pekari (eine Wildschweinart), Rehwild, Kaninchen, Gürteltier, Nasenbär, Affen, Fledermäuse, Geier, Adler, Kolibris, Wachteln, Rebhuhn, Truthahn, Eulen, Sittiche, Fische, Spinnen (u. a. Vogelspinne, Schwarze Witwe), Skorpione, Schmetterlinge, Leguane und vor allem Schlangen, von denen die bekanntesten die Boa Constrictor (Würgeschlange), Klapperschlange und Korallennatter sind. Entsprechend spielte die Schlange auch in der aztekischen Religion eine bedeutende Rolle. Als Seevögel sind Pelikane, Fregattvögel und Kormorane hervorzuheben. Aus der Fauna der tropischen Gebiete sind zu nennen der Kleine Ameisenbär (*Tamandua*), das Paka, Schildkröten, Alligatoren, die Rote Ameise, Aras, der Tukan, der Montezuma-Stirnvogel und vor allem – der für die aztekische Religion bedeutungsvolle, aber seltene – Quetzal-Vogel. In Nordmexiko ähnelt die Fauna der von Nordamerika: An der Pazifikküste von Nordmexiko gibt es Grauwal, Seelöwe, Seeotter, Biber, Nutria, Gänse und Enten und im Landesinneren von Nordmexiko Schwarzbär, Rotluchs, Wolf, Waschbär, Dachs, Katzenfrett und Opossum.

Der **Schmetterling** (*papálotl*) galt den Azteken als Seele der gefallenen oder geopferten Krieger, die nach einem vierjährigen Aufenthalt im Reich des Sonnengottes als Schmetterlinge wieder auf die Erde zurückkehrten. Ein touristisches Highlight und besonderes Naturphänomen ist noch heute im Hochland von Michoacán die Präsenz von tausenden Monarch-Schmetterlingen, die, aus den USA kommend, hier den Winter verbringen und die Bäume weithin in oranger Farbe erscheinen lassen.

Von den 750 in Mexiko vorkommenden **Schlangenarten** sind ca. 20 % giftig, vor allem die Klapper- und Korallenschlangen. Die Colima-Klapperschlange ist mit einer Länge von zwei Metern die größte Giftschlange. Neben der Gefährlichkeit des Giftbisses der Schlangen ist ihre Häutung ein Merkmal, dass weltweit in den Kulturen besondere Beachtung fand. Nicht giftig, aber nicht weniger gefährlich sind die teilweise bis zu drei Meter großen Abgottschlangen (*Boa constrictor*), die ihre Beute, vorwiegend

Säugetiere, Vögel, Reptilien und Amphibien, d. h. alle Tiere, die sie körpermäßig bewältigen können, mit ihren mächtigen Körperschlingen so lange würgen, bis diese an Herzkreislaufversagen sterben. Die Schlange, wie andere Reptilien auch, wächst ständig und häutet sich dabei, indem sie ihre alte Haut abstreift und mit der neuen Haut verjüngt erscheint. Dies führte dazu, dass die Schlange weltweit in vielen Kulturen und Religionen eine bedeutende Rolle spielt. Auch in der aztekischen Religion war die Schlange (*coatl*) vor allem mit den Bereichen Fruchtbarkeit, Unterwelt und Regeneration verbunden. Quetzalcoatl, die Gefiederte Schlange, war eine der wichtigsten aztekischen Gottheiten.[6] Die Schlange kann auch in Drachengestalt wie in China dargestellt werden, woraus man entsprechende kulturelle Verbindungen vermutet hat.

Die Familie der **Kolibris** (*Trochilidae*, Nahuatl: *huitzitzilin*) umfasst 100 Gattungen mit über 300 Arten und kommt nur auf dem amerikanischen Doppelkontinent vor. Der kleinste Kolibri ist gleichzeitig der kleinste Vogel der Welt und hat mit Schnabel und Schwanz eine Körperlänge von 6 cm, der größte Kolibri misst 25 cm. Auffallend ist das vor allem an Kopf und Brust bunte Gefieder, das durch den Lichteinfall zudem schillernd erscheint. Mit der außerordentlich langen Zunge saugen die Kolibris den Nektar aus den Blüten. Um den Nektar aufzunehmen, können sie auf der Stelle »stehend« fliegen, ebenso können sie rückwärts oder zur Seite fliegen. Und sie besitzen noch eine weitere besondere Eigenschaft: Sie können in der Trockenzeit in eine körperliche Starre, Torpor genannt, verfallen, indem sie die Stoffwechselprozesse auf ein Minimum reduzieren, um so die Zeit des Nahrungs- und Wassermangels zu überstehen.

Der Kolibri gab dem aztekischen Stammesgott Huitzilopochtli (= »Kolibri des Südens«) den Namen. Die Azteken deuteten die erwähnte körperliche Starre als Tod des Kolibris und seine erneute Aktivität in der Regenzeit als Wiedererwachen zu neuem Leben. Eben diese Fähigkeit wurde auch dem Gott Huitzilopochtli zugeschrieben, daher der Name und auch seine Darstellung mit einem Kolibri-Kopfschmuck. Die kleinen Federn des Kolibris

6 s. S. 147 f.

verarbeiteten die Azteken kunstvoll zu Schmuck von Umhängen, Decken oder Schutzschilden. Diese Arbeiten wurden von darauf spezialisierten Kunsthandwerkern ausgeführt.[7]

Der **Quetzal** (*Pharomachrus mocinno*, Nahuatl: *quetzalli*) ist ein weiterer für die aztekische Kultur bedeutsamer Vogel. Der zur Familie der Trogone gehörende, fast 40 cm große und bis 200 g schwere und im Regenwald lebende Vogel zeichnet sich durch ein farbig-schillerndes, vor allem rotes und grünes Gefieder aus. Der Schwanz kann bis zu einem Meter lang werden. Nur während der Brutzeit haben die Männchen bis zu 80 cm lange Oberschwanzdecken, d. h. den Schwanz verdeckende Federn, die danach wieder ausfallen. Der Quetzal gab einer der wichtigsten Gottheiten des aztekischen Pantheons den Namen: Quetzalcoatl (»Federschlange«). Die Federn des Quetzal, vor allem die während der Brutzeit gebildeten Oberschwanzdecken, galten bei den Azteken als besondere Luxusartikel und waren dementsprechend wertvolle Handels- und Tributobjekte.

Das **Truthuhn** (*Meleagris gallopavo*) war neben dem Hund das einzige domestizierte Tier der Azteken. Die Wildform dieses größten Hühnervogels ist von Kanada bis Nordmexiko verbreitet. Das Truthuhn war einerseits einer der wichtigsten Fleischlieferanten der Azteken, andererseits wurden die Federn als Schmuck verwertet. Angeblich soll der Eroberer Cortés schon Truthühner nach Spanien gebracht haben, jedenfalls sind sie nach der Eroberung relativ schnell nach Europa gelangt.

Der weltweit vorkommende **Fischadler** (*Pandion haliaetus*) ist ein Greifvogel, der eine Körperlänge bis zu 60 cm, eine Flügelspannweite bis 1,70 m und ein Gewicht bis 2 kg erreichen kann. Wie der Name sagt, besteht die Hauptnahrung dieses Adlers aus Fischen, sodass er vor allem an Gewässern präsent ist. Der auf dem Kaktus die Schlange fressende Adler – heute als Wappen von Mexiko nach wie vor überall präsent – stellt die Grundpfeiler des aztekischen Weltbildes dar: Adler und Schlange symbolisierten den Gegensatz von Himmel und Erde. Der Adler versinnbildlichte gleichzeitig den Sonnengott und insgesamt den für die aztekische Ideologie wichtigen Komplex von Sonne und Krieg.

7 s. S. 184 ff.

Der **Jaguar** (*Panthera onca,* Nahuatl: *ozelotl*) zählt zu den Großkatzen und ist nach Tiger und Löwe die drittgrößte Katzenart der Welt und die größte auf dem amerikanischen Kontinent, allerdings variieren Größe und Gewicht des Jaguars erheblich je nach Region von 60 bis 100 kg. Die Körperlänge des Jaguars (ohne Schwanz) variiert zwischen einem Meter und 1,80 m. Seine Beutetiere sind sehr vielfältig, sie reichen von größeren Säugetieren wie Hirsche, Affen oder Nagetiere über Vögel, Reptilien bis hin zu Fischen.

Schon in der ersten Hochkultur Mesoamerikas, bei den Olmeken, wurde dem Jaguar eine ganz besondere Verehrung zuteil. Dies erklärt man damit, dass der Jaguar als größte Raubkatze Amerikas für den Menschen ein gefährliches und furchteinflößendes Tier war. Indem man den Jaguar kultisch verehrte, hoffte man, die vom Jaguar ausgehende Gefahr zu bannen und seine Macht für sich nutzbar machen zu können. Dies war vor allem die Macht, Regen und somit Fruchtbarkeit zu bringen, aber auch die Verbindung zur Unterwelt – Eigenschaften, die dem Jaguar wohl deshalb zugeschrieben wurden, weil er nicht nur auf der Erde und auf Bäumen, sondern auch oft an Flüssen und Gewässern seine Beutetiere jagt und ein guter Schwimmer ist. Als »Herr der Tiere«, der Tiere jagt und erbeutet, selbst aber keine Feinde hat außer den Menschen, gilt der Jaguar in ganz Mesoamerika als Symbol der Macht, mit dem sich auch die Herrscher und Krieger gerne darstellten.

Eine Reihe stilistischer Merkmale in der ikonographischen Darstellung weisen daraufhin, dass die Jaguargottheit der Olmeken der »Vorläufer« der späteren, für die Fruchtbarkeit der Felder sehr wichtigen, Regengottheiten von Teotihuacán über Tula bis hin zu den Azteken ist. In Tula, der Hauptstadt der Tolteken sowie in Chichén Itzá (Yucatán) finden sich Reliefdarstellungen von Jaguaren, die Menschenherzen verschlingen und sich mit Kriegerdarstellungen abwechseln, ebenso Steinaltäre in Jaguarform. Diese Darstellungen können als Belege für die Verbindung des Jaguars mit Menschenopfern und mit dem Krieg gelten. Fast identische Darstellungen des Jaguars gibt es auch in der aztekischen Kunst. Bei den Azteken gab es einen Kriegerorden der Jaguare sowie einen der Adler. Und auch die Azteken brachten Jaguare als Opfer dar, wie z. B. Skelettfunde im Templo Mayor belegen. Schließlich ist der Jaguar im rituellen Kalender der Azteken der Patron des zweiten Tages. Als Tepeyollotli ist der Jaguar eine Erscheinungsform des Gottes Tezcatlipoca, dem die Bereiche Nacht, Zerstörung und das Böse zugeordnet werden. Und so spielt er auch eine Rolle im aztekischen Schöpfungsmythos: Tezcatlipoca herrschte im ersten Weltzeitalter *Vier Jaguar*, das sein Ende dadurch fand, dass Jaguare die in diesem Zeitalter lebenden Giganten fraßen. Als die fünfte Sonne, das jetzige, fünfte Zeitalter erschaffen wurde, fielen, als Sonne und Mond erstmals am Himmel erschienen, jeweils ein Adler und ein Jaguar vom Himmel.

Noch heute kann man in ländlichen Gebieten von Mexiko bei bestimmten Festen Spuren dieser ursprünglichen Verehrung des Jaguars beobachten. Beispiele dafür sind die Tänze, bei denen die Tänzer Jaguarkostüme tragen, wie z. B. der Tanz der Tlacololeros.

Der **Kojote** (*Canis latrans*, Nahuatl *coyotl*) gehört zur Familie der Hunde (*Canidae*). Im Aussehen ähnelt er einem Wolf, ist aber mit einer Körperlänge von ca. einem Meter, einer Körperhöhe von einem halben Meter und einem Durchschnittsgewicht von 14 kg kleiner als dieser. Das Verbreitungsgebiet des sehr anpassungsfähigen Kojoten reicht von Nordkanada bis Costa Rica. Der Kojote galt den Azteken als Symbol des Scharfsinns und der Stärke. Er war Patron der Federmacher und wurde daher oft mit Federn dargestellt. Es gab auch einen Kojote-Kriegerorden.

Die **Affen**, die in Amerika von Südmexiko bis Nordargentinien vorkommen, bezeichnet man als Neuweltaffen (*Platyrrhini*) – im Unterschied zu den Altweltaffen (*Catarrhini*). Am häufigsten ist in Südmexiko die Gattung der Klammeraffen (*Atelidae*), die sich durch sehr lange Gliedmaßen und einen langen Schwanz auszeichnen und sich hauptsächlich von Früchten ernähren. In der aztekischen Religion symbolisiert der Affe (*ozomatli*) zum einen Unzucht, zum anderen stellt er eine Erscheinungsform des Windgottes Ehecatl-Quetzalcoatl dar.

Das **Kaninchen** (*tochtli*) war nicht nur ein Kalenderzeichen, sondern spielte auch im aztekischen Schöpfungsmythos eine Rolle: Als Sonne und Mond erschaffen worden waren, schienen sie mit gleicher Lichtstärke. Erst als ein Kaninchen in den Mond geschleudert wurde, wurde der Mondschein schwächer. Wie

Mesoamerikanische Kulturen

wir vom »Mann im Mond« sprechen, so sahen die Azteken ein Kaninchen im Mond.

Der **Hund** wurde als Haustier gehalten, aber es ist bislang nicht ganz sicher, ob der Hund in Amerika gezüchtet wurde oder schon den ersten Einwanderern aus Asien folgte. Zumindest hat man den Hund in Mexiko weitergezüchtet, denn die Azteken und ihre Vorgängerkulturen kannten eine kleine, kurzhaarige Rasse, die gemästet und entsprechend dick wurde – wie Hundefiguren aus Ton zeigen. Diese Rasse wird gern mit dem heutigen Chihuahua gleichgesetzt, mit dem eine gewisse Ähnlichkeit besteht, aber mehr auch nicht. Zum anderen gab es im Alten Mexiko eine haarlose Hunderasse in kleinerer und größerer Form, *Xoloitzcuintli* oder *Tepeizeuintli* genannt, auf die man die heutige Rasse des Mexikanischen Nackthundes zurückführt. In der Religion galt der Hund als Begleiter und Führer der Toten ins Jenseits.

Pferd, Esel, Schwein und Haushuhn brachten die Spanier aus Europa mit, waren den Azteken also bis zur Eroberung unbekannt.

Vorläufer- und Nachbarkulturen der Azteken[8]

Die Kulturen und die Geschichte des Alten Mexikos werden in mehrere Phasen eingeteilt: Das **Archaikum** (30 000–1500 v. Chr.), die Zeit der Vorklassik (Präklassik, 1500 v. Chr.–300 n. Chr.), geprägt durch die erste Hochkultur der Olmeken, die Zeit der Klassik (300–900 n. Chr.), geprägt durch die Kulturen von Teotihuacán im Hochtal von Mexiko und Monte Albán in Oaxaca sowie die Zeit der Nachklassik, geprägt durch die Tolteken und Azteken (900–1521).

Die ersten Migranten in der Neuen Welt waren eine Reihe von Jägergruppen aus Asien, die Großwild wie z. B. Mammuts verfolgten und zwischen 30 000 und 6000 v. Chr. in mehreren Schüben die Grenze zum amerikanischen Kontinent über eine Landbrücke überschritten, die damals Sibirien und Alaska verband. Die ersten Nachweise menschlicher Existenz in Mexiko sind bereits um 30 000 v. Chr. anzusetzen. Die ersten Spuren menschlicher Siedlung in Mexiko stammen aus Tlapacoya im Hochtal von Mexiko: Obsidianfunde aus der Zeit um 22 000 v. Chr. und eine Feuerstelle aus der Zeit um 20 000 v. Chr. Die ältesten menschlichen Knochenfunde sind die des »Menschen von Tepexpan« (bei Mexiko-Stadt) aus der Zeit um 8000 v. Chr. Mit der Domestizierung und dem Anbau des Maises um 5000 v. Chr. waren die Menschen sesshaft geworden und vollzogen den ersten und entscheidenden Schritt auf dem Weg zur Hochkultur.

Die Zeit der **Vorklassik** (Präklassik, 1500 v. Chr.–300 n. Chr.) ist die Zeit der Kultur der Olmeken[9], der ersten Hochkultur des Alten Mexikos. Bei ihnen sind erstmals die bereits erwähnten Kennzeichen einer Hochkultur nachweisbar: eine hierarchisch gegliederte Gesellschaft, Kultzentren und Stadtanlagen mit Tempelpyramiden und Palästen, hochentwickelte Kunstwerke sowie Schrift-, Zahlen- und Kalendersystem. Damit stellt die olmekische Kultur die Grundlage für die Entwicklung aller nachfolgenden Kulturen Mesoamerikas, nicht zuletzt auch der der Azteken dar.

---

8 An dieser Stelle kann nur eine sehr kurze Übersicht gegeben werden, als ausführliche Darstellung sei auf Ulrike Peters 2015 verwiesen.

9 Die Bezeichnungen Olmeken, Teotihuacán, Zapoteken, Mixteken, Totonaken oder Huasteken sind aztekische Namensgebungen.

Der Einfluss der Olmeken reichte sehr weit: im Nordwesten bis Puebla, dem Hochtal von Mexiko, Guerrero, Morelos und Oaxaca und im Süden bis Guatemala und El Salvador.

Die Zeit der **Klassik** (300–900 n. Chr.) ist im Hochtal von Mexiko durch die Kulturen von Teotihuacán (ca. 50 km von Mexiko-Stadt entfernt) und Monte Albán in Oaxaca geprägt. Teotihuacán war während seiner Blütezeit 250–550 n. Chr. eine Megastadt, religiöses Wallfahrtszentrum und Handelsmetropole in einem. Für die Azteken war Teotihuacán ein heiliger Ort, an dem die Schöpfung der jetzigen Welt stattgefunden hatte, »der Ort, wo man zum Gott wird«, wie der Nahuatl-Name übersetzt heißt. Schauplatz dieses aztekischen Schöpfungsmythos' sind die das gesamte Kultzentrum dominierenden beiden großen Pyramiden, die sogenannten Sonnen- und Mondpyramiden, die allerdings schon zur Zeit der Azteken Ruinen bzw. nur noch große Hügel waren. Heute ist Teotihuacán wieder ein Wallfahrtsort der Azteken, die sich wieder auf ihre Tradition und Religion besinnen.

Die **Nachbarvölker** im Westen, mit denen die Azteken Handel trieben oder sich kriegerisch auseinandersetzten, waren die Zapoteken, die Mixteken und die Tarasken. Sowohl Zapoteken als auch Mixteken hatten eine lange kulturelle Vergangenheit. Das Siedlungsgebiet der Zapoteken entsprach dem heutigen Bundesstaat Oaxaca, der durch viele Gebirgszüge und Täler geprägt ist. Zum Gebiet der Mixteken gehörten neben Oaxaca auch Teile der Bundesstaaten Puebla und Guerrero. Die bekannteste archäologische Stätte der Zapoteken und später auch der Mixteken ist das Zeremonialzentrum auf dem das Tal von Oaxaca überragenden Tafelberg Monte Albán. Dieser Ort erlebte seine Blütezeit in der Klassik von 500 bis 800 n. Chr. Über die Kultur der Tarasken in Michoacán ist wenig bekannt. Von ihrer Hauptstadt Tzintzuntzan am Pátzcuaro-See ist – bis auf die rekonstruierten, rechteckigen Pyramiden mit runden Anbauten – so gut wie nichts erhalten. Den Azteken gelang es nie, die Tarasken vollkommen zu unterwerfen.

Die Nachbarvölker der Azteken an der Golfküste waren die Totonaken und die Huasteken. Das bedeutendste Kultzentrum der Totonaken war El Tajín und später Cempoala im heutigen Bundesstaat Veracruz. Die Totonaken von Cempoala machten noch vor den Azteken die Bekanntschaft mit den spanischen Eroberern.

Das Zeremonialzentrum von El Tajín ist in der Zeit der Klassik von 200–950 n. Chr. anzusetzen und wurde um 1200 n. Chr. von Cempoala als Zeremonialzentrum abgelöst, welches Hauptstadt der Totonaken wurde und 1460 unter aztekische Herrschaft geriet. Bei Ankunft der Spanier 1519 zählte es an die 30 000 Einwohner.

Das nördliche Gebiet der Golfküste war das Siedlungsgebiet der Huasteken, ein Maya-Stamm, der sich allerdings früh von den anderen Maya-Stämmen getrennt hatte. Die Azteken stellten die Huasteken als wilde Krieger, Zauberer und Trunkenbolde dar, allerdings waren ihre Webarbeiten aus Baumwolle berühmt und begehrt bei den Azteken.

Als Handelspartner der Azteken im Süden sind die Maya zu erwähnen, deren vorspanisches und heutiges Gebiet den südlichen/südöstlichen Teil von Mexiko umfasst (die heutigen Bundesstaaten Tabasco, Campeche, Yucatán, Quintana Roo und Chiapas), die ganzen Gebiete der heutigen Staaten Guatemala und Belize und die westlichen Teile der Staaten Honduras und El Salvador. Hinsichtlich der Maya-Bevölkerung unterscheidet man eine Hochland- und Tieflandregion. Wenn man von der Maya-Kultur spricht, suggeriert das eine einheitliche Kultur, was aber unzutreffend ist, da es sich um unterschiedliche Kulturen zu verschiedenen Zeiten und an verschiedenen Orten handelt. So unterscheidet man in Hinblick auf die vorspanischen Maya eine Südregion (Hochland), eine Zentralregion (südliches Tiefland) und eine Nordregion (nördliches Tiefland). Begann die Kultur in der Südregion, so spielte sich ihre Blütezeit in der Klassik im Tiefland ab: zunächst in der Zentralregion und später in der Nordregion (Yucatán). Städte wie Tikal, Calakmul, Copan, Caracol, Uaxactun, Piedras Negras, Yaxchilán, Bonampak und Palenque (Zentralregion) sowie später die Städte des sogenannten Puuc-Baustils Uxmal, Kabah, Labná, Sayil und Edzná (Nordregion) bestimmen den Lauf der Geschichte dieser Zeit. Das Ende der Maya in der Zeit der Nachklassik repräsentieren Städte in der Nordregion (Yucatán), hierbei vor allem Chichén Itzá und Mayapan.

Tolteken – die weisen Vorfahren der Azteken

Die Periode der frühen Nachklassik ist durch die Hochkulturen der Tolteken (900–1150 n. Chr.) und die Zeit der späten Nachklassik durch die der Azteken (1325–1521) gekennzeichnet. Die Azteken und ihre Nachbarvölker im Hochtal von Mexiko stellten die Tolteken als die Weisen schlechthin dar und man berief sich gerne auf die direkte Abstammung von ihnen. Die Tolteken sind die erste mesoamerikanische Kultur, über die wir nicht nur durch archäologische, sondern auch durch schriftliche Zeugnisse informiert sind. Diese schriftlichen Zeugnisse stammen von den Azteken, die die Geschichte der Tolteken überlieferten, da sie diese als Teil ihrer eigenen Geschichte ansahen. Deshalb sollen die Tolteken etwas ausführlicher behandelt werden.

Die toltekische Hauptstadt war Tollan Xicotitlan, abgekürzt Tollan (= »Ort des Schilfrohrs«) bzw. Tula im heutigen Bundesstaat Hidalgo, ca. 90 km nördlich von Mexiko-Stadt. Die Bevölkerung scheint aus zwei verschiedenen Gruppen bestanden zu haben: den Nahuatl sprechenden Tolteca-Chichmeca bzw. Tolteken, die aus dem Nordwesten, vielleicht dem heutigen Bundesstaat Zacatecas eingewandert waren, und den Nonoalca, die wohl von der Golfküste stammten. Das Zusammenleben beider Gruppen war scheinbar nicht ganz problemlos, denn im 10. Jh. kam es zu einem Konflikt, der sich im Mythos vom Fall und von der Vertreibung des Priesterkönigs Quetzalcoatl durch seine Widersacher widerspiegelt. Die Tolteken übernahmen wohl die Alleinherrschaft und die Nonoalca verließen Tula. Zu dieser Zeit wurde eines der Zeremonialzentren, Tula Chico, zerstört.

Die Stadt Tula selbst bestand aus zwei Siedlungskomplexen. Nachdem Tula Chico gegründet und besiedelt wurde (600–800 n. Chr.), erlebte Tula Grande, die zur »neuen« Stadt wurde, ihre Blütezeit in der Mazapan-Phase 900–1150 n. Chr. Damals dehnte sich Tula auf ca. 15 km^2 aus und hatte schätzungsweise 60 000 Einwohner, die in verschiedenen Stadtvierteln mit jeweils eigenem Zentrum, Tempel und eigener Verwaltung lebten. Das Zeremonialzentrum von Tula Grande bestand aus einer Plaza, um die sich der Tempel des Quetzalcoatl, die sogenannte Große Pyramide, zwei Säulenhallen (unter anderem der sogenannte

Palacio Quemado, der »verbrannte Palast«) und ein großer Ballspielplatz gruppierten. Das bekannteste Gebäude von Tula Grande ist der fünfstufige Tempel des Quetzalcoatl, auch Tempel des Tlahuizcalpantecuhtli (= »Morgenstern« bzw. »Venus«, eine Erscheinungsform des Quetzalcoatl) oder Tempel B genannt. Er ist schon von Weitem durch die vier auf der Pyramidenplattform stehenden Kriegerskulpturen und einige Stelen erkennbar. Die Skulpturen stellen wahrscheinlich Quetzalcoatl als Krieger in seiner Erscheinung als Tlahuizcalpantecuhtli, dem Morgenstern, dar. Sie tragen jeweils einen Panzer aus Baumwolle, einen Helm aus Quetzalfedern, einen Schild auf dem Rücken und ein Schmetterlingswappen oder -schild auf der Brust sowie Waffen (Pfeile und Atlatl, die Speerschleuder der Azteken). Man nennt die Kriegerfiguren auch Atlanten, da man davon ausgeht, dass sie als eine Art Säulen das Dach des Tempels getragen haben. An den ersten zwei Stufen der Pyramiden sind zwei Reihen von Reliefplatten erhalten, die unten Adler zeigen, die wahrscheinlich Menschenherzen verschlingen. Die obere Reihe präsentiert wie in einer Prozession abwechselnd Jaguare mit Halsband und erhobenem Schwanz und Koyoten. Sowohl diese Motive als auch die sogenannten Chacmool-Figuren wurden von den Azteken übernommen. Bei den Letzteren handelt es sich um auf dem Rücken liegende Kriegerfiguren mit angewinkelten Beinen, die den Kopf zur Seite drehen und mit den Händen auf dem Bauch eine Schale halten. Wahrscheinlich hatten sie die Funktion von Altären und in die Schale wurde das Opfer gelegt. Schließlich sind in Tula Grande auch die zwei Ballspielplätze zu erwähnen.

Die Kultur der Tolteken ist durch einen kriegerischen Aspekt gekennzeichnet: die Städte sind befestigt oder auf Bergen angelegt und Darstellungen von Kriegern, die scheinbar – ähnlich wie bei den Azteken – eine hohe gesellschaftliche Position einnahmen, sind sehr häufig. Notwendige Nahrungsmittel und Luxusartikel, die man nicht selbst produzierte, bezog man durch – wohl mit Waffengewalt erzwungene – Tribute von auswärts oder durch Handel. Die Tolteken exportierten Obsidian und importierten Keramik (eine eigene Keramikproduktion scheint zu fehlen) – weit nach Westen und Norden und bis ins Maya-Gebiet hinein.

Eine enge Beziehung bestand zwischen Tula und der Stadt Chichén Itzá, einer Metropole »mexikanischer Art« in Yucatán, also im Gebiet der Maya. Während man früher davon ausging, dass eine fremde Gruppe aus Zentralmexiko Chichén Itzá eroberte und sich mit der einheimischen Maya-Bevölkerung vermischte, ist man heute der Ansicht, dass Chichén Itzá durchgehend von einer einheitlichen, allerdings sehr stark mexikanisch beeinflussten Maya-Bevölkerung besiedelt war. Tula und Chichén Itzá sind in gleicher Art und Weise geplant und gebaut. Vor allem der sogenannte Tolteken-Komplex in Chichén Itzá erinnert stark an die Gebäude in Tula. Beide Städte weisen Chacmool-Figuren, Säulen in Form von Schlangen mit ihren Köpfen an der Basis und Krieger- und Jaguarfiguren, die als »Bannerträger« für Papierfahnen und Trägerfiguren (»Karyatiden«) von Altären dienten, auf.

Wir besitzen zwar eine Liste von Herrschern in Tula aus aztekischen Quellen, welche allerdings mehr mythisch als historisch einzustufen ist. Durch den Mythos bekannt und sehr wahrscheinlich auch eine historische Person ist der Herrscher Ce acatl topiltzin (= »unser verehrter Herr Eins Rohr«), der gleichzeitig Priester des Gottes Quetzalcoatl war und als solcher auch den Namen Quetzalcoatl trug.[10] Im *Codex Chimalpopoca* heißt es: »Er ward geboren im (Jahre) 1 Rohr (843 A. D.) und er starb ebenfalls im (J.) 1 Rohr (895 A. D.)«[11] Hierbei wurden die Daten so angegeben, dass sowohl das Geburts- als auch das Todesjahr dem gleichen Kalendernamen und das Lebensalter von 52 Jahren genau dem »Jahrhundert« des aztekischen Kalenders entsprachen.[12] Der Mythos erzählt vom Ende der Herrschaft dieses Quetzalcoatl, das gleichzeitig auch das Ende der Tolteken bedeutete, das sich durch unheilvolle Vorzeichen ankündigte. Eine von Sahagún überlieferte Version des Mythos, berichtet, dass die Herrschaft von Quetzalcoatl eine Art Goldenes Zeitalter für die Tolteken war und er eine vorbildlich fromme Lebensweise führte: »Mit Quetzalcoatl begann, von ihm ging aus das gesamte Kunsthandwerk. […] Und man hatte Überfluss an allen Dingen. […] Und die Tolteken waren sehr reich, es ging ihnen gut. […] Und

10 s. dazu S. 147 f.

11 Walter Lehmann [2]1974, 93.

12 Vgl. dazu S. 173 ff.

Quetzalcoatl, gab sich auch Kultusübungen hin, er durchstach sich das Schienbein und bestrich mit dem Blute die Agave-Blattspitzen. […] Ihn ahmten die Räucherpriester (die Hauptpriester) und die (andern) Priester nach, das Leben dieses Quetzalcoatl, das nahmen die Priester als ihre Lebensweise an, das Gesetz von Tula, das allgemein hier in Mexiko befolgt wurde.«[13] Aber Quetzalcoatl wurde von drei Gegenspielern, Dämonen wie es im Mythos heißt, zu Fall gebracht. So erschien einer von ihnen als alter Mann dem schwer kranken Quetzalcoatl und gab vor, ihm Medizin zu reichen, die in Wirklichkeit Pulque (Alkohol) war, von dem er mehr trank als er vertrug. Bei Sahagún heißt es weiter: »Und noch viele andere unheimliche und schreckliche Ereignisse kamen über die Tolteken, womit das Land Tula ganz und gar zugrunde ging. Und danach, als Quetzalcoatl verwirrt und bekümmert war, denkt er daran, dass er gehn, dass er seine Stadt Tula verlassen soll. Darauf macht er sich bereit.«[14] Auf seiner Reise nach dem mythischen Tlapalan hinterließ Quetzalcoatl Spuren, »überall berührte er die Ortschaften, und man sagt, dass er viele Zeichen von sich niederlegte, womit er ein Andenken an sich hinterließ. […] Und viele Dinge tat er überall in den Ortschaften. Und man sagt, dass er allen Bergen Namen gab, und dass er überall (hier auf der Erde) Namen gab. Und nachdem er dann an dem Ufer des Meeres angekommen war, macht er die Schlangenbahre. Nachdem man sie fertiggestellt hat, setzt er sich darauf, und das galt nun gleichsam als sein Schiff. Darauf ging er, wurde auf dem Wasser fortgeführt, und niemand weiß mehr, wie er nach Tlapalan gelangte.«[15] In der Tat ist im Hochtal von Mexiko an einigen Orten der nachklassischen Zeit der Quetzalcoatl-Kult nachweisbar, so in Cholula und in Xochicalco. Nach einem anderen Bericht zog Ce Acatl Topiltzin mit seinen Gefolgsleuten nach Culhuacan im Hochtal von Mexiko und regierte dort bis zu seinem Tod. Entsprechend begründete damit die Stadt Culhuacan zur Zeit der Azteken ihren Herrschaftsanspruch als Erben der Tolteken.

13 Bernardino de Sahagún 1927, 269–271.
14 Ebd. 286.
15 Ebd. 290 ff.

Eine andere Version berichtet, dass Ce Acatl Topiltzin durch seinen Konkurrenten Huemac gezwungen wurde, aus Tula zu fliehen. Huemac übernahm die Herrschaft in Tula, wurde aber selbst von Dämonen heimgesucht und verschwand oder tötete sich selbst. Und schließlich berichtet wiederum eine andere Quelle, der *Codex Chimalpopoca*, dass zunächst Quetzalcoatl und dann auch seine Schwester von seinem Gegenspieler verführt wurden, sich betranken und die Nacht zusammen verbrachten. Quetzalcoatl – nun als Herrscher und Priester von Tula untragbar geworden – verbrannte sich daraufhin selbst. Seine Asche und sein Herz stiegen zum Himmel, wo sein Herz sich in den Morgenstern verwandelte, und Quetzalcoatl auf diese Weise zum Gott geworden sei. In der spanischen Zeit kursierte eine weitere, bekannte Variante des Mythos, in der der als weißer, bärtiger Mann dargestellte Quetzalcoatl versprochen haben soll, wiederzukehren. Deshalb soll der letzte aztekische Herrscher Moctezuma angenommen haben, Cortés sei der zurückgekehrte Quetzalcoatl und empfing darum die Spanier als Gäste. Diese Geschichte ist aber nachweislich nicht in vorspanischer Zeit, sondern erst in spanischer Zeit entstanden.

Die Zeit der fünften Sonne: Die Geschichte der Azteken

Die schriftlichen Quellen

> *Der Arzt kann dem Kranken keine Medikamente verordnen, ohne zunächst zu wissen, aufgrund welcher Körpersäfte und Ursachen die Krankheit entstanden ist. Daher ist es wünschenswert, dass der gute Arzt in den Kenntnissen der Medikamente bewandert sei, um auf diese Weise für jede Krankheit das ihr entsprechende Gegenmittel anzuwenden. Die Prediger und Beichtväter sind Ärzte der Seelen, um seelische Krankheiten zu heilen.*[16]

Mit dieser Aussage im Prolog formuliert Bernardino de Sahagún, einer der bekanntesten spanischen Chronisten der aztekischen Kultur, die Absicht seines berühmten Geschichtswerkes, nämlich die Mission. Gleichzeitig wird damit das Problem der Quellen zur aztekischen Geschichte und Kultur deutlich, dass es sich dabei nicht um Geschichtswerke im modernen Sinne handelt, sondern um Schriften mit bestimmten Zwecken und Zielen.

Die Grundlage für unsere Kenntnis der aztekischen Kultur und Geschichte sind zum einen die archäologischen Zeugnisse wie z. B. Tempel, Wohnhäuser oder Skulpturen, zum anderen schriftliche Zeugnisse wie die Bilderhandschriften bzw. Codices aus der vorspanischen und spanischen Zeit, die von den Azteken selbst stammen, und die Geschichtswerke von spanischen und indianischen Autoren aus der spanischen Zeit. Die Chroniken sowohl von den Spaniern als auch von den Indianern sind keine historischen oder ethnografischen Werke im heutigen modernen Sinn. Sowohl die indianischen als auch die spanischen Chronisten verfolgten ganz bestimmte Ziele, die man bei der Lektüre und dem Studium dieser Quellen berücksichtigen muss.

Die indianischen Überlieferungen und Chronisten erschweren die objektive Rekonstruierung der Geschichte durch ihre

---

16 Bernardino de Sahagún, Prolog, zit. in: Claus Litterscheid 1990, 11.

mythenhafte Darstellung historischer Ereignisse. Bei der Ursprungs- und Wanderungsgeschichte der Azteken z. B. vermischen sich Mythos und Wirklichkeit derart, dass eine genaue Darstellung der historischen Fakten bis heute nicht möglich ist. Des Weiteren zu beachten sind die einseitige propagandistische Selbstdarstellung einer bestimmten aztekischen Herrscherdynastie, der Wunsch, die Gleichwertigkeit der indianischen mit der spanischen Kultur zum Ausdruck zu bringen oder auch der Einfluss bestimmter Auftraggeber wie dem spanischen Vizekönig. Fernando de Alva Ixtlilxóchitl z. B. war ein Nachkomme der Herrscherfamilie von Texcoco und Tenochtitlán und stellt besonders die Herrscherdynastie von Texcoco entsprechend positiv dar. Andererseits war er aber auch ein Nachkomme des spanischen Eroberers Cortés und schrieb sein Werk im Auftrag des spanischen Vizekönigs, sodass eine kritische Sicht der spanischen Eroberung und Kolonialzeit fehlt.

Die spanischen Chronisten stellten die Kultur und Geschichte subjektiv aus ihrer europäisch-christlichen Sicht und nach europäischem Muster dar. Da die Spanier auf eine ihnen vollkommen fremde Welt trafen, hoben sie das Andere und Exotische besonders hervor und stellten es teilweise übertrieben dar. Zudem passten sie ihre Berichte an die Erwartungen und das Verständnis des europäischen Lesers an. Die Chronisten verfolgten außerdem die Ziele der Rechtfertigung der Eroberung und der Unterwerfung und Missionierung der Indianer. Sie stellten diese als Barbaren und Götzendiener dar und die Menschenopfer als besonders grausam. Dabei gaben sie eine übertrieben hohe Zahl an Opfern an.

Schließlich ist die subjektive Sichtweise und Erinnerung der Chronisten zu betonen. So schrieb Bernal Díaz del Castillo seinen Augenzeugenbericht der Eroberung Mexikos z. B. erst über 30 Jahre später, was hinsichtlich des Erinnerungsvermögens wohl eine nicht unerhebliche Einschränkung bedeutet. Darüber hinaus lassen die Übersetzungen vom Nahuatl ins Spanische einen gewissen Spielraum für Interpretation.

Trotz dieser Einschränkungen sind die Berichte der Chronisten nicht vollkommen falsch und wertlos. Sie geben uns sozusagen ein Grundgerüst der aztekischen Geschichte, das wir mit archäologischen Zeugnissen vergleichen und daran verifizieren können.

Die Codices

Mit dem Begriff Kodex (von lat. *codex*, Mehrzahl *codices*, für »Baumstamm«, später »Buch«) bezeichnet man in der Alten Welt einen Vorläufer bzw. eine frühe Form des heutigen Buches.

Auch bei den Kulturen der Azteken und Maya in der Neuen Welt spricht man von Codices, wenn es um die Bilderhandschriften der Azteken geht. Bei diesen handelt es sich um Faltbücher, die leporelloartig gefaltet wurden. So besteht beispielsweise der *Codex Borbonicus* aus einem Stück von fast 15 m Länge, das dann wie eine Ziehharmonika gefaltet wurde und in dieser Form aus 44 Seiten bestand. Die meisten Codices bestehen aus Amate-Papier, d. h. aus der Rinde eines Ficus-Baumes, aber auch aus Agavefasern oder aus Hirschleder. Sie wurden mit einer feinen Kalk- bzw. Stuckschicht als Grundlage überzogen und schließlich farbig bemalt. In der spanischen Kolonialzeit verwendete man auch Papier und Baumwolltücher (*lienzos*) zur Herstellung der Codices, die man einrollen konnte. Obwohl die Spanier viele vorspanischen Codices vernichteten, ist von den Azteken eine größere Anzahl erhalten als von den Maya, von denen wir heute nur noch drei besitzen.

Nach der weitgehenden Einführung der lateinischen Schrift wurden im 18. Jh. keine Bilderhandschriften mehr hergestellt. Die oft nur teilweise erhaltenen Werke sind heute über mexikanische, europäische und nordamerikanische Museen und Bibliotheken verstreut. Dementsprechend wurden die Codices vor allem nach dem Aufbewahrungsort, ihren Besitzern oder Bearbeitern benannt. Kriterien für ihre Einordnung sind Herkunft, Alter und Inhalt. Man unterscheidet zwischen den Codices aus vorspanischer und denen aus der spanischen Kolonialzeit. Die vorspanischen Codices sind Bilderhandschriften mit inhaltlichen Ergänzungen durch Pikto- oder Ideogramme.[17] Die Codices der spanischen Zeit enthalten daneben auch Texte auf Nahuatl in lateinischer Schrift.

Als Zeugnisse der indianischen Vergangenheit haben die Codices nicht nur für uns einen unermesslichen Wert. Für die Indianer

17 s. S. 163.

selbst sind sie ein bedeutendes Symbol ihrer indianischen Identität und Tradition, spielen ferner eine Rolle als eine Art Reliquien im Ahnenkult oder als Rechtsgrundlage für diverse Ansprüche wie auf Landbesitz. So wird von den Nahua in Petlacala im Bundesstaat Guerrero eine Codice-Seite aus dem 18. Jh. verehrt, die Karl V. mit drei adligen Indianern zeigt. Diese ist sogar Mittelpunkt eines Rituals, bei dem man um Regen bittet.

Im Folgenden eine Liste der aztekischen Codices aus vorspanischer und spanischer Zeit und eine anschließende kurze Darstellung der einzelnen Codices (mit dem aktuellen Aufbewahrungsort in Klammern):

Codex Borgia-Gruppe
aus vorspanischer Zeit, religiös-kalendarischen Inhalts

Codex Borgia	(Vatikanische Apostolische Bibliothek)
Codex Vaticanus B	(Vatikanische Apostolische Bibliothek)
Codex Laud	(Bodleian Library in Oxford)
Codex Cospi	(Universitätsbibliothek von Bologna)
Codex Fejérváry-Mayer	(World Museum Liverpool)

Codices aus nachspanischer Zeit
meist historisch-mythischen Inhalts

Codex Borbonicus	(Pariser Bibliothèque de l'Assemblée Nationale)
Codex Vaticanus A (3738)	(Vatikanische Apostolische Bibliothek)
Codex Boturini	(MNA)
Codex Telleriano-Remensis	(Nationalbibliothek von Frankreich)
Codex Mendoza	(Bodleian Library in Oxford)
Codex Magliabechiano	(Biblioteca Nazionale Centrale in Florenz)
Codex Aubin	(Britisches Museum London)
Matricula de Tributos	(»Tributliste«, MNA)
Codex de la Cruz-Badiano	(Instituto Nacional de Antropolía e Historia, Mexiko-Stadt)
Tovar Codex oder Codex Ramírez	(Kopien im MNA und in Bibliothek John Carter Brown in Rhode Island, USA)
Codex Chimalpopoca	(Kopie in der Nationalbibliothek von Frankreich in Paris)
Codex Florentinus	(Medici-Bibliothek in Florenz s. Bernardino de Sahagún)

Aztekische Codices aus vorspanischer Zeit: Die Codex Borgia-Gruppe

Unter dem Begriff Codex Borgia-Gruppe ist eine Reihe von meist vorspanischen Codices zusammengefasst. Die Gruppe behandelt religiöse Inhalte wie Kalender, Gottheiten oder Kult und ist nach dem bedeutendsten von ihnen, dem *Codex Borgia* benannt, der auf 76 Seiten aus Leder die aztekischen Kalender, die Jahres- und Tageszeichen beschreibt. *Codex Vaticanus B* (3773), einer der umfangreichsten Codices der Borgia-Gruppe mit 49 Blättern aus Leder, behandelt vor allem den rituellen Kalender. Der *Codex Laud* oder *Codex Laudianus* stammt aus dem 17. Jh. und hat auf 48 Seiten – ähnlich wie der *Codex Borgia* – die aztekischen Kalender zum Inhalt. Der *Codex Fejérváry-Mayer* ist ebenfalls ein aus 23 Seiten bestehender Codex der Borgia-Gruppe aus vorspanischer Zeit, der wie die anderen vor allem den Kalender thematisiert. In ihm sind vor allem die Informationen über das Weltbild der Azteken wertvoll.

Codices aus spanischer Zeit

Auch unter der spanischen Herrschaft wurde die Tradition der Bilderhandschriften und Codices bis ins 18. Jh. hinein fortgesetzt. Allerdings sind diese dann nicht mehr nur reine Bilderhandschriften, sondern wurden durch Texte auf Nahuatl oder Spanisch in lateinischer Schrift ergänzt. An die 500 Codices aus spanischer Zeit sind bislang bekannt und man kann auch in Zukunft immer noch mit neuen Entdeckungen rechnen. Diese Codices unterscheiden sich vor allem bezüglich ihrer Themen bzw. Inhalte. So gibt es historische Codices mit der Geschichte und den Annalen der einzelnen Stämme – wie der *Codex Boturini*, der *Codex Aubin* oder die »Toltekisch-Chichimekische Geschichte« –, kartografische Codices mit Landkarten, Stadtplänen und geografischen Informationen, Tributlisten – wie die *Matricula de Tributos* – oder Codices mit juristischem Inhalt. Auch Beschwerde-Codices gibt es, d. h. in ihnen werden in Bilderschrift die Missstände und Misshandlungen der indianischen Bevölkerung durch die Spanier dargestellt – wie zum Beispiel im *Codex Kingsborough* (*Codex Tepetlaoztoc*) oder dem *Codex Osuna.*

Der *Codex Borbonicus* ist eine Bilderhandschrift mit Ergänzungen durch spanische Kommentare. Beschrieben werden der rituelle Kalender, die 52-Jahres-Zyklen sowie eine Reihe der mit dem Kalender in Zusammenhang stehenden Rituale. Der *Codex Boturini* ist eine Bilderhandschrift, die im Unterschied zu den anderen Codices nicht farbig bemalt ist, sondern sich durch Zeichnungen in schwarzer Tinte auszeichnet. Er behandelt die Wanderungsgeschichte der Azteken. Der *Codex Mendoza* ist nach seinem Auftraggeber Antonio de Mendoza, dem ersten Vizekönig von Neuspanien, benannt, der den Codex für Karl V. 1541/42 herstellen ließ. Dargestellt wird auf 71 Seiten die Geschichte und Kultur der Azteken von der Gründung Tenochtitláns 1325 bis zur Eroberung 1521. Die Bilddarstellungen werden durch spanische Kommentare ergänzt. Der *Codex Magliabechiano* beschreibt auf 92 Seiten die Religion der Azteken, ihre Gottheiten, Riten und Kalender. Der *Codex Aubin,* schildert auf 81 Seiten die Geschichte der Azteken von den Anfängen bis zur spanischen Kolonialzeit im Jahr 1607. Bei der *Matricula de Tributos* handelt es sich, wie der Titel schon sagt, um Tributlisten auf 16 beidseitig bemalten Blättern. In der Art der vorspanischen Bilderhandschriften mit Beschreibungen in spanischer Schrift und Sprache gibt er die Tribute wieder, die die Azteken von den unterworfenen Gebieten verlangten. Für die Spanier diente dieser Codex als eine Art Lehrbuch, das ihnen aufzeigte, wie sie ihrerseits von den Indios Tribute einfordern konnten. Jede Seite stellt die Abgaben einer der insgesamt 17 Provinzen dar. Der *Tovar Codex* oder *Codex Ramírez* wurde vom Jesuitenpriester Juan de Tovar (1543–1623) verfasst. Dieser war der Sohn von Hauptmann Juan de Tovar und einer Mestizin. 1573 trat er in den Orden der Jesuiten ein. Als Jesuitenpater beschäftigte er sich mit der indianischen Geschichte und unternahm viele Reisen durch verschiedene Gegenden Mexikos. Von seinen Theologiestudenten verlangte er, dass sie neben Latein und Altgriechisch auch Nahuatl lernten – natürlich mit dem Ziel der erfolgreichen Mission. In seinem 1585 fertiggestellten Werk, »Geschichte von der Ankunft der Indios vom entfernten Westen, um Mexiko zu besiedeln, von den Ereignissen und Wanderungen bis zu ihrer Regierung, den Götzenbildern und Tempeln, Riten,

Festen und dem Kalender dieser Zeit«[18], stellt er die Geschichte und Kultur der Azteken von den Anfängen bis zur Eroberung dar, mit besonderer Berücksichtigung der Religion. Dabei übte er auch Kritik am Verhalten der Eroberer. Das Werk ist auch nach seinem Wiederentdecker als *Codex Ramírez* bekannt. Der *Codex Chimalpopoca* ist eine Sammlung von Handschriften, die entsprechend ihrer Bestandteile »Die Geschichte der Königreiche von Colhuacan und Mexiko« und »Annalen von Quauhtitlan« sowie die »Legende der Sonnen bzw. Weltzeitalter«[19] betitelt werden. »Die Geschichte der Königreiche von Colhuacan und Mexiko« und die »Annalen von Quauhtitlan« berichten über die Geschichte der Tolteken von Tula, vor allem über Quetzalcoatl, über die verschiedenen Stadtstaaten im Hochtal von Mexiko sowie die Geschichte der Azteken bis zur spanischen Eroberung. Die »Legende der Sonnen« erzählt die Mythen der Erschaffung der vier Weltzeitalter und die Ereignisse im fünften Weltzeitalter, wie zum Beispiel von Quetzalcoatl und dem Untergang der Tolteken.

Die indianischen und spanischen Chronisten

Als bekannteste indianische und spanische Chronisten sind vor allem folgende (in chronologischer Reihenfolge) aufzulisten, deren Leben und Werk im Anschluss kurz erläutert werden:

· Toribio Motolinia (1482–1569): *Geschichte der Indios von Neuspanien. Bericht über die alten Riten, Idole und Opfer der Indios von Neuspanien und der wundersamen Konversion, die Gott an ihnen vollbracht hat*

· Andrés de Olmos (ca. 1485–1571): Grammatik des Nahuatl

· Bernal Díaz del Castillo (zwischen 1492 und 1496–1581): *Wahrhaftige Geschichte der Eroberung Neuspaniens*

· Bernardino de Sahagún (ca. 1499–1590)

· Hernando de Alvarado Tezozómoc (geb. um 1530, gest. nach 1609): *Cronica Mexicana, Cronica Mexicayotl*

18 Historia de la venida de los indios a poblar a México de las partes remotas de Occidente los sucesos y perigrinaciones del camino a su gobierno, ídolos y templos de ellos, ritos, ceremonias y calendarios de los tiempos.

19 Leyenda de los soles.

- Juan Bautista de Pomar (geb. um 1535): *Geografischer Bericht über Texcoco, Bericht* (über Tenochtitlán und Tlatelolco), *Romanzen der Herrscher von Neuspanien*
- Diego Durán (1537–1588): *Geschichte der Indianer von Neuspanien und der Inseln des Kontinents*
- Jose de Acosta (1539/40–1599/1600): *Natur- und Sittengeschichte der Neuen Welt*
- Juan de Torquemeda (um 1562–1624): *Indianische Monarchie*
- Fernando de Alva Cortés Ixtlilxóchitl (um 1568–1648): *Geschichte der Tolteken, Geschichte der Chichimeken*
- Chimalpahin (1579–1660): acht Berichte über die Geschichte des Hochtals von Mexiko, Tagebuch

Toribio Motolinia (eigentlich Toribio de Benavente, 1482–1569), in der spanischen Stadt Benavente geboren, kam 1524 nach Mexiko. Der Untertitel seines Geschichtswerkes *Geschichte der Indios von Neuspanien. Bericht über die alten Riten, Idole und Opfer der Indios von Neuspanien und der wundersamen Konversion, die Gott an ihnen vollbracht hat*[20] zeigt bereits Ziel und Programm seines Schreibens an. Er hatte nicht nur die Missionierung der Indianer zum Ziel, sondern auch deren Unterwerfung unter die spanische Herrschaft. Er bekämpfte daher vehement die Dominikaner, allen voran Bartolomé de las Casas, aufgrund deren Eintreten für die Menschenwürde und Menschenrechte der Indianer.

Toribio wurde schon mit 17 Jahren Franziskanermönch, legte seinen Familiennamen Paredes ab und nannte sich entsprechend dem Brauch des Ordens nach seinem Geburtsort Benavente. 1524 reiste er mit elf anderen Franziskanermönchen nach Mexiko. Diese zwölf Franziskaner, sollten als die »zwölf Apostel Mexikos« bekannt werden. Als er nach Mexiko kam, gaben ihm die Indios wegen seiner zerlumpten Kleidung den Nahuatl-Namen »Motolinia« (= »einer, der arm ist«). Motolinia übernahm ihn, weil er das Armutsideal seines Ordens betonte. Neben Aufenthalten in

20 Historia de los Indios de la Nueva España. Relación de los ritos antiguos, idolatrías y sacrificios de los indios de la Nueva España, y de la maravillosa conversion que Dios en ellos ha obrado.

Mexiko-Stadt und Puebla unternahm er eine Reihe von Missionsreisen bis Guatemala und Nicaragua.

In der Zeit zwischen 1528 und 1530 begann Motolinia mit seinem Geschichtswerk, bei dem sich der heutige Leser folgender Probleme bewusst sein muss: Das eine Hauptwerk von Motolinia sind die *Memoriales*, das andere die *Geschichte der Indios von Neuspanien*, welche letztlich eine Zusammenfassung der *Memoriales* darstellt. Beide Werke sind im Original verloren gegangen. Die *Geschichte der Indios von Neuspanien*, wie wir sie heute kennen, ist eine Auswahl des verlorenen Originals, die wahrscheinlich nach 1565 von einem uns nicht bekannten Redakteur in Spanien erstellt wurde. Dieser war nicht mit Nahuatl und den geschichtlichen Ereignissen der Franziskanermission in Mexiko vertraut. Trotzdem mindert das nicht den Wert als historisches Zeugnis. Der erste Teil beschreibt die Ankunft der ersten Franziskanermönche in Mexiko sowie die Religion der Azteken, der zweite Teil hat die Missionierung der Indios zum Thema und der dritte Teil ist im Großen und Ganzen eine Landeskunde Neuspaniens.

Andrés de Olmos (ca. 1485–1571) war Franziskanermönch und Missionar. Er kam 1527 als Assistent von Juan de Zumárraga nach Mexiko, als dieser zum Erzbischof von Mexiko ernannt wurde. Er war an der Gründung des Colegio de Santa Cruz de Tlatelolco beteiligt. Bekannt wurde er durch seine Grammatik des Nahuatl[21], der ersten dieser Art.

Bernal Díaz del Castillo (1492/1496–1581) ging nicht nur als Teilnehmer bzw. Augenzeuge, sondern vor allem als *der* Chronist der spanischen Eroberung des Aztekenreiches schlechthin in die Geschichtsbücher ein. Er wurde in armen Verhältnissen geboren und wuchs ohne große Schulausbildung im spanischen Medina del Campo auf, reiste 1514 nach Kuba und nahm 1517 an der Expedition von Francisco Hernández de Córdoba teil, bei der die Küste der Halbinsel Yucatán entdeckt wurde, und an einer weiteren Expedition nach Yucatán unter Juan de Grijalva. Die dritte Expedition, unter Hernán Cortés, an der er als »einfacher

21 Arte para aprender la lengua mexicana 1547.

Fußsoldat« teilnahm, sollte die berühmteste werden: die Entdeckung und Eroberung Mexikos, über die er als Augenzeuge in seinem Werk *Wahrhaftige Geschichte der Eroberung Neuspaniens*[22] berichtete. Nach der Eroberung von Tenochtitlán 1521 schloss er sich in den Jahren 1524 bis 1526 der weniger erfolgreichen Expedition unter Cortés nach Yucatán an. Um den Lohn für seinen Anteil an der Eroberung zu erhalten, unternahm er von 1539 bis 1541 und noch einmal von 1550 bis 1551 zwei Reisen nach Spanien. Daraufhin wurde er zum Gouverneur der Stadt Santiago de los Caballeros (heute Antigua Guatemala) im heutigen Guatemala ernannt. Dort fand er auch seine letzte Ruhestätte.

Anlass und Ziel seiner Eroberungsgeschichte, mit der er ungefähr 1555 begann, war wohl zunächst der Nachweis seiner Verdienste, um von der spanischen Krone dafür belohnt zu werden. Zum anderen wollte er der einseitigen Verherrlichung von Hernán Cortés und der seiner Ansicht nach nicht realitätsgetreuen Darstellung der Fakten in dem Werk *Die Eroberung Mexikos*[23] von Cortés' Hauskaplan Francisco de Gómara (ca. 1511–ca. 1566) eine »wahrhaftige Geschichte« entgegenstellen. Díaz del Castillo schildert in seinem über 500-seitigen Werk in einfacher, aber sehr lebendiger Sprache die Ereignisse der Eroberung von 1519 bis zum Tod von Cortés 1547. Obwohl Díaz aus europäischer-christlicher Sicht das Geschehen beschreibt und indianische Sitten wie die Menschenopfer ablehnte, übte er auch Kritik an den Grausamkeiten der spanischen Eroberer gegenüber den Indianern.

Díaz hatte sein Werk in den 1550er-Jahren begonnen, 1575 hatte er eine zweite, überarbeitete Fassung fertiggestellt und nach Spanien geschickt. Diese wurde in veränderter Form 1632 publiziert. Auch wenn Díaz del Castillo sein Werk vierzig Jahre nach der Eroberung aus dem Gedächtnis heraus und mit ganz bestimmten Absichten geschrieben hatte, ist es, neben den zum Teil bewusst gefälschten Berichten bzw. Briefen Hernán Cortés' an Karl V., der einzige Augenzeugenbericht von der Eroberung Mexikos.

22 Historia verdadera de la conquista de la Nueva España.
23 La conquista de México.

Bernardino de Sahagún (1499/1500–1590) wurde im spanischen Sahagún als Bernardino Ribeira geboren und trat nach einem Theologiestudium in Salamanca zwischen 1516 und 1518 in den Franziskanerorden ein. Er kam 1529 nach Mexiko und blieb dort bis zu seinem Lebensende. Er war in verschiedenen Klöstern als Prediger, als Lehrer für Kinder des indianischen Adels, als Visitador[24] (in Michoacán) und nicht zuletzt als Chronist tätig. Bei seiner Ankunft in Mexiko hatten die Franziskaner schon mehrere Ordenskollege bzw. Schulen in der Stadt Mexiko und in der Umgebung gegründet. In diesen Schulen unterrichtete man Söhne der aztekischen Elite, um sie zu Priestern bzw. Ordensgeistlichen auszubilden. Dagegen leisteten die spanischen Kolonisten und der weltliche Klerus schon bald Widerstand. Die Folge war ein Verbot, Indianer zu Priestern zu weihen. Nicht zuletzt befürchtete man eine zu große Konkurrenz von Seiten der durch Schulausbildung geförderten Indianer. So sank das einst berühmte Kolleg Santa Cruz in Tlatelolco (heute ein Viertel von Mexiko-Stadt) auf das Niveau einer einfachen Missionsschule herab.

Sahagún begann seine Arbeit in Tlalmanalco, wo er Nahuatl erlernte. 1536 wechselte er in das Ordenskolleg Santa Cruz in Tlatelolco, wo er die acht- bis zehnjährigen Söhne der aztekischen Oberschicht in Spanisch, Latein und anderen Fächern unterrichtete und daneben viele Reisen unternahm. Sein Mitbruder Toribio Motolinia (s. o.) veranlasste Sahagún, eine Art Enzyklopädie über Neuspanien zu schreiben. Etwas später erhielt Sahagún von seinem Ordensoberen und dem späteren Bischof von Campeche und Yucatán, Fray Francisco Toral, hierzu einen offiziellen Auftrag. Er widmete sich von 1547 bis 1575 ethnografischen Studien, die er selbst folgendermaßen beschrieb: »In dem besagten Dorf versammelte ich alle Ältesten und den Señor, der sich Don Diego Mendoza nannte, ein älterer Mann, der ausgezeichnete Kenntnisse des zivilen, militärischen, politischen und sogar religiösen Bereichs hatte. Ich schlug ihm meinen Plan vor und bat ihn, mir qualifizierte und erfahrene Personen zu nennen, mit denen ich sprechen könnte und die in der Lage sein würden, meine Fragen

24 Ein katholischer Geistlicher höheren Ranges, der mit der Aufsicht und Kontrolle im kirchlichen Bereich beauftragt ist.

zu beantworten. […] Mit diesen Ältesten und Grammatikschülern, die zur führenden Schicht gehörten, brachte ich viele Tage in Gesprächen zu, nahezu zwei Jahre lang, und folgte dabei der Ordnung des Entwurfs, den ich gemacht hatte.«[25] Es entstand ein umfangreiches Werk von zwölf Büchern in Nahuatl und Spanisch. Mit der exakten Planung und Durchführung seines Vorhabens nahm Sahagún die Methoden der modernen ethnologischen Feldforschung vorweg. Die aztekischen Informanten wurden in einer Art Fragebogenkatalog zu Themen wie Religion, Mythologie, Sitten und Gebräuche, Feste, Kalender und Astrologie, Familie und Verwandtschaft, Erziehung, Kunst und Wissenschaft, Literatur, Alltagsleben und Geschichte befragt. So behandeln die zwölf Bücher folgende Themen:

1. Buch: Gottheiten
2. Buch: Feste und Opferriten
3. Buch: Huitzilopochtli, Tezcatlipoca, Quetzalcoatl und die Wohnorte der Toten
4. Buch: Kalender und Astrologie
5. Buch: Vorzeichen
6. Buch: Gebete, Rhetorik und Philosophie
7. Buch: Sonne, Mond und Sterne
8. Buch: Herrscher und Fürsten
9. Buch: Kaufleute und Kunsthandwerker
10. Buch: Vorzüge und Fehler der Indianer
11. Buch: Tiere und Pflanzen
12. Buch: Die Eroberung Tenochtitláns

Der Text wird sowohl in Nahuatl als auch in Spanisch wiedergegeben. Ergänzt wurde das Werk mit einem Nahuatl-Wörterverzeichnis und mit 1700 Bildern von indianischen Zeichnern.

Zunächst wurde die Sprachvermittlung von der Kolonialverwaltung gefördert. Das Blatt wendete sich und Sahagún verlor seine Unterstützung, als die Inquisition alle Schriften in indianischer Sprache als ketzerische Gefahr einstufte und

25 Sahagún, Bernardino de: Historia, zit. in: Litterscheid, Claus ²1990, 286.

verbot. Allerdings fand er Hilfe in Gestalt des neuen Ordensprovinzials Fray Rodrigo de Sequera. Für ihn sollte Sahagún eine Abschrift seines Werkes anfertigen, die er 1577 fertigstellte und Sequera übergab, der sie an den Vizekönig weiterleiten sollte. Die Abschrift verschwand aber und blieb verschollen. Ein königlicher Erlass forderte Sahagún auf, das gesamte Material seines Werkes abzuliefern und keine weiteren neuen Kopien anzufertigen. Weder Sahagún noch Sequera – inzwischen Zensor der Inquisition in Mexiko – hielten sich an diese Anweisung. Im Gegenteil forderte Sequera Sahagún sogar auf, eine neue Abschrift zu erstellen, die er 1580 mit nach Spanien nahm. Sie landete später in der Medici-Bibliothek in Florenz und wurde so *Codex Florentinus* genannt. Erst 1879 wurde sie wieder entdeckt und vom deutschen Altamerikanisten Eduard Seler (1849–1922) zum großen Teil ins Deutsche übersetzt. Daneben gibt es noch eine andere Abschrift der *Historia general* in der Stadt Tolosa, daher auch *Codex Tolosa* genannt. Sahagún verfasste darüber hinaus noch weitere Schriften wie eine heute verschollene Grammatik des Nahuatl[26], ein bislang nicht publiziertes Wörterbuch des Nahuatl[27] oder die *Memoriales* in verschiedenen Versionen und Ausgaben. Ihm werden auch die *Wechselreden zwischen indianischen Adligen und Missionaren über Fragen des christlichen Glaubens*[28] zugeschrieben.

Zu Beginn wollte Sahagún wie ein Arzt die »Krankheit« bzw. die »heidnische« Religion zwecks besserer Behandlung kennenlernen, aber während der Arbeit wuchsen seine Bewunderung und sein Verständnis für die indianische Kultur und ihre Leistungen. Zu Recht wird er aufgrund seiner durchaus wissenschaftlichen Vorgehensweise und genauer Darstellung als erster Ethnograf eingestuft. Sein Verdienst schmälert auch nicht, dass sein ethnografisches Werk letztlich die Mission zum Ziel hatte oder dass die Berichte seiner Informanten kritisch zu beurteilen sind.

26 Arte (de la lengua Nahuatl), 1569, erweitert 1585.

27 Vocabulario trilingue, um 1584.

28 Coloquios y doctrina cristiana con que los doce frailes de San Francisco, enviados por el Papa Adriano VI. y por el Emperador Carlos V., convirtieron a los indios de la Nueva España.

Sahagún starb 1590 in Mexiko-Stadt im hohen Alter von 91 Jahren, betrauert nicht nur von seinen Mitbrüdern, sondern auch von den Indios, bei denen er sehr beliebt war.

Von **Hernándo de Alvarado Tezozómoc** (um 1530–1609), einem der wichtigsten Chronisten der aztekischen Geschichte, ist außer seiner Herkunft wenig über seine Biografie bekannt. Sein Vater Diego de Alvarado Huanitzin, war ein Neffe und seine Mutter Francisca de Moctezuma eine Tochter von Moctezuma II. Sein Vater war von 1536 bis 1539 Tlatoani[29] von Tenochtitlán und seinerzeit einer der ersten christlichen Künstler unter den Indios. Die Hauptwerke Tezozómocs sind die *Crónica Mexicana* in spanischer Sprache und die *Crónica Mexicayotl* in Nahuatl.

Die *Crónica Mexicana* wurde allein von Tezozómoc verfasst und erzählt die Geschichte der Azteken von den Anfängen bzw. ihrer Wanderung bis zur Ankunft der Spanier, die spanische Eroberung selbst wird nicht mehr behandelt. Das Originalmanuskript befindet sich seit den 1970er-Jahren in der Library of Congress (Washington, D. C.).

Die *Crónica Mexicayotl* dagegen wurde nicht von Tezozómoc allein verfasst: Der erste Teil der Geschichte der Wanderung der Azteken stammt von einem ansonsten nicht bekannten Alonso Franco und der dritte Teil, die weitere Geschichte der Azteken bis zum Ende des 16. Jh.s von einem unbekannten Autor. Die älteste Abschrift der *Crónica Mexicayotl* ist von Domingo Francisco de San Antón Muñon Chimalpahin Quauhtlehuanitzin, von dem zwei Texteinschübe stammen. Sie befand sich wie die *Crónica Mexicana* zunächst im Besitz des Historikers Carlos de Sigüenza y Góngora (1645–1700).

Die besondere Bedeutung der beiden Chroniken ergibt sich daraus, dass sie auf mündlicher Überlieferung der aztekischen Oberschicht beruhen, die Tezozómoc aufschrieb, wie er selbst sagt: »Ich habe ihre Geschichte tatsächlich aus ihrem Munde gehört, so wie die legitimen Fürsten, die legitimen Adligen sie gelebt haben, sie denen erzählt haben, die hier gleich folgen […]«

---

29 Mit dem Titel »Tlatoani« der aztekischen Herrscher wurden in spanischer Zeit die ersten vier Gouverneure von Tenochtitlán bezeichnet, die aus der aztekischen Herrschaftsdynastie abstammten.

Juan Bautista de Pomar (um 1535–nach 1601) war Sohn eines Spaniers und einer Indianerin. Er war ein Enkel von Nezahualcóyotl, des berühmten Herrschers von Texcoco. Als Mestize war er zwar Christ, durch seine Mutter aber auch mit der aztekischen Sprache und Tradition vertraut. Er verfasste einen *Geografischen Bericht über Texcoco*[30], in dem er nicht nur über die Geografie, sondern vor allem auch über die Geschichte und Kultur des vorspanischen Texcoco schreibt. Auf Anregung des spanischen Königs Philipp II. verfasste er einen »Bericht« über Tenochtitlán und Tlatelolco[31], in dem er die noch lebenden Zeitzeugen der vorspanischen Zeit – ähnlich wie Sahagún – interviewte. Bautista de Pomar stellte auch eine Sammlung von aus dem 16. Jh. stammenden Liedern und Gedichten in Nahuatl zusammen, bekannt als *Romanzen der Herren von Neuspanien*[32]. Bautista de Pomar ist der erste Mestize, der als Chronist Bedeutung erlangte.

Diègo Durán (1537–1588) wurde in der spanischen Stadt Sevilla geboren, kam aber schon als kleines Kind mit seinen Eltern nach Mexiko. Er lebte zunächst in Texcoco, dann in Mexiko-Stadt und lernte schon früh Nahuatl. Durán war auch an der Indianerschule in Tlatelolco tätig, wo er vielleicht mit Bernardino de Sahagún persönlich Kontakt hatte. Er war ein Pendler zwischen der spanischen und indianischen Welt: Als Missionar verfolgte er zwar die Bekehrung der Indianer zum Christentum und lehnte einige Aspekte der aztekischen Kultur wie die Menschenopfer ab, aber insgesamt war er offen und von ihr fasziniert, vor allem von der Organisation des aztekischen Staates.

Durán trat 1556 in den Orden der Dominikaner in Mexiko-Stadt ein. 1561 ging er nach Oaxaca, dann nach Oaxtepec und Hueyapan (beides Orte mit Nahua-Bevölkerung im heutigen Bundesstat Morelos in der Nähe von Mexiko-Stadt), um dort die Indianer zu missionieren. Von diesen erhielt er viele Informationen über die aztekische Geschichte und Kultur, was ihn veranlasste, sein Lebenswerk zu verfassen: Die *Geschichte der Indianer von*

30 Relación geografica de Texcoco 1582.
31 Relación de Juan Bautista Pomar 1582.
32 Romances de los señores de Nueva España.

Neuspanien und der Inseln des Kontinents[33]. Sie wurde zwischen 1574 und 1581 geschrieben und ist zusammen mit einem Bildteil, dem sogenannten *Atlas Durán,* eine der wichtigsten Quellen zur Geschichte der Azteken und wird auch als »Durán Codex« bezeichnet. Man vermutet, dass Duráns Geschichte der Azteken zum einen auf aztekischen Bilderhandschriften und zum anderen auf mündlichen Traditionen basiert, die von seinen indianischen Informanten stammen. Dazu gehörten einige, die die Zeit der Eroberung noch als Augenzeugen erlebt hatten. Er erhielt wohl auch etliche Informationen von seinem Ordensbruder Francisco de Aguilar (1479–1571), den er in seiner »Geschichte« öfters zitiert. Dieser hatte als Soldat an der spanischen Eroberung von Tenochtitlán teilgenommen und war dann in den Dominikanerorden eingetreten. Er konnte Durán als Augenzeuge viel von der indianischen Kultur zur Zeit der Ankunft der Spanier erzählen und schrieb selbst in den 1560er-Jahren einen *Kurzen Bericht über die Eroberung von Neuspanien*[34].

Da das Werk von Durán mit einer Reihe von anderen Chroniken der zweiten Hälfte des 17. Jh.s starke inhaltliche Parallelen aufweist, wird vermutet, dass alle eine gemeinsame Quelle, die uns unbekannte *Crónica X,* benutzten.

Duráns wichtigstes Ziel war es, die Indios zu missionieren, und die »falsche Religion« zu bekämpfen. Dies war nach seiner Ansicht nur möglich, wenn man über diese profunde Kenntnisse besaß. Er schrieb sein Geschichtswerk, damit zukünftigen Missionaren eine Art Lehrbuch an die Hand gegeben würde, mit dem sie einen besseren Zugang zu den Indianern hätten, um sie besser zum christlichen Glauben hinführen zu können. Als eine unumgängliche Voraussetzung dafür galt ihm das Lernen des Nahuatl. Er war nach seiner Rückkehr nach Mexiko-Stadt 1585 bis zu seinem Tode 1588 als Nahuatl-Übersetzer für die Inquisition tätig. Sein Werk geriet in Vergessenheit, bis das Manuskript Mitte des 19. Jh.s in der Nationalbibliothek von Madrid von dem mexikanischen Historiker und Politiker José Fernando Ramírez (1804–1871) entdeckt wurde.

33 Historia de las Indias de Nueva España y Islas de Tierra Firme (ob dies der ursprüngliche Titel von Durán war, ist unbekannt).

34 Relacion breve d la conquista de la Nueva España.

Die Biografie von **Juan de Torquemeda** (um 1562–1624) ist in vieler Hinsicht unklar. Er kam im Kindesalter mit seinen Eltern nach Neuspanien und trat wahrscheinlich 1579 in den Franziskanerorden ein. Er war in den Klöstern von Tlacopan, Chiauhtla und San Francisco in Mexiko-Stadt tätig. Sein Werk *Indianische Monarchie*[35] wurde 1615 erstmals in Spanien publiziert und beeinflusste alle nachfolgenden Historiker und Chronisten, namentlich den Jesuiten Francisco Javier Clavijero und Augustin de Vetancurt, der unter anderem ein Buch über die *Mexikanische Sprache*[36] schrieb. Es beschreibt die indianische Geschichte und Kultur bis zur spanischen Eroberung, ist aber letztlich ein theologisches Werk, in dem die spanische Eroberung und Missionierung als Teil der christlichen Heilsgeschichte dargestellt wird.

Torquemeda benutzte sowohl indianische als auch spanische Quellen aus der Kolonialzeit. Schon früh wurde ihm vorgeworfen, Teile aus dem Werk *Indianische Kirchengeschichte*[37] von Jerónimo de Mendieta kopiert zu haben – ein Vorwurf, der bis heute kontrovers diskutiert wird –, wobei gerade in der Verwendung verschiedener Quellen auch der besondere Wert seines Werkes liegt, indem er aus unveröffentlichten und verlorenen Chroniken zitiert und ihre ansonsten unbekannten Autoren nennt. 1615 wurde das Werk erstmals in Sevilla publiziert.

Fernando de Alva Cortés Ixtlilxóchitl (um 1568–1648), Sohn von Juan de Peraleda und Ana Cortés Ixtlilxóchitl, einer Tochter des Eroberers Cortés. Seine Vorfahren waren die aztekischen Herrscher von Texcoco und Tenochtitlán. Er war Urenkel des Hernándo Ixtlilxóchitl II., des letzten Herrschers von Texcoco, und auch Nachfahre von Cuitláhuac, dem letzten Herrscher von Tenochtitlán. Er erhielt seine Ausbildung am berühmten Colegio de Santa Cruz in Tlatelolco, lebte einige Jahre in San Juan Teotihuacán und wurde 1612 oberster Verwaltungsbeamter von Texcoco, 1613 auch von Tlalmanalco. Ab 1640 arbeitete er auch als Dolmetscher am Juzgado de Indios, dem Gerichtshof für indianische Angelegenheiten.

35 Monarquía indiana.
36 Arte de lengua mexicana 1673.
37 Historia eclesiástica indiana.

Vom Vizekönig Neuspaniens erhielt er den Auftrag, eine Geschichte der Indianer Mexikos zu schreiben, die er 1608 beendete und die unter dem Titel *Geschichte der Tolteken*[38] erschien. Damit waren weniger die historischen Tolteken Tulas gemeint, sondern letztlich die Azteken selbst, die sich ja als direkte Nachfahren der Tolteken sahen. Ausführlich geht Ixtlilxóchitl auf die Rolle seines Urgroßvaters Ixtlilxóchitl II. bei der spanischen Eroberung ein. Sein zweites, 1640 fertiggestelltes Werk, die *Geschichte der Chichimeken*[39], behandelt dieselben Ereignisse wie die *Geschichte der Tolteken*, aber in anderer Anordnung und wahrscheinlich als Teil eines größeren, nicht vollendeten oder nicht erhaltenen Werkes. Als Quelle diente ihm unter anderem die uns heute nicht mehr erhaltene Geschichte der Azteken von Alonso Axayacatzin, einem Sohn von Cuitláhuac. Ein späterer Besitzer und Forscher gab der *Geschichte der Chichimeken* den Titel *Allgemeine Geschichte Neuspaniens*[40].

Chimalpahin, mit vollständigem Namen Domingo Francisco de San Antón Muñón Chimalpahin Quauhtlehuanitzin (1579–1660), entstammte dem indianischen Adel von Chalco. Christlich erzogen lebte er ab dem Alter von 15 Jahren in der Einsiedelei San Antonio Abad in einem indianischen Viertel am Rande von Mexiko-Stadt. In den Jahren von 1606 bis 1631 verfasste er seine Werke. Zum einen hatte er als Autor die von Hernándo de Alvarado Tezozómoc begonnene *Crónica Mexicayotl* bis zum Jahr 1600 fortgesetzt. Zum anderen verfasste er acht Berichte[41] in Nahuatl, teilweise auch auf Spanisch, die die Geschichte des Hochtals von Mexiko, speziell der Gebiete von Tenochtitlán, Texcoco und Chalco, von der vorspanischen bis in die spanische Kolonialzeit behandeln. Darin sind die indianischen Herrscher sowie die spanischen Vizekönige und Erzbischöfe aufgelistet. Schließlich schrieb er ein Tagebuch, das bis ins Jahr 1615 reicht – eine für Mexiko bis dahin einzigartige Form der Geschichtsschreibung. Die Manuskripte seiner Werke gelangten in den Besitz des Sammler Carlos de Sigüenza

38 Relación histórica de la nación tolteca.
39 Historia de nación chichimeca.
40 Historia general de la Nueva España.
41 Publiziert und übersetzt von Rafael unter dem Titel »Las ocho relaciones y el memorial de Colhuacan« 1998.

y Góngora, danach in den Besitz von Lorenzo Boturini Benaducci und kehrten 2014 von Europa wieder zurück nach Mexiko.

Azteken, Mexica, Tenochca – ein Volk, viele Namen

Denn solange die Welt besteht, werden der Ruhm und der Reichtum Tenochtitláns unauslöschlich sein.[42]

Dieses Zitat aus dem *Codex Chimalpahin* steht als Leitspruch am Eingang des Nationalmuseums für Anthropologie in Mexiko-Stadt und verkündet den Ruhm Tenochtitláns. Von diesem war zum Zeitpunkt der Einwanderung der kleinen, aus dem Norden ins Hochtal von Mexiko kommenden Gruppe der Mexica noch nichts zu merken. Als sie nach ihrer Wanderung ihr Ziel erreicht hatten, deutete nichts darauf hin, dass sie hier, wohl um 1345, die Stadt Tenochtitlán gründen würden, die in relativ schneller Zeit den Herrschaftsbereich ihrer Vorgänger und Nachbarn übertreffen würde. Ganz im Gegenteil: Sie mussten sich den bereits angesiedelten chichimekischen Nachbarstämmen unterordnen und den Tepaneken sogar Tribut zahlen und ihnen bei Kriegs- und Eroberungszügen Vasallendienste leisten. Es gelang den Mexica, sich von der Herrschaft der Tepaneken zu befreien. 1433 wurde der Dreibund der Stämme der Mexica (Tenochtitlán), der Acolhua (Texcoco) und der Tepaneken (Tacuba) gegründet, der sich zur Großmacht über weite Gebiete von Zentralmexiko entwickelte.

Für diesen Dreibund hat sich im Deutschen die Bezeichnung »Azteken« eingebürgert, nach dem mythenhaften Ursprungsort Aztlan. Sie wurde erstmals von dem mexikanischen Jesuiten Francisco Javier Clavijero in seinem Werk *Alte Geschichte Mexikos* 1780/81 verwendet, und der deutsche Forscher Alexander Humboldt machte sie populär. Die Bewohner von Tenochtitlán, die sich im Laufe der Geschichte zum bedeutendsten und führenden Stamm des Dreibundes entwickelten, nannten sich selbst Mexica, eine Bezeichnung, die heute im spanischsprachigen Raum üblich ist.

42 Codex Chimalpahin (zit. in: DuMont-Verlag (Hg.), Azteken 2003, 14).

Der Name »Mexica« wird einerseits von *mexictli* (»Agavennabel«) abgeleitet[43], andererseits von dem ähnlich lautenden Nahuatl-Wort *meztli* (= »Mond«). Die Mexica lieferten damit den Namen für das heutige Land Mexiko und seine Einwohner, die Mexikaner. Nach den beiden Zwillingsstädten auf der Insel, Tenochtitlán und Tlatelolca, nannten sich die Mexica auch Tenochca oder Tlatelolca. Tenochtitlán selbst ist nach Tenoch benannt, einem Oberpriester und dem ersten politischen Führer der Mexica nach der Gründung der Stadt. Nicht nur alle drei Stämme des Dreibundes, sondern die meisten des ganzen Hochtales sprachen dieselbe Sprache, das Nahua, für das sich im Deutschen auch die Bezeichnung »Aztekisch« eingebürgert hat. Bis heute gibt es Azteken bzw. die Nahua-Stämme im Hochtal von Mexiko, die nach wie vor die aztekische Sprache bzw. Nahuatl sprechen.

Das Hochtal von Mexiko vor der Einwanderung der Mexica

Im Folgenden soll ein Blick auf die Situation und die geschichtliche Entwicklung im Hochtal von Mexiko vor der Ankunft der Mexica geworfen werden. Das Reich der Tolteken war vergangen, aber ihr Ruhm überlebte und die nachfolgenden Stämme beriefen sich auf ihr Erbe. Die Einwohner von Tula hatten ihre Stadt verlassen und wanderten in das Gebiet von Puebla bis Veracruz und nach Cholula. Von der einstigen Macht und Pracht der Stadt blieben nur Ruinen. Aus dem Nordwesten, dem Mythos zufolge von einem Ort namens Chicomoztoc, wanderten neue Volksgruppen in das Hochtal von Mexiko ein. Diese kulturell unterschiedlichen Ethnien werden aufgrund ihrer vorwiegend nomadischen Lebensweise unter dem Begriff »Chichimeken« zusammengefasst. Teilweise waren sie aber auch sesshaft bzw. »kultiviert«. Sie siedelten sich auch in den Nachbartälern von Toluca oder von Puebla an, z. B. in Tlaxcala und Huexotzinco, Orte, die später bedeutende Gegner der Mexica waren. Auch die Tarasken, die sich am Patzcuaro-See in Westmexiko niederließen und später den Eroberungszügen der

43 So zum Beispiel Walter Lehmann 1973, 153 (Anm. 1 zu S. 152).

Azteken Widerstand leisteten, waren Chichimeken. Die Mexica waren eine der letzten dieser Chichimekengruppe, die ins Hochtal von Mexiko einwanderte.

Vom Untergang Tulas bis zum Aufstieg der Azteken gab es keine zentrale Macht im Hochtal von Mexiko, sondern eine Reihe von Kleinstaaten bzw. »Stadtstaaten«. Culhuacan (»der Ort jener, die Vorfahren haben«, mit Vorfahren sind hier die Tolteken gemeint) am Texcoco-See, Hauptstadt des Stammes der Culhuas dominierte unter den Stadtstaaten. Hier lebten nach dem Untergang Tulas toltekische Bewohner weiter und vermischten sich mit den chichimekischen Einwanderern. Die Stadt sah sich in der Nachfolge Tulas und hatte dieses Ansehen auch bei den Nachbarvölkern, auch wenn ihr die Macht Tulas wie zu dessen Blütezeit fehlte.

Einige Zeit später wanderten weitere Chimikengruppen in das Hochtal ein, deren Anführer Xolotl, nach anderen Quellen Mixcoatl hieß. Sie ließen sich in Tenayuca nieder, das Xolotl zu seiner Residenz machte. Xolotl eroberte Gebiete bis zu 150 km nordwärts und ostwärts fast bis zur Atlantikküste. Auch Culhuacan geriet unter die Herrschaft Xolotls und sein Sohn Nopaltzin heiratete die Tochter des Herrschers dieser Stadt.

Einige Jahrzehnte später folgten drei weitere Gruppen unter der Führung eines Mannes namens Acolhua: die Tepaneken, die Acolhua und die Otomí. Die ethnische Einordnung der Tepaneken ist nicht geklärt, aber zumindest sprachlich waren sie mit den Otomí verwandt. Die Otomí siedelten sich nördlich in Xaltocan an. Sie sind bis heute in Mexiko präsent, auch wenn ihre Sprache im Verschwinden begriffen ist. Die Tepaneken machten Azcapotzalco zu ihrer Hauptstadt. Sowohl Tenayuca als auch Azcapotzalco sind heute Stadtviertel von Mexiko-Stadt. Die Acolhua schließlich ließen sich östlich des Sees in Coatlinchan nieder.

Nopaltzin, der Sohn von Xolotl, gründete Texcoco und eroberte Gebiete bis nach Morelos. Unter seinem Enkel Quinantzin († 1377) wurde dann Texcoco Hauptstadt an Stelle von Tenayuca. Unter seiner Regierung und der seines Nachfolgers Techotlalatl (1377–1409) wanderten verschiedene ethnische Gruppen ein und ließen sich in Texcoco und Umgebung nieder. Als Folge davon wuchs die Bedeutung Texcocos. Techotlalatl teilte die Stadt Texcoco in vier

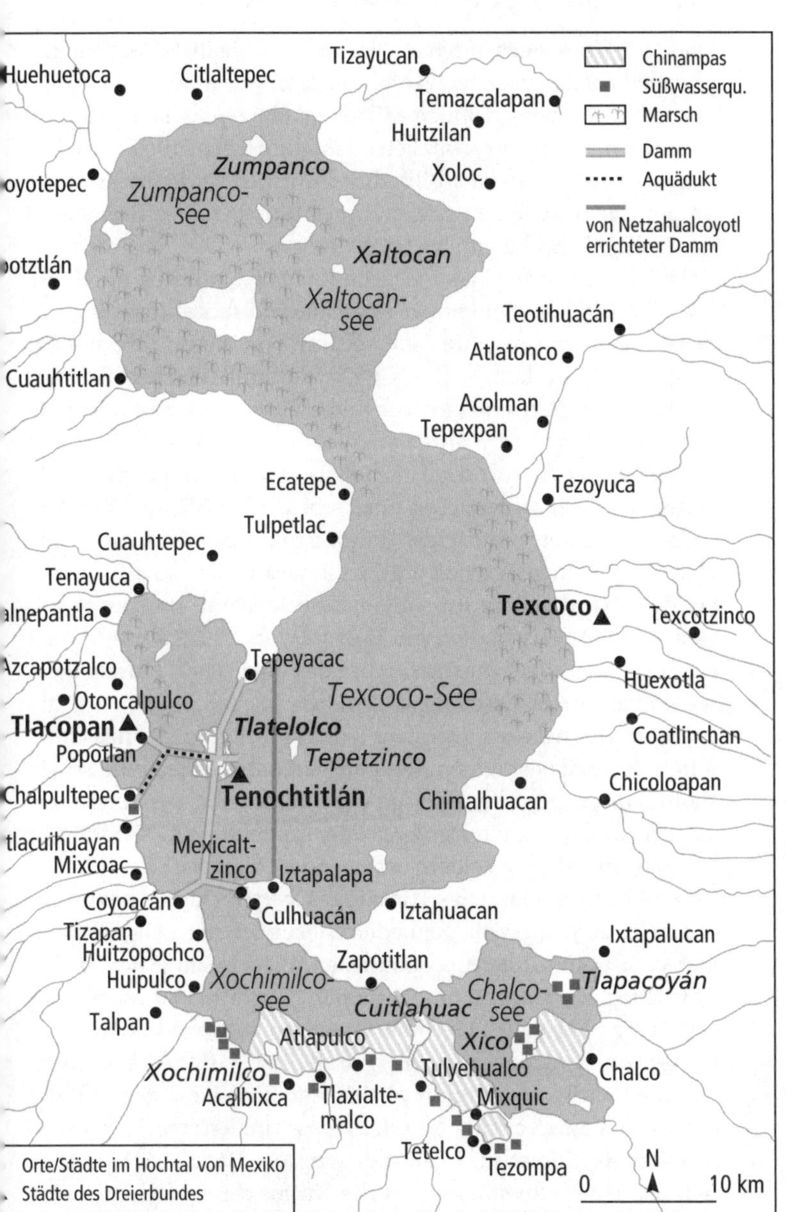

Tenochtitlán und die Nachbarstädte

Stadtteile, die jeweils durch ethnisch unterschiedliche Migrationsgruppen gekennzeichnet waren. Darunter war auch eine Gruppe aus Oaxaca, wahrscheinlich Mixteken, einige Quellen sprechen von Nachfahren der Tolteken, denen Texcoco die Kunst des Goldschmiedens und der Bilderhandschriften verdankt. Zur Integration der verschiedenen Migrationsgruppen führte Techotlalatl das Nahuatl als einheitliche Sprache ein.

Um 1241 wurde Chalco gegründet, eine Stadt, die im 15. Jh. ihren kulturellen Höhepunkt erreichte und später im Krieg mit den Mexica, der im Jahre 1458 begann, von diesen 1465 besiegt wurde. 21 Jahre lang wurde Chalco von militärischen Führern der Mexica regiert, ehe 1486 von den Mexica wieder autochthone Herrscher eingesetzt wurden.

Wie wir sehen, war das Hochtal also von vielen kleinen autonomen Herrschaftsbereichen unterschiedlicher Stämme geprägt, sodass man von ethnischem Pluralismus sprechen kann. Die meisten Orte wie Texcoco oder Culhuacan waren Stadtstaaten, vergleichbar der Polis im antiken Griechenland. Insgesamt gab es an die 60 Stadtstaaten im Hochtal von Mexiko mit jeweils eigenen Herrscherdynastien. Trotz des ethnischen Pluralismus' waren sie durch dieselben kulturellen Merkmale geprägt, die auch auf die Azteken zutrafen: Jede Stadt war gekennzeichnet durch einen Palast, einen Tempel, Verwaltungsgebäude sowie Wohnhäuser, vor allem der gesellschaftlichen Oberschicht. Zu jeder Stadt gehörte ein kleinerer oder größerer, aus Dörfern und landwirtschaftlichen Feldern bestehender Herrschaftsbereich. Die Gesellschaft war hierarchisch in adlige Oberschicht und das tributpflichtige einfache Volk gegliedert. Bezüglich der Religion hatte man gemeinsame Riten und Gottheiten, mit Ausnahme der lokalen Gottheiten, die jeder Stamm besonders verehrte. In diesem dicht besiedelten Raum des Hochtals waren Konkurrenz- und Machtkämpfe um Ressourcen vorprogrammiert. Um sie zu vermeiden, war die Politik daher durch wechselnde Bündnisse geprägt, die nicht selten durch arrangierte Heiraten zwischen zwei Herrscherhäusern eingeleitet und gefestigt wurden. Die Mexica passten sich als letzte Einwanderer an die Kultur ihrer Nachbarstädte sehr schnell an. Doch zuvor noch ein Blick auf den Ursprung der Mexica und ihre Wanderung ins Hochtal von Mexiko.

Von Huitzilopochtli auserwählt – Ursprung und Wanderung der Mexica

Die Herkunft der Mexica ist historisch nicht geklärt und über die Anfangszeit gibt es zwar einige Berichte, aber diese sind eher mythischer als historischer Art. Zudem gibt es verschiedene Mythen, die von ihrer Herkunft und Wanderung berichten. So berichtet ein Mythos von einem auf einer Insel gelegenen Ort namens Aztlan (= »Ort der Kraniche«) als Herkunftsort der Mexica. Nach einem anderen Mythos brachen die Mexica von einem Ort mit sieben Höhlen namens Chicomoztoc auf. Allerdings erzählen auch die Mythen der anderen im Hochtal von Mexiko eingewanderten Chichimeken-Gruppen, dass sie von einem Ort mit sieben Höhlen stammen.

Dem Mythos zufolge machten sich die Mexica unter Führung und Anweisung ihres Stammesgottes Huitzilopochtli wohl um 1111 n. Chr. auf eine lange Wanderschaft, die durch Ortswechsel, Trennungen und andere wechselvollen Ereignisse geprägt ist. Es gibt Aussagen wie z. B. von Chimalpahin, dass Huitzilopochtli ein Stammesführer und keine Gottheit gewesen sei. Ob Stammesführer oder Gott, jedenfalls teilte Huitzilopochtli den Mexica mit, dass sie sich an dem Ort niederlassen sollten, wo ein Adler auf einem Kaktus sitzt – dieser Ort war das spätere Tenochtitlán, heute Mexiko-Stadt. Als Grund und Motiv für die Strapazen der langen Wanderung der Mexica wird die Prophezeiung von Huitzilopochtli in der *Crónica Mexicayotl* angeführt: »Dort werde ich euch zu Herrschern, zu Fürsten über alle machen, die überall dort auf der Erde (leben). Und wenn ihr Herrscher sein werdet, werdet ihr nicht wenige hüten; die (die) eure Untertanen sein werden, die euch Tribut zahlen, die euch nicht nur Weniges sondern vielmehr ausgezeichnete Grünedelsteine, das gelbe Edelmetall, die Quetzalfedern, den Nephrit, die Koralle, den Amethyst, die kostbare Kleidung geben werden, werden nicht aufhören, werden nicht enden. Und sie werden euere [sic!] Leute sein und (die) sein, die ihr am Leben erhaltet.«[44]

Die Präsenz ihres Stammesgottes zeigte sich in Form eines mobilen Heiligtumes, das von vier »Gottesträgern« (*teomanes*) getragen wurde: »Sie trugen ein Idol mit sich, das sie Huitzilopochtli nannten.

44 Crónica Mexicayotl 2004, 68 f.

Es wurde von vier Priestern getragen, die ihm dienten. Und ihnen prophezeite er die Ereignisse auf ihrer Wanderung und ihrem Weg, kündigte ihnen alles an, was zu geschehen habe. Sie hatten so große Ehrfurcht und Furcht vor dem Idol, dass keiner außer ihnen [den Priestern, Anm. d. Autorin] weder wagte, es zu berühren noch sich ihm zu nähern. Sie transportierten es in einem Kasten aus Binsen, so dass bis heute niemand dieser Eingeborenen weiß, wie dieses Idol ausgesehen hat. Die Priester veranlassten die Eingeborenen, dieses Idol als Gott zu verehren, die Gebote verkündend, die sie zu befolgen und zu erfüllen hatten, die Feste und Riten mit denen sie ihre Opfer darzubringen hatten. Und dies taten sie an all den Orten ihres Aufenthaltes, in derselben Weise wie die Kinder Israels es taten während der ganzen Zeit ihrer Wüstenwanderung.«[45] Diese Gottesträger waren Priester, die nicht nur die Botschaften und Befehle des Stammesgottes verkündeten, sondern wohl gleichzeitig auch die Regierungsgeschäfte ausführten.

In der *Crónica Mexicayotl* heißt es: »Irgendwo, an einem guten Ort, blieben sie lange; zwanzig Jahre lang verweilten sie. Man ließ sich (dort) nieder, wo es gut war. Irgendwo ließ man sich fünfzehn Jahre lang nieder. Irgendwo verweilte man zehn Jahre. Irgendwo verweilte man fünf Jahre, ließ man sich nieder. […] Und überall gingen sie Land zu suchen. […] Und wo sie sich sehr lange aufhielten, bauten sie sich dort ein Gotteshaus, errichteten sie das Haus ihres Gottes Huitzilopochtli.«[46] Die *Crónica Mexicayotl*, der *Codex Aubin* oder *Codex Chimalpahin* zählen die einzelnen Etappen, Orte und Ereignisse auf, allerdings wie erwähnt in einem mythischen Rahmen. Es kam des Öfteren zu einer Trennung der Mexica. So versuchte z. B. eine Schwester von Huitzilopochtli, die Mexica zu verführen, woraufhin Huitzilopochtli die Trennung von den abtrünnigen Anhängern seiner Schwester befahl. Schließlich gelangten die Mexica in die Nähe von Tula, nicht weit vom Ort ihrer zukünftigen Stadt Tenochtitlán, wo sie sich am Berg Coatepec ansiedelten. Es war der Ort, wo Huitzilopochtli nach seiner Geburt seine Geschwister besiegt und seine Schwester Coyolxauhqui getötet, zerstückelt und den Berg hinuntergeworfen hatte.[47] Die Mexica errichteten einen

45 Diègo Duran 1867, 16 f. (dt. Übersetzung U. P.)
46 Crónica Mexicayotl 2014, 71 ff.
47 s. ausführlicher S. 144–147.

Tempel für Huitzilopochtli, ein Schädelgerüst und einen Ballspielplatz, pflanzten Mais an und stauten das Wasser eines Flusses mit Dämmen auf, sodass ein See entstand. Den Mexica gefiel es dort so gut, dass eine Reihe von ihnen nicht mehr weiterziehen wollte. Aber das war nicht der Plan von Huitzilopochtli, er zerstörte den Wasserdamm, sodass die angebauten Pflanzen vertrockneten und den Mexica die Lebensgrundlage fehlte. Damit zwang er sie zum Aufbruch. Wiederum befahl Huitzilopochtli die Trennung von den Abtrünnigen und die Fortsetzung der Wanderschaft. Diese im Mythos erwähnten Trennungen könnten ein Indiz dafür sein, dass sich die Gruppe der Mexica historisch gesehen wirklich etliche Male trennte und neue ethnische Zusammensetzungen erfolgten.

Ein weiterer bedeutungsvoller Zwischenfall war der Tod des Copil. Dieser war, so heißt es in der *Crónica Mexicayotl*, ein Neffe des Huitzilopochtli, der diesem den Kampf ansagte. Huitzilopochtli befahl den Mexica, Copil zu vernichten, und es heißt weiter: »Dann ergriffen sie den Copil dort in Tepetzinco. Und als er gestorben war, schnitt (Huitzilopochtli) ihm den Hals ab. Dann schnitt er ihm (dem Copil) die Brust auf, und nachdem er ihm die Brust aufgeschnitten hatte, holte er sein Herz heraus.«[48] Huitzilopochtli befahl dem Oberpriester der Mexica, folgendes mit dem Herzen des Copil zu machen: »Lauf aber schnell ins Röhricht, ins Binsicht, dort wirst du einen Felsen liegen sehen, wo sich der Quetzalcohuatl [Quetzcalcoatl, der Priester der Tolteken nachdem er Tula verlassen hatte, Anm. d. Autorin] ausgeruht hat, als er wegging. […] Dort sollst du dich aufstellen und das Herz des Copil dort hinwerfen.«[49] Wie befohlen, so geschah es. Dieses Herz des Copil ist identisch dem Feigenkaktus, auf dem sich später der Adler niederließ – das Zeichen für die Mexica, an dieser Stelle ihre Stadt Tenochtitlán zu gründen. Der *Codex Ramirez* überliefert diesen Mythos in etwas anderer Form: Nachdem die Mexica sich um 1300 n. Chr. auf dem Hügel von Chapultepec (= »Heuschreckenhügel«)[50] am Ufer des Texcoco-See angesiedelt

48 Crónica Mexicayotl 2004, 107 f.

49 Ebd. 109.

50 Chapultepec spielte in der Geschichte Mexikos eine besondere Rolle: Hier soll sich der Toltekenherrscher Huémac auf der Flucht erhängt haben. An einer Felswand haben sich die Aztekenherrscher seit Moctezuma I. jeweils mit

hatten, wurden sie dort zweimal von den Nachbarstämmen vertrieben. Im ersten Fall, wohl um 1315, soll Copil, der Neffe des Huitzilopochtli, die Nachbarstämme der Mexica aufwiegelt haben, sodass die Mexica von Chapultepec fliehen mussten. Das Ende des Copil ist aber dasselbe wie in der *Crónica Mexicayotl*: Er wird getötet, sein Herz herausgerissen und in den See geworfen, an der Stelle der zukünftigen Hauptstadt der Mexica. Die Mexica konnten dann wieder nach Chapultepec zurückkehren und Huitzilíhuitl wurde ihr Anführer.

Kurz darauf, wohl um 1319, mussten sich die Mexica in einem neuen Krieg gegen die Nachbarvölker verteidigen. Die Mexica wurden besiegt, Huitzilíhuitl wurde in Culhuacan, der Führungsmacht im Hochtal von Mexiko, geopfert und die Mexica nach Tizapan verbannt (heute der Süden von Mexiko-Stadt), ein Gebiet, das bis heute von Vulkangestein geprägt ist. Die Nachbarstämme hofften wohl, dass die Mexica in dieser öden Gegend nicht überleben und sich so das Problem der lästigen Konkurrenz von selbst erledigen würde. Aber das Gegenteil geschah: Die Mexica ernährten sich von Schlangen und lebten insgesamt neun Jahre dort. Und als Coxcoxtli, der Herrscher von Culhuacan, nach einiger Zeit erfahren wollte, ob die Mexica noch lebten, antworten diese seinen ausgeschickten Boten: »Ihr habt uns eine Gunst erwiesen, wir leben hier zufrieden.«[51] Das scheint Coxcoxtli doch einigermaßen beeindruckt zu haben, denn nach der Rückkehr der Boten wird in der *Crónica Mexicayotl* berichtet: »Und (nachdem) die Mexikaner schon lange dort weilten, verschwägerten sie, die Mexikaner, sich schließlich mit den Töchtern der Culhuacaner.«[52] Darüber hinaus unterstützten die Mexica Culhuacan im Krieg gegen Xochimilco. Dabei wurde ihnen verboten, Kriegsgefangene zu machen und so rissen sie stattdessen jedem besiegten Krieger des Feindes die Ohren ab, häuften sie aufeinander und erbrachten so den Nachweis ihrer Kriegstüchtigkeit.

---

einem Bildnis verewigt (vom Bildnis Moctezumas II. sind noch Reste erhalten). Hier leisteten sechs junge Kadetten, die sogenannten »Niños Héroes« 1847 im Kampf gegen US-Streitkräfte erbitterten Widerstand bis in den Tod. Und das 1785 erbaute Schloss war die Residenz der Vizekönige, des Kaisers Maximilian und bis 1940 der mexikanischen Präsidenten.

51 Crónica Mexicayotl 2004, 123.

52 Ebd. 124.

Die Mexica waren aber noch nicht am Zielort ihrer Wanderung angekommen, wie ihr Stammesgott es verkündet hatte. Die Fortsetzung der Wanderschaft erfolgte unter merkwürdigen Umständen. Huitzilopochtli befahl den Mexica, die Tochter des Achitometl als Frau zu erbitten, der als Nachfolger des inzwischen verstorbenen Coxcoxtli das Herrscheramt in Culhuacan übernommen hatte. Dieser kam der Bitte der Mexica nach und übergab seine Tochter in ihre Obhut. Daraufhin sprach Huitzilopochtli zu den Mexica: »[…] ich befehle euch, tötet die Tochter des Achitometl und schindet sie! (Und) nachdem ihr sie geschunden habt, sollt ihr einem Mann, einem Opferpriester, (die Haut) anziehen!«[53] Dieses mit dem Anziehen der Haut verbundene Menschenopfer war vor allem für den Kult des Gottes Xipe Totec (»des Geschundenen«)[54] typisch und war keine aztekische Besonderheit, sondern wurde auch von den Nachbarvölkern praktiziert. Nachdem die Mexica die Tochter des Achitometl entsprechend geopfert und ihr die Haut abgezogen hatten, luden sie Achitometl zu einem Fest zu Ehren ihres Gottes ein. Achitometl kam daraufhin nach Tizapan und brachte Opfer dar. »Als er, der Achtiometl aber vor seinem Gott Wachteln köpfte, sah er allerdings noch nicht richtig, vor wem er die Wachteln köpfte. Dann brachte er ihm ein Feueropfer dar; der Feuerlöffel beleuchtete ihn, (so) sah er dort einen Mann, einen Opferpriester, der die Haut [seiner Tochter, Anm. d. Autorin] angelegt hatte. Als der Achitometl aber richtig sah, dass es die Haut seiner Tochter war, erschrak er sehr und schrie gleich. […] ›Hat denn keiner von euch Culhuacanern gesehen, dass sie meine Tochter geschunden haben? Die Bösewichte sollen hier nicht bleiben. Wir werden sie töten, wir werden sie vernichten. Hier werden die Bösewichte ein Ende finden!‹«[55] Die Mexica wurden von den Culhuacanern verfolgt. Anführer der Mexica wurde nun ein Oberpriester namens Tenoch, der die Mexica auch nach ihrer Ankunft in Tenochtitlán noch ungefähr 25 Jahre lang regieren sollte. Zunächst konnten die Mexica zu einem Ort namens Acatzintitlan in der Lagune fliehen.

53 Ebd. 131.
54 s. S. 149 f.
55 Crónica Mexicayotl 2004, 134 f.

Der Anfang einer Weltstadt: Die Gründung von Tenochtitlán

Auf ihrer weiteren Wanderung kamen die Mexica dann nach Mexicatzinco und an einige andere Orte, ehe sie endlich das Ziel ihrer Wanderung erreichten, den Ort, wo sich das Herz des Copil befand und den Ort ihrer zukünftigen Stadt Tenochtitlán, wie ihnen Huitzilopochtli nun verkündete: »[…] und von einem Ort zum anderen wandernd erblickten sie den Feigenkaktus und darauf den Adler, die Flügel den Sonnenstrahlen entgegenstreckend deren Wärme und die Frische des Morgens aufnehmend. Und in den Krallen hielt er einen Vogel mit feinen Federn, herrlich und strahlend.«[56] Nach einer anderen Version war es eine Schlange, die der Adler in seinen Krallen hielt: »[…] und du, Tenoch, wirst sehen, dass ein Kaktus gesprossen ist, da wo das Herz des Copil liegt. Auf dem Kaktus sitzt ein Adler, der hält eine Schlange in den Klauen, und er zerreißt die Schlange und verschlingt sie. Dieser Kaktus bis du, Tenoch, und ich bin der Adler, und das soll unser Stolz sein, denn solange die Welt besteht, wird der Ruhm und der Reichtum Tenochtitláns unauslöschlich sein.«[57] Der auf dem Kaktus die Schlange fressende Adler – heute als Wappen von Mexiko nach wie vor überall präsent – stellt die Grundpfeiler des aztekischen Weltbildes dar: Adler und Schlange symbolisierten den Gegensatz von Himmel und Erde. Der Adler versinnbildlichte gleichzeitig den Sonnengott und insgesamt den für die aztekische Ideologie wichtigen Komplex von Sonne und Krieg. Die rote Frucht des Feigenkaktus (Nahuatl: nopalli, mexikanisch: Nopal) ist ein Symbol des menschlichen Herzens, das der Sonne geopfert wird, um sie am Leben zu erhalten.

Für das Gründungsdatum von Tenochtitlán gibt es unterschiedliche Angaben. Populär ist nach wie vor 1325 als Gründungsdatum, das sich aus den Kalenderberechnungen der Mexica ergibt. Historisch wahrscheinlicher ist aber nach den Kalenderberechnungen von Texcoco das Jahr 1345. Die Stadt war wohl schon 1358 für die

56 Diègo Durán 1867, 40 (dt. Übersetzung U. P.).

57 Codex Chimalpahin (zit. in: DuMont-Verlag (Hg.), Azteken 2003, 14).

wachsende Bevölkerung zu klein geworden: Ein Teil der Mexica zog aus und gründete die Schwesterstadt Tlatelolco.

Mit dem meistens als ersten Herrscher von Tenochtitlán angegebenen Axayácatl und mit Quinantzin als erstem Herrscher von Texcoco begann der Aufstieg dieser beiden Städte zusammen mit der weniger bedeutungsvollen Stadt Tlacopan (seit der spanischen Zeit Tacuba genannt) zur aztekischen Großmacht. Um dem Leser das Nachvollziehen der Entwicklung der Ereignisse unter den verschiedenen Herrschern etwas zu erleichtern, sind hier vorweg die Herrscher von Tenochtitlán und Texcoco mit ihren Regierungszeiten aufgelistet.

Tenochtitlán
Acamapichtli (um 1371–1391)
Huitzilihuitl (1391–1415)
Chimalpopoca (1415–1427)
Itzcoatl (1427–1440)
Moctezuma I. (1440–1471)
Axayácatl (1471–1482)
Tizoc (1482–1486)
Ahuitzotl (1486–1502)
Moctezuma II. (1502–1520)
Cuitláhuac (1520)
Cuauhtémoc (1521–1525)

Texcoco
Quinantzin (1298–1377)
Techotlalatl (1377–1409)
Ixtlilxóchitl I. (1409–1418)
Nezahualcóyotl (1418–1472)
Nezahualpilli (1472–1516)
Cacama (1516–1520)
Ixtlilxóchitl II.

Acamapichtli: Die Anfänge der Dynastie der Mexica

Die Beziehung zwischen den Mexica und Culhuacan hatte sich inzwischen verbessert, sodass sich die Mexica nach dem Tod des Tenoch, wohl im Jahre 1372, mit einer besonderen Bitte an den Herrscher von Culhuacan wandten, nämlich ihnen einen Herrscher aus seiner Familie zu bestimmen. Die Bitte wurde ihnen gewährt und Acamapichtli (= »Handvoll Rohr«), der Sohn von Atotoztli, einer Tochter des Herrschers von Culhuacan, gilt somit nicht nur als erster Herrscher der Mexica, sondern auch als der Begründer einer neuen Dynastie. Während der Regierungszeit von Acamapichtli gelangten die Tepaneken unter ihrem Herrscher Tezozomoc zur Oberherrschaft über das Tal von Mexiko, über Städte wie Culhuacan oder Tenayuca und darüber hinaus auch über die Nachbartäler von Toluca und Morelos. Die Mexica wurden ihre Vasallen, mussten ihnen Tribut zahlen und unternahmen mit ihnen zusammen oder in ihrem Auftrag Eroberungszüge. Cuacuapitzahuac (1372–ca. 1409), einer der Söhne des Tepanekenherrschers Tezozomoc (1345–1426), übernahm in der Schwesterstadt Tlatelolco die Herrschaft.

Die Machtstellung der Tepaneken war vor allem auch der Tatsache zu verdanken, dass sie mit Tezozomoc lange Zeit einen politisch und militärisch äußerst fähigen Herrscher hatten, der Menschen für sich gewinnen und seine Gegner geschickt gegeneinander ausspielen konnte.

Huitzilihuitl: Erste Schritte auf dem Weg zur Macht

Nachfolger von Acamapitchli wurde sein Sohn Huitzilihuitl (= »Kolibrifeder«). Er unternahm die ersten Schritte auf dem Weg der Azteken zur Großmacht, zum einen durch seine Eroberungen, zum anderen durch Heiraten. Die Eroberungen der Mexica erfolgten nach wie vor unter der Regie der Tepaneken: Nach dem Sieg 1395 über Xaltocan, die Stadt der Otomí, erhielten die Mexica für ihre Beteiligung Gebiete der Stadt, was für die Mexica eine Verbesserung in landwirtschaftlicher Hinsicht bedeutete. 1398 eroberten Tepaneken und Mexica zusammen die Stadt Cuahtinchan (heute Puebla de los Angeles). Den Mexica gelang es 1411, Chalco zu besiegen, sie wurden aber kurz danach durch ein Bündnis Chalcos mit den Nachbarstädten, zu dem erstaunlicherweise auch das tepanekische Atzcapotzalco gehörte, zurückgeschlagen. Die Mexica konnten auch andere Städte wie Mizquic oder Xochimilco (heute ein Stadtteil von Mexiko-Stadt) oder Cuernavaca erobern. 1414 begann Huitzilihuitl einen Krieg gegen Texcoco, den sein Nachfolger Chimalpopoca fortsetzte. Itzcoatl, der Nachfolger von Chimalpopoca wiederum sollte sich später mit Texcoco verbünden, um sich von der tepanekischen Herrschaft zu befreien.

Aber zurück zur Herrschaft Huitzilihuitls. Nicht nur durch seine Eroberungen, sondern auch durch seine Heirat mit Ayauhcihuatl, einer Tochter des Tepanekenherrschers Tezozomoc, erlangten die Mexica die Anerkennung der Nachbarvölker als gleichwertige

Partner. Aus der Ehe mit Ayauhcihuatl ging Chimalpopoca hervor, der Nachfolger von Huitzilihuitl. Ayauhcihuatl starb sehr früh, sodass Huitzilihuitl eine zweite Ehe mit Miyahuaxihuitl, einer Tochter des Herrschers von Cuernavaca einging, wodurch die Eroberungen der Mexica im Gebiet von Cuernavaca gefestigt wurden. Aus dieser Ehe entstammte Moctezuma I., ein weiterer, sehr fähiger Herrscher der Mexica. Der Herrscher von Cuernavaca hatte zunächst eine Heirat zwischen Huitzilihuitl und seiner Tochter abgelehnt. Legendenhaft wird berichtet, dass Huitzilihuitl daraufhin einen Pfeil mit einem Edelstein in den Palasthof schoss. Seine Auserwählte hob den Edelstein auf, untersuchte ihn und verschluckte ihn dabei versehentlich. Daraufhin wurde sie mit Moctezuma schwanger.

Ixtlilxóchitl I. von Texcoco und Chimalpopoca von Tenochtitlán: Verfolgung und Mord

Zum Gang der weiteren Geschehnisse ist ein Blick auf die Ereignisse in der Nachbarstadt Texcoco notwendig: Wie bereits erwähnt, wurde Texcoco unter Quinantzin (1298–1377) zur Hauptstadt der Acolhua. Ihm folgte sein Sohn Techotlalatl (1377–1409) und diesem dessen Sohn Ixtlilxóchitl I. (1409–1418). Als dieser den Thron bestieg, ließ er sich zum »Herrscher der Chichimeken« (*chichimecateuctli*) ausrufen und verlangte von Tezozomoc die Anerkennung als solcher. Tezozomoc erhob aber ebenfalls Anspruch auf diesen Titel und lehnte die Aufforderung von Ixtlilxóchitl I. deshalb ab. Er schickte Ixtlilxóchitl eine Ladung Baumwolle als Antwort mit der Bitte, daraus Textilien für ihn weben zu lassen. Dies war eine eindeutige Aufforderung, sich zu unterwerfen. Ixtlilxóchitl kam der Aufforderung zweimal nach, ließ aus der Baumwolle Umhänge anfertigen und lieferte diese wie gewünscht an Tezozomoc. Beim dritten Mal aber antwortete er, dass er nun für den eigenen Bedarf aus der Baumwolllieferung Rüstungen für seine eigenen Krieger herstellen würde. Das kam nun einer Kriegserklärung gleich. Der Krieg begann mit einem Großangriff von Tezozomoc 1414 und endete 1418 mit dem Sieg der Tepaneken. Zunächst konnte Ixtlilxóchitl durchaus einige Erfolge in Otumba und Chalco verbuchen und danach Atzcapotzalco belagern. Aber Tezozomoc verfügte letztlich über die größere Macht und konnte die Städte Otumba und Chalco als Verbündete von Ixtlilxóchitl abwerben. Zum anderen beteiligten sich auch die Mexica tatkräftig an dem Krieg und zwar in diesem Fall noch aufseiten der Tepaneken – unter Führung der Herrscher Huitzilihuitl und Chimalpopoca von Tenochtitlán sowie des Herrschers Tlacateotl (1409–1427) von Tlatelolco. Indem er einen Angriff auf Texcoco vortäuschte, diesen aber im Gebiet von Huexotla durchführte, konnte Tezozomoc schließlich Texcoco besiegen. Ixtlilxóchitl wurde auf der Flucht ermordet, im Beisein seines Sohnes Nezahualcóyotl (= »Fastender Kojote«), der damals noch ein Kind war. Dieser musste zehn Jahre auf der Flucht verbringen, ehe er nach dem Tod seines Verfolgers Tezozomoc die Nachfolge seines Vaters antreten konnte und zu einem der bedeutendsten Herrscher der Azteken wurde. Zunächst fand er, zusammen mit seinem Bruder und seinem väterlichen Freund Coyohua, Zuflucht in den Städten Huexotzinco und Tollantzinco im Puebla-Tal. 1422 wurde er in Tenochtitlán aufgenommen, durfte aber die Stadt nicht verlassen. Der dortige Herrscher Iztcoatl war ein Onkel von ihm, zu dem sich während der Zeit seines Aufenthaltes in Tenochtitlán eine enge Beziehung entwickelte. 1424 erhielt Nezahualcóyotl von Tezozomoc die Erlaubnis, nach Texcoco zurückzukehren. Aber trotzdem war er seines Lebens nicht sicher, denn Tezozomoc plante, ihn möglichst bald zu beseitigen. Auch Tezozomocs Nachfolger Maxtla versuchte, Nezahualcóyotl zu töten. So lud er ihn mit dieser Absicht zu einer Feier ein. Aber Nezahualcóyotl wurde vorher gewarnt und schickte eine andere Person an seiner Stelle, die auch prompt getötet wurde. Maxtla lud ihn daraufhin nochmals zu einer Feier anlässlich eines Ballspieles ein. Diesmal kam Nezahualcóyotl persönlich, verließ die Feier aber früh genug, um dem Anschlag zu entgehen. Nezahualcóyotl lebte nun wieder auf der Flucht.

Aber zurück ins Jahr 1418: Die Tepaneken hatten mit dem Sieg über Ixtlilxóchitl den Höhepunkt ihrer Macht erreicht und Tezozomoc war als »Herrscher der Chichimeken« der uneingeschränkte Herr eines großen Gebietes, das bis zu den heutigen Städten Morelos und Taxco sowie ins Tal von Toluca reichte und war mit einer Reihe von Städten Bündnisse eingegangen, wie z. B. Coatlicha oder Huexotzinco. Dieser Erfolg war nicht zuletzt den Mexica zu verdanken, die dafür auch belohnt wurden: Ihre Tributleistung an die Tepaneken wurde herabgesetzt, sie durften sogar selbst aus den von ihnen eroberten Gebieten Tribut erheben und erhielten die Herrschaft über einige Städte wie Texcoco oder Huexotla. Aber nicht nur durch die militärischen Erfolge erhielten die Mexica eine besondere Stellung im Tepanekenreich, sondern auch durch die verwandtschaftlichen Beziehungen zum Herrscherhaus: Durch die Heirat Huitzilihuitls von Tenochtitlán mit der Tochter von Tezozomoc war sein Sohn und Nachfolger Chimalpopoca somit ein Enkel des Tepanekenherrschers. Er war noch ein Kind, als er sein Herrscheramt antrat. Nicht allen Tepaneken gefiel die Sonderstellung der Mexica. Nach dem Tod von Tezozomoc 1426 gelangte nicht der von ihm bestimmte Sohn Quetzalayatl, sondern dessen Halbbruder Maxtla (1426–1430) an die Macht. Seine Regierung sollte nicht lange währen, da er als Herrscher nicht die hervorragenden Fähigkeiten seines Vaters besaß. Er hasste die Mexica, erhöhte wieder ihren Tribut und war sehr wahrscheinlich auch für die Ermordung von Chimalpopoca 1426 und Tlacateotl, dem Herrscher von Tlatelolco 1427 verantwortlich, weil beide den rechtmäßigen Thronerben Quetzalayatl unterstützt und ihm den Rat gegeben hatten, Maxtla zu töten. Andere Quellen berichten auch, dass Chimalpopoca von Anhängern seines Onkels und Nachfolgers Itzcoatl getötet worden sei. Auch Nezahualcóyotl, der mit der Erlaubnis von Tezozomoc schließlich nach Texcoco zurückgekehrt war, musste vor Maxtla nach Tenochtitlán fliehen. Dadurch hatte sich Maxtla Tenochtitlán und Texcoco gleichzeitig zu Feinden gemacht, die sich nun gegen ihn verbünden sollten.

Itzcoatl von Tenochtitlán und Nezahualcóyotl von Texcoco: Die Befreiung von der Tepanekenherrschaft

Somit wurde Itzcoatl (= »Obsidianschlange«) Nachfolger von Chimalpopoca in Tenochtitlán und in Tlatelolco bestieg Cuauhtlatoa (1427–1467) den Thron. Itzcoatl war ein Onkel von Chimalpopoca und ein Sohn von Acamapichtli. Dass hierbei nicht ein Sohn auf den Vater folgte war eine neue Nachfolgeregelung, die Schule machen sollte. Bei seinen Regierungsgeschäften wurde Itzcoatl tatkräftig unterstützt durch seine Neffen, die beiden Brüder Moctezuma I. und Tlacaélel. Moctezuma wurde seine Nachfolger und Tlacaélel war als Cihuacoatl (= »weibliche Schlange«) Stellvertreter des Herrschers und nahm damit das zweithöchste Amt im Staat ein. Die Person des Tlacaélel ist Anlass von Kontroversen: Hat er über ein halbes Jahrhundert lang die Regierung von fünf Herrschern entscheidend mitbestimmt? War er gar eine Art zweiter Herrscher bzw. handelte es sich um eine Doppelherrschaft der Aztekenherrscher von Itzcoatl bis hin zu Moctezuma II. auf der einen Seite und Tlacaélel auf der anderen Seite? War er es, der in Wirklichkeit das Aztekenreich entscheidend geprägt hat? Oder hat es ihn überhaupt nicht gegeben? In der Wissenschaft hielt man alle diese Annahmen für möglich. Letztlich ist wohl davon auszugehen, dass Tlacaélel eine historische Persönlichkeit war, die

die Regierung des aztekischen Staates entscheidend mitprägte. Allerdings waren auch Itzcoatl und Moctezuma I. durchaus fähige Herrscher.

Wie kam es zur Befreiung von der Herrschaft der Tepaneken? Dies schaffte Tenochtitlán nicht allein, sondern nur im Verbund mit Texcoco und der abtrünnigen Tepanekenstadt Tlacopan (heute Tacuba). Aber zunächst belagerten die Tepaneken Itzcoatl in seiner Stadt Tenochtitlán. Nezahualcóyotl gelang es mithilfe der Städte Huexotzingo und Tlaxcala, wo er die Zeit seines Exils verbracht hatte, seine eigene Stadt Texcoco zurückzuerobern, danach die Belagerung von Tenochtitlán durch Maxtla zu beenden und schließlich 1428 zusammen mit den Mexica die tepanekische Hauptstadt Azcapotzalco nach einer Belagerung von mehreren Monaten zu erobern. Dieser Erfolg war zum einen dem strategischen und diplomatischen Genie von Nezahualcóyotl zu verdanken, zum anderen den hervorragenden militärischen Fähigkeiten der Mexica. Hinzu kommt, dass der Herrscher der tepanekischen Stadt Tlacopan sich weigerte, Maxtla Hilfe zu leisten.

Durch einen Dreibund schlossen sich die Mexica von Tenochtitlán, die Acolhua von Texcoco und die Tepaneken von Tlacopan zusammen und sollten wenig später die Herrschaft über Zentralmexiko erlangen. Die Partner dieses Dreibundes werden zusammenfassend auch als »Azteken« bezeichnet. Womit sein Vater gescheitert war, das hatte jetzt Nezahualcóyotl erreicht: Er nannte sich nun *Chichimecateuctli* (»Herrscher der Chichimeken«). Itzcoatl von Tenochtitlán trug den Titel *Colhuateuctli* (»Herrscher der Acolhua«) und Totoquihuaztli, der Tepanekenherrscher von Tlacopan trug den Titel *Tepanecateuctli* (»Herrscher der Tepaneken«). Zwischen den Herrschern des Dreibundes bestanden nicht nur politische, sondern auch verwandtschaftliche Beziehungen: So war Nezahualcóyotl ein halber Mexica, denn seine Mutter war die Tochter von Huitzilihuitl und Itzcoatl wiederum war sein Onkel. Zunächst nur für einen Feldzug geplant, erwies sich der Dreibund für alle von Vorteil, sodass er bis zur spanischen Eroberung Bestand hatte.

Der Tepanekenherrscher Maxtla konnte sich zwar zunächst noch in Coyoacan halten, wurde dann aber 1431 auf der Flucht getötet. Die Mexica eroberten wichtige Städte des ehemaligen

Tepanekenreiches wie z. B. Coyoacan, Xochimilco oder Cuitláhuac (heute Stadtteile von Mexiko-Stadt) bis hin zu Cuernavaca. Die Mexica begannen ihre Kriege zwar nie ohne eine offizielle Begründung, aber diese war oft nur vorgeschoben: Den Feldzug gegen Coyoacan begründete man mit den angeblichen Übergriffen auf mexikanische Frauen, im Fall von Xochimilco mit der Verweigerung der Lieferung von Baumaterial für den Tempel in Tenochtitlán und den Krieg gegen Cuitláhuac mit der Ablehnung der Aufforderung, dass Frauen des Adels für den mexikanischen Stammesgott Huitzilopochtli tanzen sollten. Auf diese Weise konnten die Mexica die Herrschaft über fast das gesamte Gebiet des ehemaligen Tepanekenreiches erlangen. Nur Chalco leistete erfolgreich Widerstand und wurde nicht erobert.

Nezahualcóyotl verbrachte noch drei Jahre in Tenochtitlán, ehe er 1431 in Texcoco die uneingeschränkte Herrschaft übernehmen konnte und den Widerstand tepanekischer Konkurrenz endgültig überwunden hatte. Für die Stadt begann nun nicht nur eine militärische, sondern auch eine kulturelle Blütezeit. Nezahualcóyotl erließ 80 Gesetze, die sowohl den zivilen wie religiösen Bereich umfassten. Seine Residenz wurde zum Zentrum der Wissenschaft. An einer Art Universität wurde Verwaltung, Jura, Theologie und Philosophie gelehrt. Nezahualcóyotl selbst war ein Universalgenie: ein fähiger Herrscher, Politiker und Krieger, aber auch ebenso begabt als Architekt, Philosoph, Theologe und Dichter.[58] Nezahualcóyotl betonte die Verehrung eines einzigen Gottes.[59] Auch die Menschenopfer lehnte er ab. Dies war keine völlige Neuerung, sondern Nezahualcóyotl stellte sich in die Tradition der Tolteken und ihres sagenhaften Herrschers Quetzalcoatl, der auch schon die Menschenopfer abgelehnt haben soll.

58 Vgl. S. 197 f.
59 s. S. 191 f.

Moctezuma I.: Naturkatastrophen und Eroberungen vom Atlantik bis zum Pazifik

Nachfolger von Itzcoatl in Tenochtitlán wurde sein Neffe Moctezuma (= »zürnender Fürst«) mit dem Beinamen *Ilhuicamina* (= »Himmelsschütze«), auch als Moctezuma I. oder Moctezuma der Ältere bekannt, um ihn von Moctezuma II. zu unterscheiden, der mit den spanischen Eroberern zusammentraf. Er war, wie schon erwähnt, ein Sohn von Chimalpopoca und der Tochter des Herrschers von Cuernavaca. Vor allem Moctezuma und sein Halbbruder Tlacaélel, der als Cihuacoatl[60] das zweithöchste Amt im Staat einnahm, konnten das aztekische Herrschaftsgebiet durch neue Eroberungen erheblich erweitern und sie waren es, die Staatswesen und Kultur der Mexica maßgebend gestalteten und prägten – hin zu der Form, die die Spanier dann als das Reich der Azteken kennenlernten.

Wie jeder Herrscher unternahm auch Moctezuma zum Regierungsantritt einen Feldzug, in diesem Fall gegen die nicht weit entfernte Stadt Chalco. Um einen Eroberungskrieg zu beginnen und einen, zumindest formalen, Grund dafür zu haben, war es nicht selten üblich, an den Gegner eine Forderung zu stellen, deren Erfüllung eine Unterwerfung bedeutete. In diesem Fall forderte Moctezuma, der mit Erneuerungen am Tempel für Huitzilopochtli begonnen hatte, von Chalco, große Steinblöcke zu diesem Zweck zu liefern, was abgelehnt wurde. Die Stadt Chalco war kein unbedeutender Gegner, denn sie war mit 13 anderen Städten verbündet und konnte mit deren Unterstützung im Kriegsfall rechnen. Nezahualcóyotl beteiligte sich aufseiten von Tenochtitlán am Kampf gegen Chalco, denn zwei seiner Söhne waren dort gefangengenommen, getötet und ihre Haut als Dekoration für Leuchter im Palast verwendet worden. Die Azteken siegten zwar in diesem Kampf, hatten damit aber längst noch nicht alle Gebiete von Chalco und seinen Verbündeten erobert. So folgten noch weitere Kriegszüge gegen Chalco, die die ersten zehn Jahre der Regierungszeit von Moctezuma bestimmen sollten. Dabei ist nicht immer genau zu unterscheiden, ob es sich immer um Eroberungskriege oder um die angeblich von Moctezuma

60 s. S. 96 f.

eingeführten rituellen, sogenannten Blumenkriege[61] handelte. Auch mit den Städten Tlaxcala, Huexotzinco und Cholula wurden diese Blumenkriege veranstaltet.

Die Regierungszeit von Moctezuma war auch durch Naturkatastrophen geprägt: 1449 wurden die Städte Tenochtitlán und Tlatelolco von einer schweren Überschwemmung heimgesucht. Nezahualcóyotl höchstpersönlich übernahm die Leitung des Baus eines neuen, 14 km langen Dammes durch den See, um weitere Überschwemmungen zu verhindern. In den folgenden Jahren, von 1450 bis 1454, kam es zu einer Hungersnot im gesamten Hochtal von Mexiko. Ein viel zu früher und zu starker Frost vernichtete mehrere Maisernten. Dann wiederum vernichtete eine zu große Trockenheit die Maisernte. Im vierten Jahr waren überhaupt keine Vorräte mehr vorhanden, erst recht kein Saatgut für eine neue Maisernte. Seuchen waren die Folge und der große Hunger trieb die Menschen dazu, sich selbst oder ihre Kinder für Mais als Sklaven in das fruchtbare Gebiet der Golfküste zu verkaufen. Moctezuma musste angesichts dieser Katastrophen seine Hilflosigkeit eingestehen und seinen Untertanen in einer Rede verkünden, dass er nicht mehr für sie sorgen könne und dass jeder jetzt für sich selbst sorgen solle: »Meine Söhne und Brüder, ich bitte euch inständig um Geduld für das Leiden in dieser Zeit. Wir kämpfen nicht gegen Feinde auf dem Schlachtfeld. Denn wenn wir mit unserem Feind kämpfen würden, würden wir unser Leben geben, um uns zu verteidigen und sterben, um zu erfüllen, was uns auferlegt ist. Aber der uns den Kampf angesagt hat, ist der Herr der Schöpfung, der Nacht und des Tages. Wer könnte gegen ihn kämpfen? Es ist sein Wille, dass die Wolken keinen Regen bringen und die Erde ausdörrt und es diese Dürre gibt, dass die Luft die Pflanzen verbrennt. So etwas haben weder die Lebenden noch die Vorfahren jemals gehört oder gesehen. Deshalb, meine Söhne, sollt ihr wissen, dass ich alles mir Mögliche getan habe, einen Ausweg zu finden. Aber alle Vorräte sind aufgebraucht. Alles, was bleibt ist der Wille des Herrn in der Höhe, dass jeder Einzelne hingeht, um für sich selbst sein Heil zu suchen.«[62] Im

61 s. dazu ausführlicher S. 115.

62 Diègo Durán 1867, 247 (dt. Übersetzung U. P.)

Jahre 1455 sorgte dann endlich eine starke Regenzeit für das Ende der Hungersnot und sehr ergiebige Ernten. Aufgehalten durch diese Probleme, die seine ganze Energie erfordert hatten, begann Moctezuma erst relativ spät, das aztekische Reich durch Eroberungen zu erweitern. Vor allem die Hungerskatastrophe hatte die Mexica gelehrt, dass es notwendig war, sich nach fruchtbaren und vom Klima begünstigteren Regionen umzusehen, um für weitere Hungersnöte gewappnet zu sein.

So unternahmen die Mexica 1458 einen Feldzug in Richtung Oaxaca und eroberten Coixtlahuaca, eine vor allem für den Handel wichtige Hauptstadt der Mixteken. In Coixtlahuaca waren Händler der Mexica getötet oder – so andere Berichte – an der Weiterreise gehindert worden, für Moctezuma ein eindeutiger Grund für einen Krieg. Baumwollumhänge, Baumwolle, Farbstoffe, Pfefferschoten und Salz forderten die Mexica nach ihrem Sieg als Tribut von Atonal, dem Herrscher von Coixtlahuaca, das von nun an die Grenze der Eroberungen von Moctezuma im Südosten bildete. Nach weiteren Eroberungen in den heutigen Bundesstaaten Guerrero und Hidalgo zogen die Azteken in Richtung Golfküste, in das Gebiet der Totonaken. Dort eroberten sie zunächst Orizaba, dann Cotaxtla (beides Städte im heutigen Bundesstaat Veracruz). In Cotaxtla waren Gesandte der Mexica getötet worden. Nach dem Sieg ließ Moctezuma das totonakische Volk neue Herrscher wählen, denn dieses hatte seine bisherigen Herrscher wegen der Tötung der aztekischen Gesandten verklagt. Eine weitere Stadt, Cuetlaxtlan, konnte mit Unterstützung von Tlaxcala und Nachbarstädten zunächst erfolgreich Widerstand leisten, den aber dann Moquihuix (1467–1473), der Herrscher von Tlatelolco, erfolgreich überwinden konnte.

Nicht nur der erste, sondern auch der letzte Krieg in der Laufbahn Moctezumas galt der Stadt Chalco. Während der ganzen langen Regierungszeit Moctezumas fanden mit diversen Unterbrechungen immer wieder Kämpfe mit Chalco statt. Eine längere Unterbrechung war nur durch die Katastrophenjahre bedingt. Auch Chalco war davon betroffen und hatte an einer Hungersnot zu leiden. Nach mehreren Kämpfen, durch die Chalco immer mehr geschwächt wurde, gelang es den Mexica in einem finalen Kampf 1465, die Stadt endgültig zu erobern. Hilfe erhielt Moctezuma dabei von drei Söhnen des Herrschers von Chalco, die angesichts der aussichtslosen Lage und dementprechend schlechter Prophezeiungen auf die Seite der Mexica gewechselt waren.

Kriege mit Chalco, Eroberungen bis Oaxaca auf der einen und bis an die Golfküste auf der anderen Seite sowie die Naturkatastrophen, das ist die Zusammenfassung der Regierungszeit von Moctezuma I. Am Templo Mayor, dem großen Tempel in Tenochtitlán, nahm er diverse Erneuerungen vor. In Malinalco ließ er den noch heute erhaltenen Felsentempel für die Kriegerorden errichten.[63] Und in Oaxtepec bei Cuernavaca entstanden unter seiner Anweisung die berühmten Park- und Gartenanlagen, von denen bis heute Reste erhalten sind.

In der Nachfolge von Moctezuma übernahmen nacheinander drei seiner Enkel die Herrschaft: zunächst Axayácatl, dann Tizoc und schließlich Ahutizotl. Axayácatl, der nicht nur ein Enkel von Moctezuma, sondern auch von dessen Vorgänger Itzcoatl war, übernahm im Alter von 19 Jahren den Thron. Einige Quellen berichten auch, dass Moctezumas Tochter Atotoztli oder sein Sohn Iquehuacatzin zunächst Nachfolger waren.

Axayácatl: Die größte Niederlage der Azteken

Auf den ersten Blick mag die Wahl eines so jungen Herrschers ohne große Erfahrung erstaunen. Zumal es an guten Kandidaten nicht mangelte: Moctezuma hatte ältere, erfahrenere Söhne, ebenso hatte Tlacaélel genug Söhne. Und Tlacaélel selbst hätte das Amt übernehmen können, lehnte dies jedoch ab. Aber bei näherer Betrachtung hatte das Wahlgremium, zu dem Tlacaélel und auch Nezahualcóyotl von Texcoco gehörten, mit dieser Wahl die Möglichkeit, den unerfahrenen Axayácatl (= »Wassergesicht«) in ihrem Sinne zu beeinflussen und zu lenken.

Den üblichen Feldzug zu Regierungsantritt unternahm Axayácatl wohl 1470 an die Golfküste, im bereits von Moctezuma eroberten Gebiet von Cotaxtla, um dort einen Aufstand niederzuschlagen. Ein Krieg mit besonderen Folgen war der zwischen

63 s. S. 113.

Tenochtitlán und Tlatelolco, aus dem Axayácatl als Sieger hervorging. Warum es zu diesem Krieg der Zwillingsstädte kam, ist nicht eindeutig geklärt. In den Quellen wird als Grund zum einen die Vergewaltigung von Mädchen aus Tlatelolco durch Männer von Tenochtitlán genannt. Zum anderen heißt es, dass Moquihuix (1467–1473), der Herrscher von Tlatelolco, der mit der Schwester von Axayácatl verheiratet war, diese schlecht behandelte, sodass Axayácatl gegen Moquihuix zum Krieg rüstete. Jedenfalls deutet dies auf einen Konkurrenzkampf zwischen beiden Städten hin. Nach einigen Angriffen und einer kurzen Belagerung konnte Axayácatl in die Stadt eindringen. Es wird berichtet, dass die Tlatelolca versuchten, die Krieger von Axayácatl von dem Angriff abzulenken, indem sie ihnen nackte Frauen entgegenschickten, damit sie mit entblößten Brüsten Milch auf diese spritzten. Moquihuix hatte sich derweil kämpfend mit den Seinen auf den Haupttempel zurückgezogen, gefolgt von Axayácatl und seinen Kriegern. Diese stürzten Moquihuix dann von der Tempelplattform hinunter. Das ereignete sich im Jahre 1473. Von nun an stand die für ihren Handel berühmte Stadt Tlatelolco unter der Herrschaft Tenochtitláns und wurde zunächst von Militärgouverneuren regiert. In dieser Zeit erlangten wohl auch die Fernhändler – von denen noch die Rede sein wird[64] – ihre besondere Stellung, die nicht nur in Sachen des Handels ein wichtige Rolle spielten, sondern auch bei den Eroberungszügen.

1474 konnte Axayácatl erfolgreich die abtrünnige Stadt Toluca zurückerobern. Das Tal und die Stadt von Toluca hatten die Azteken als Tributpflichtige vom Tepanekenreich übernommen, aber Toluca hatte es geschafft, sich unabhängig zu machen. Nun bat die Nachbarstadt Tenancinco, die mit Toluca Krieg führte, Axayácatl um Hilfe und versprach ihm dafür die Gefolgschaft. Für Axayácatl war dies ein willkommener Grund, gegen Toluca zu Felde zu ziehen. Sowohl die Mexica als auch das Heer von Toluca versuchten jeweils, den Feind in einen Hinterhalt zu locken: Ein vorauseilender Trupp von Kriegern sollte den Feind verleiten, auf diesen Angriff einzugehen, um ihn dann mit einem nachfolgenden Trupp zu besiegen. Die Mexica hatten damit mehr Glück, sodass

64 s. S. 89–95.

sie Toluca schließlich besiegten. Axayácatl selbst wurde in diesem Kampf schwer am Bein verletzt. Eine Verletzung, deren Folgen wahrscheinlich zu seinem frühen Tod führten. Aber zunächst konnte er seinen Sieg über Toluca mit einem triumphalen Einzug in Tenochtitlán feiern. Es folgte etwas später ein Feldzug nach Tuxpan an der Golfküste im Gebiet der Huasteken, das zwar schon von seinem Vorgänger erobert worden war, sich aber nun unabhängig gemacht hatte. Auch hier konnte Axayácatl einen Sieg verbuchen, ebenso gegen die Stadt Jiquipilco nördlich von Toluca. Dies sollten aber die letzten Erfolge sein.

1478 zog Axayácatl gegen die Tarasken zu Felde. Dabei erlebten die Azteken eine der größten Niederlagen in ihrer Geschichte, denn die Tarasken leisteten erfolgreich Widerstand. In der entscheidenden Schlacht stand den 24 000 aztekischen Kriegern eine Übermacht von 40 000 Tarasken gegenüber. Die Azteken berieten sich, ob sie den Krieg abbrechen sollten – etwas, was noch nie vorgekommen war. Sie flohen schließlich und wurden von den Tarasken bis nach Toluca verfolgt. Dort konnten die Azteken endlich ihre Verfolger abwehren. Nur mit 200 Kriegern kehrten sie nach Tenochtitlán zurück. Dies hatte ernste Folgen für die Azteken: Zum einen stellten die Tarasken nun in Westmexiko eine ihnen durchaus gleichwertige Macht dar. Zum anderen bestand die Gefahr, dass sich diese Niederlage der Azteken schnell herumsprach und andere Stämme nun versuchen würden, sich von der Tributlast zu befreien – was einige auch taten. Über die Geschehnisse in der weiteren Regierungszeit von Axayácatl bis zu seinem frühen Tod mit dreißig Jahren 1481 schweigen die Quellen.

Tizoc: Ein Herrscher ohne Erfolg

Nachfolger von Axayácatl wurde sein älterer Bruder Tizoc (= »dornenbewehrtes Bein«), wie erwähnt ein Enkel von Moctezuma I. Er war zwar Heeresführer gewesen, zeichnete sich aber als Herrscher nicht durch besondere Eroberungen aus. Bei seinem Kriegszug anlässlich der Thronbesteigung gegen das für seine Krieger berühmte Metztitlan im Norden musste Tizoc eine Niederlage hinnehmen, die Azteken wurden zum Rückzug gezwungen. Allerdings hat er wohl einen Aufstand in Toluca niedergeschlagen und Eroberungen im Westen in den heutigen Bundesstaaten Oaxaca und Guerrero gemacht. Der sogenannte Stein des Tizoc im MNA zeigt einige Eroberungen, die diesem Herrscher zugeschrieben werden, aber insgesamt war Tizoc als Eroberer nicht so erfolgreich wie seine Vorgänger. Vielleicht wurde er deshalb nach nur fünfjähriger Regierungszeit ermordet, wie einige Quellen vermuten. Unter seiner Herrschaft wurden weitere Erneuerungen des Templo Mayor begonnen, die dann aber erst unter seinem Nachfolger und Bruder Ahuitzotl beendet wurden.

Ahuitzotl: Die Grenzen des Reiches und eine Flutkatastrophe

Ahuitzotl (= »Wasserhund«), Nachfolger von Tizoc und wie dieser Enkel von Moctezuma I., gelang es, sowohl verlorene als auch neue Gebiete hinzuzugewinnen. Als Auftakt seiner Herrschaft eroberte er Jiquipilco, Jilotepec und andere Städte in der Umgebung von Tenochtitlán zurück. Städte, die schon einmal erobert worden waren, die aber den Aufstand probten. Weil das Aztekenreich unter Tizoc an Ansehen verloren hatte, sagten viele unabhängige Herrscher wie z. B. der der Tarasken, die Einladung zur Inthronisation von Ahuitzotl ab. Aber Ahuitzotl stellte in einer Reihe von Schlachten seine militärischen Fähigkeiten unter Beweis – so z. B. bei der erfolgreichen Niederschlagung eines Aufstandes der Huasteken an der Golfküste oder eines Aufstandes der Chontal im heutigen Bundesstaat Guerrero, den er durch ein Massaker beendete. Auf diese Weise sicherte er zunächst einige aufrührerische Gebiete. In der Folge erweiterte er das aztekische Herrschaftsgebiet von Oaxaca bis zum Isthmus von Tehuantepec und Soconusco an der heutigen Grenze zu Guatemala und erreichte andererseits den nördlichsten Punkt des Aztekenreiches: Huejutla im heutigen Bundesstaat Hidalgo. Bis 1495 konnte Ahuitzotl an der Pazifikküste das Gebiet von Acapulco bis Zacatula im Norden erobern. Und in die andere, die südliche Richtung erweiterte er das Herrschaftsgebiet von Oaxaca bis zum

Isthmus von Tehuantepec. Allerdings blieben dabei zwei nicht eroberte Gebiete an der Pazifikküste als unabhängige Enklaven bestehen, so Yopizingo, das Gebiet der Yopi, und das mixtekische Gebiet von Tototepec. Diese Eroberungen erhöhten nun auch die Tributeinnahmen der Azteken an Baumwolle, Gold oder Koschenille-Farbstoff. Mit der Eroberung von Soconusco unternahm Ahuitzotl im Jahr 1500 den weitesten Feldzug in der Geschichte der Azteken. Hilfe erhielt er dabei von der Stadt Tehuantepec, die den Kampf letztlich veranlasst hatte wegen der Beleidigung ihrer Kaufleute als Sklaven der Azteken. Für die aztekischen Krieger war die Bewältigung einer Marschstrecke von 900 km Luftlinie eine Herausforderung und es breitete sich Unmut im Heer aus. Denn vor allem bei der Verteilung der Kriegsbeute fühlten sich die Krieger ungerecht behandelt. Aber Ahuitzotl gelang es, sie zu besänftigen. Wie seine Vorgänger führte auch Ahuitzotl Kriege mit Huexotzinco und Tlaxcala, den unabhängigen Nachbarstädten der Azteken. Nezahualpilli von Texcoco (s. u.) verbuchte gleichzeitig Eroberungen an der Golfküste.

Gegen Ende seiner Regierungszeit musste der bisher siegreiche Ahuitzotl 1499 eine schwere Niederlage in der Schlacht von Atlixco gegen die verbündeten Nachbarstädte Tlaxcallan, Huexotzinco und Cholula im Tal von Puebla hinnehmen, in der auch einer seiner Söhne fiel. Und das Schicksal forderte ihn noch mehr heraus. Denn sowohl Tenochtitlán als auch die Städte am Ufer des Sees wurden 1498 von einer großen Überschwemmung heimgesucht. Schuld daran war Ahuitzotl selbst, der die Quellen eines Flusses am Ufer der Lagune anzapfte, um Süßwasser über ein Aquädukt von Coyoacan nach Tenochtitlán zu leiten. Denn in der Stadt herrschte ein Mangel an Trinkwasser, der See enthielt wie erwähnt Salzwasser. Tzutzumatzin, der Herrscher von Coyoacan, warnte Ahuitzotl vor der Gefährlichkeit des Unternehmens und sagte ihm voraus, dass die Quellen zu Hochwasser der Lagune führen würden, weil es keine Abflussmöglichkeiten gebe und dass dadurch Tenochtitlán überschwemmt werde. Aus Zorn über diese anmaßende Antwort ließ ihn Ahuitzotl töten. Andere Quellen berichten, dass dieser seiner Strafe durch Selbstmord zuvorkam. Jedenfalls sollte Tzutzumatzin Recht behalten: Nur kurze Zeit nachdem das Aquädukt mit einer großen Feier eingeweiht und das Wasser erstmals darüber geleitet worden war, wurden Tenochtitlán und auch die Städte am Ufer des Sees überflutet. In seiner Not erhoffte sich Ahuitzotl von den Herrschern von Texcoco und Tlacopan Rat und Hilfe. Nezahualpilli von Texcoco nutzte diese Gelegenheit, Ahuitzotl in einer öffentlichen Rede deutlich die Meinung zu sagen und ihn auf seine Schuld an der Überschwemmung hinzuweisen: »Mächtiger Herrscher: spät hast du daran gedacht, den Rat zu erbitten, den dir schon sehr viel früher der Herrscher von Coyoacan gegeben hat. [...] Du hättest das vorher abwenden und bedenken können. [...] Was hat Tzutzumatzin dir angetan? Was ist seine Schuld? Womit hat er dich beleidigt? [...] Mächtiger Herr, erkenne dass du die Götter beleidigt und gegen sie gesündigt hast. [...] Ich bin der Meinung, dass man das Aquädukt von der Quelle trennt, so dass das Wasser wieder seinen ursprünglichen Lauf nimmt. Und dass man der Göttin des Wassers ein feierliches Opfer darbringt, um ihren Zorn, den sie gegen dich hegt, zu besänftigen, mit vielen Edelsteinen und Federn, mit vielen Wachteln und Kopal, Kautschuk und Papier. Die Abflüsse der Quellen müssen gesperrt werden. Gleichzeitig sollten einige Kinder geopfert werden. Vielleicht finden wir damit Gefallen [bei der Gottheit, Anm. d. Autorin] und sie hält ihre Quellwasser auf, so dass sie nicht mehr so viel Wasser wie jetzt bringen.«[65] In diesen Anweisungen zeigt sich, wie wichtig neben den technischen Handlungen für die Azteken die rituellen waren. Den Rat von Nezahualpilli befolgend, bekam man damit dann die Überflutung wieder unter Kontrolle. Aber Tenochtitlán war so stark zerstört, dass es nahezu vollständig neu aufgebaut werden musste. Ahuitzotl selbst soll auf der Flucht vor der Flut einen Schlag auf den Kopf erhalten haben, der angeblich so schwerwiegend war, dass er an den Spätfolgen 1502 starb.

Unter Ahuitzotl erreichte die aztekische Herrschaft ihre größte Ausdehnung. Allerdings war diese nicht so groß wie das Einflussgebiet der klassischen Teotihuacán-Kultur, die auch Teile des heutigen Guatemalas umfasste, wohin die Azteken nie hingelangten. Mit der Ausdehnung des Reiches unter Ahuitzotl wuchs auch die Bedeutung und Aktivität der Kaufleute als Gesandte und

65 Diego Duran 1867, 392 f. (dt. Übersetzung U. P.)

Spione in den noch nicht eroberten Gebieten und somit als »Vortrupp« bei aztekischen Eroberungen. 1487 fand dann die große Einweihungsfeier des Templo Mayor statt mit vielen – angeblich 80 000 – Menschenopfern.[66]

Nezahualpilli: Texcoco als kulturelles Zentrum

In Texcoco hatte Nezahualpilli (= »Fastender Fürst«) 1472, ein Jahr nach Axayácatl, die Herrschaft als Nachfolger seines Vaters Nezahualcóyotl übernommen und während seiner Regierungszeit gelangte Tenochtitlán zur politisch-militärischen Vorherrschaft, während Texcoco Zentrum der Kultur und Wissenschaft wurde. Nezahualpilli war erst sieben Jahre alt, als sein Vater Nezahualcóyotl starb und er sein Nachfolger wurde. Anders als in Tenochtitlán war die Thronfolge so geregelt, dass der erstgeborene, legitime Sohn des Herrschers die Regierung übernahm – und das war Nezahualpilli. Da er noch ein Kind war, hatte ihn sein Vater der Obhut drei seiner älteren, jedoch nicht-legitimen Söhne anvertraut. Es war aber abzusehen, dass diese drei Söhne ihren Bruder als Konkurrenten sahen und selbst die Herrschaft anstrebten. Um das zu verhindern und Nezahualpilli zu schützen, griff Axayácatl ein und holte ihn nach Tenochtitlán. Natürlich nicht ganz uneigennützig, denn so konnte Axayácatl gleichzeitig auch Einfluss auf Texcoco ausüben.

Nezahualpilli entwickelte sich zu einem äußerst fähigen Herrscher und war ebenso wie sein Vater ein hervorragender Architekt, Gelehrter und Dichter. Seine legitime Frau, eine Tochter des Herrschers Axayácatl, gebar ihm elf Kinder und von seinen angeblich 200 Konkubinen soll er 144 Kinder gehabt haben. Er war nicht nur ein fähiger, sondern auch ein gerechter und strenger Herrscher, auch gegenüber seiner Familie. So ließ er seinen erstgeborenen Sohn Huexotzincatzin, der für die Thronnachfolge vorgesehen war, hinrichten, ebenso seinen zweiten Sohn. Beide hatten die Hofetikette missachtet. Huexotzincatzin, der erste Sohn, war, wie Ixtlilxóchitl berichtet, »ein

66 s. dazu S. 151 ff.

hervorragender Philosoph und Dichter. Als solcher hatte er eine Satire verfasst über die Dame von Tula (die Konkubine, mit der der Herrscher, sein Vater, den vertrautesten Umgang hatte). Und da sie ebenfalls die Kunst der Poesie pflegte, kam es zu einem Wortgefecht zwischen ihnen, mit dem er prahlte. Der Fall kam vor Gericht. Nach dem Gesetz war es Verrat gegen den Herrscher und so wurde er zum Tode verurteilt. Und obwohl der Herrscher, sein Vater, ihn unendlich liebte, vollstreckte er die Todesstrafe. […] Auch seinen zweiten legitimen Sohn, der nach dem Kronprinzen geboren war, genannt Iztacquautzin, bestrafte er, weil […] er ohne Erlaubnis einige Paläste als Residenz hatte erbauen lassen, ohne dies durch Ruhmestaten verdient zu haben. Denn nach dem Gesetz, obwohl er Fürst war, durfte er keine großen Gebäude errichten, noch den Kopfschmuck aus Federn tragen, ehe er nicht an vier Schlachten teilgenommen und in diesen mindestens vier Offiziere gefangengenommen hatte […].«[67] So ließ Nezahualpilli auch seinen zweiten Sohn hinrichten. Damit nicht genug, auch seine Ehefrau Chalchiuhnenetzin, eine Tochter des Axayácatl, ließ Nezahualpilli wegen Ehebruch hinrichten. Diese »begann an die tausend Fehltritte zu begehen. So gab sie heimlich Anweisung, ihr jeden nach ihrem Geschmack und ihrer Zuneigung galanten und gut aussehenden Mann zuzuführen. Und nachdem sie ihre Begierde gestillt hatte, ließ sie ihn töten und befahl, eine Statue nach seinem […] Bild zu machen. Diese stellte sie, nachdem sie reich geschmückt worden waren, mit Kleidern, Goldschmuck und Edelsteinen, in dem Saal, den sie bewohnte, auf. Es waren so viele Statuen derer, die sie auf diese Weise getötet hatte, dass sie den Saal rundherum ausfüllten. Und wenn der Herrscher sie besuchte und sie nach diesen Statuen fragte, antwortete sie, dass es ihre Götter seien. Der Herrscher glaubte ihr, da sie vom sehr frommen Volk der Mexica stammte.«[68] Aber dann doch misstrauisch geworden, entdeckte Nezahualpilli schließlich den Ehebruch, übergab den Fall seinen Richtern und Chalchiuhnenetzin wurde mit der gesamten Dienerschaft zum Tode durch Erdrosseln verurteilt.

67 Fernando Alva Ixtlilxóchitl 2014, 156 f. (dt. Übersetzung U. P.).

68 Ebd. 152 (dt. Übersetzung U. P.).

Moctezuma II.: Das Ende des Aztekenreiches

Mit Moctezuma II., der den Beinamen *Xocoyotzin* (= »der Jüngere«) trug, als Nachfolger von Ahuitzotl trat der aztekische Herrscher die Regierung an, dessen Schicksal es sein sollte, sich mit den spanischen Eroberern auseinandersetzen zu müssen. Denn er war der Herrscher, den die spanischen Eroberer als erste Europäer unmittelbar erlebten und von dem wir ausführliche Beschreibungen über Aussehen, Verhalten und Charakter haben.[69]

Moctezuma war ein Sohn von Axayácatl und somit ein Neffe von Ahuitzotl. Die Quellen, die Moctezuma in der vorspanischen Zeit beschreiben, betonen seine Fähigkeit als Krieger, seine Entschlossenheit, Klugheit und Frömmigkeit, aber auch seine Arroganz, Strenge und Härte gegenüber den Untertanen. Im Unterschied dazu beschreiben ihn die spanischen Quellen als freundlich, unsicher und sogar feige. Diese unterschiedlichen Beschreibungen sind wohl nicht nur den Unterschieden aus indianischer und spanischer Sicht zuzuschreiben, sondern vor allem der Tatsache, dass die spanische Eroberung eine völlig neue Situation für den aztekischen Herrscher war, die ihn vor ganz neue Herausforderungen stellte.

Der vor dem Herrschaftsantritt übliche Kriegszug führte Moctezuma an die Küste von Oaxaca, wo er die Stadt Nopallan eroberte. Generell versuchte Moctezuma nicht, neue Gebiete zu erobern, sondern stattdessen die Herrschaft über bereits eroberte Provinzen zu festigen und die bestehenden »Lücken« von noch immer unabhängigen Städten innerhalb dieser beherrschten Gebiete zu schließen. Allerdings war er dabei nicht immer erfolgreich. So zog er zwar gegen die Mixteken von Tototepec höchstpersönlich ins Feld, aber diese leisteten so erfolgreich Widerstand, dass er nur einen Teil ihres Gebietes erobern konnte, der Rest blieb unabhängig. Auch die Yopi in Guerrero konnten nicht unterworfen werden.

Meistens führte Cuitláhuac (= »getrockneter Kot«), ein Bruder von Moctezuma, die Eroberungszüge durch. Während Moctezuma in seinem Reich die Tribute erhöhte, wurden die Tributzahlungen

69 Vgl. dazu S. 86 f.

für die unter Axayácatl unterworfene Nachbarstadt Tlatelolco aufgehoben. In Tlatelolco hatten bislang Militärgouverneure von Tenochtitlán die Regierungsgeschäfte durchgeführt, 1519 übernahm diese nun Cuauhtémoc (= »landender Adler«), ein Sohn von Ahuitzotl. Dieser sollte als letzter Aztekenherrscher bei der spanischen Eroberung eine tragische Rolle spielen.

Unter Moctezuma II. führten die Azteken weiterhin viele Kämpfe mit den Städten Tlaxcala, Cholula und Huexotzinco, aber es gelang Moctezuma ebenso wie seinen Vorgängern trotz aller Anstrengung nicht, diese Städte einzunehmen. Sie blieben unabhängig, waren aber vom aztekischen Herrschaftsgebiet wie Enklaven regelrecht eingeschlossen. Aber zumindest konnten die Azteken die Handelsverbindungen dieser Städte zur Golfküste abschneiden. Dies ermöglichte ihnen zwar den Handel zu kontrollieren und im Fall von Tlaxcala vor allem den Import von Salz zu verhindern. Aber letztlich blieb die Stadt ein mächtiger Feind und konnte 1515 die Azteken vernichtend schlagen. Wenig später, während der spanischen Eroberung, sollte Tlaxcala entscheidend zum schnellen Sieg der Spanier beitragen, indem sie sich mit diesen verbündeten.

Moctezuma II. führte eine Reform des Staatswesens durch. Bislang war es auch dem Mann aus dem einfachen Volk möglich, z. B. durch besondere Verdienste im Krieg, eine gesellschaftlich höhere Position zu erlangen und dementsprechend Tätigkeiten im Staatsdienst am Hof des Herrschers auszuüben. Moctezuma beendete diese Aufstiegsmöglichkeit und beschränkte solche Tätigkeiten auf den Geburtsadel. Er legte größten Wert auf eine besondere Hofetikette, wie z. B. die Verwendung einer sich von der des einfachen Volkes unterscheidenden Sprache in seiner Anwesenheit. Dies alles führte dazu, dass dem Herrscher nun eine fast gottähnliche Position zukam. Um die eroberten Gebiete besser zu kontrollieren und zu integrieren, veranlasste Moctezuma, dass der Herrscher eines eroberten Gebietes nach Tenochtitlán umsiedelte oder seine Söhne dort eine Schulausbildung absolvierten, um sie so im Sinne des aztekischen Staatsideals erziehen zu können. Andererseits übernahmen nun häufiger Familienmitglieder von Moctezuma die Herrschaft im Umland von Tenochtitlán.

Cacama und Ixtlilxóchitl II.: Ein Bruderzwist in Texcoco

Während Moctezuma II. in Tenochtitlán regierte, ging 1515 mit dem Tod von Nezahualpilli in Texcoco buchstäblich eine Ära zu Ende. Schon unter Nezahualcóyotl hatte sich Texcoco mehr als Stadt der Kultur und Wissenschaft als durch Eroberungen Ruhm erworben. Unter seinem Sohn Nezahualpilli wurde diese Entwicklung nochmals verstärkt, sodass Texcoco kaum noch an den Eroberungen beteiligt war und sogar einige früher eroberte Gebiete an Tenochtitlán abgeben musste. Nezahualpilli hatte seinen Sohn Ixtlilxóchitl als Nachfolger vorgesehen. Nach seinem Tod 1515 gelangte aber sein Sohn Cacama auf den Thron. Dieser war – im Unterschied zu Ixtlilxóchitl – ein Neffe von Moctezuma II. und wurde daher von diesem unterstützt. Durch diesen Bruderzwist wurde das Reich von Texcoco schließlich aufgeteilt in den Nordteil unter der Herrschaft von Ixtlilxóchitl II. und den Südteil mit der Hauptstadt Texcoco unter Cacama. Ein Zustand, der das Reich schwächte.

Mit der Unterstützung Cacamas sollte Moctezuma II., natürlich ohne es zu wollen, den Spaniern eine Trumpfkarte in die Hände spielen. Denn der von Nezahualpilli bestimmte Nachfolger Ixtlilxóchitl schloss sich daraufhin den Spaniern an, in der Hoffnung, dass diese ihm zu seinen Ansprüchen als rechtmäßigem Thronerben verhelfen würden. Eine Hoffnung, die nicht enttäuscht wurde. Die Spanier setzten ihn dann als Herrscher von Texcoco ein und sicherten sich so seine Loyalität und Hilfe. Dafür ging er als der Aztekenherrscher in die Geschichte ein, der die Spanier am meisten unterstützte.

Als Moctezuma II. in spanische Gefangenschaft geriet, ereilte auch Cacama dieses Schicksal. Er wurde von den Spaniern gefoltert und starb in der *Noche Triste* unter nicht ganz geklärten Umständen. Cacama war auch als Dichter tätig und es sind aus seinem letzten Lebensabschnitt einige Gedichte erhalten, die von dem Bewusstsein seines Todes geprägt sind. Cuicuitzcatl, ein weiterer Sohn von Nezahualpilli und für kurze Zeit Nachfolger von Cacama, versuchte, sich mit den Spaniern zu arrangieren. Er wurde aber von diesen abgelehnt, die stattdessen Ixtlilxóchitl II. bevorzugten.

Als die Spanier in Mexiko ankamen, herrschten die Azteken über ein Gebiet von über 200 000 km² vom heutigen Bundesstaat San Luis Potosí bis zur Grenze des heutigen Staates Guatemala und über ca. 5–6 Millionen Menschen. Mit Moctezuma II. und den letztgenannten Herrschern von Texcoco begann aufgrund der erfolgreichen spanischen Eroberung von Tenochtitlán 1521 ein neues Kapitel in der Geschichte der Azteken, mit dem das aztekische Großreich endete.

Pilli und *Macehualli*: Die aztekische Gesellschaft

Die Gesellschaft der Azteken war hierarchisch gegliedert und unterteilt in die Oberschicht der Adligen (Sg. *pilli*, Pl. *pipiltin*) und die einfache Bevölkerung (Sg. *macehualli*, Pl. *macehualtin*)[70]. Adliger war man in der Regel durch Geburt bzw. Abstammung (Geburtsadel). Aber in einigen Fällen konnte man auch als Normalbürger z. B. durch besondere Verdienste im Krieg in Adelskreise aufsteigen (Verdienstadel). Es gab verschiedene Adelsgeschlechter, die sich jeweils auf einen gemeinsamen Ahnen beriefen sowie Haupt- und Nebenlinien – ähnlich wie bei den Herrscher- und Fürstenhäusern in der europäischen Geschichte. In Tenochtitlán sahen sich die Adligen als Nachkommen des ersten Herrschers Acamapichtli an. Zur Adels- bzw. Oberschicht gehörten neben dem Herrscher und seiner engeren Familie seine weitere Verwandtschaft, die die höheren Ämter im Staat, in der Priesterschaft und im militärischen Bereich einnahmen, wie z. B. Richter, Gouverneure oder Offiziere. Zur einfachen Bevölkerung gehörten die Bauern, Arbeiter, Handwerker, Kaufleute, Krieger, einfache Priester und Leibeigene bzw. Sklaven.

Hauptaufgabe des Adels war die Regierung und Verwaltung. Unter den Adligen der verschiedenen Stämme im Hochtal von Mexiko und auch darüber hinaus gab es ein gewisses Zusammengehörigkeitsgefühl. So gab es trotz der offiziellen Feindschaft zwischen einigen Städten und Regionen immer wieder geheime

70 So die gängige Darstellung in der Literatur, dagegen betont Prem 2008, 197, dass dies »nicht vollständig korrekt« ist.

Zusammenkünfte oder Feste der Herrscher und Adligen untereinander, von denen die breite Öffentlichkeit nichts erfuhr. Sahagún beschreibt eine solche Gelegenheit, wie der Herrscher von Tenochtitlán die Herrscher anderer Städte und Regionen, darunter auch solche, mit denen man Kriege führte, wie Tlaxcala, Cholula, Tehuantepec oder Michoacán zu einem großen Fest einlud: »Und wenn alle geladenen hohen Herren versammelt waren – die freundlich und die nicht freundlich gesinnten Herren – versorgte er sie mit Speisen. Er gab ihnen Speise und Trank; prächtige Güter gab er ihnen allen: Umhänge ohne Preis und wertvolle Schambinden und Ausstattung und ganz prächtige Schilde. Es wurde getanzt, es wurde gesungen, Nacht und Tag – der Herrscher gab ihnen Trost.«[71] Gleichzeitig zeigt sich am zitierten Beispiel, dass das Prinzip der Redistribution, der Neu- oder Umverteilung von Gütern, nicht nur innen-, sondern auch außenpolitisch eine wichtige Rolle in Gesellschaft und Wirtschaft der Azteken spielte.

Der Hauptunterschied zwischen Ober- und Unterschicht war die die Oberschicht verbindende adlige Herkunft und die damit einhergehenden Privilegien wie der Besitz von Land, die Einnahme von Tributen oder bestimmte Ämter oder äußere Kennzeichen wie Kleidung oder Schmuck. Die Unterschicht war zur Tributzahlung verpflichtet und besaß kein eigenes Land, sondern bekam dieses zur Bearbeitung zugeteilt. Allerdings gab es Unterschiede bezüglich der Höhe der Tributabgaben. Äußerlich unterschieden sich die verschiedenen Gesellschaftsklassen vor allem durch Kleidung und Schmuck, genauer durch das Material, die Ausführung und auch die Art und Weise, wie die Kleidung getragen wurde. Alle Männer der aztekischen Gesellschaft trugen einen dreieckigen, an der Seite geknoteten Hüftschurz und einen Umhang, eine Art Decke, über der rechten Schulter geknotet. Die Frauen trugen einen um die Hüfte gewickelten Rock und ein ärmelloses Hemd (*huilpil*). Darüber konnte auch – wie bei den Männern – noch ein ponchoartiger Umhang getragen werden. Bei den Bürgern bzw. der Unterschicht aber bestand die Kleidung aus Fasern der Agave oder der Yucca, beim Adel aus importierter Baumwolle. Und ausschließlich der Herrscher und die höchsten Würdenträger

71 Bernardino de Sahagún [2]1990, 141.

knoteten den Umhang vor der Brust. Der Hüftschurz der Bürger durfte nicht über das Knie reichen wie beim Adel. Nur den alten Kriegern war es erlaubt, mit einem längeren Hüftschurz ihre Narben der Kriegswunden zu bedecken. Auf Verstoß gegen die Kleiderordnung stand die Todesstrafe.

Auch die Ernährung unterschied den Adel von den übrigen Gesellschaftsschichten. Hund, Truthahn, Kaninchen sowie Meerestiere von der Küste und Kakao standen auf dem Speiseplan der Adligen. Der einfache Bürger ernährte sich hauptsächlich von Maistortillas und Bohnen sowie Tieren aus dem See wie Fröschen, Garnelen oder Wasserfliegen. Leguane, Ameisen, Maguey-Würmer (Mehlwürmern ähnelnde Raupen, die noch heute zum Tequila serviert werden) galten sowohl für Adel wie für Bürger als Delikatesse.

Sozialer Aufstieg war wie erwähnt bei besonderen Verdiensten als Krieger, aber auch als Kaufmann und innerhalb der Priesterschaft möglich. Sozialer Abstieg war die Folge z. B. bei Verfehlungen im Dienst oder im Krieg. Für einen Adligen konnte dies bedeuten, dass er mitsamt seiner Familie zum *macehualli* degradiert wurde.

Der *Tlatoani* – Macht und Pracht des Herrschers

Die Macht und Pracht der Hofhaltung des an oberster Stelle der Gesellschaftspyramide stehenden aztekischen Herrschers (*tlatoani* = »der, der spricht«), stand der der europäischen Könige und Fürsten in nichts nach. Der *Tlatoani* war ein weltlicher Herrscher, kein Priesterfürst. Sein Palast war von dem kultischen Bezirk getrennt und der Kult wurde von den Priestern durchgeführt. Allerdings hatte der Herrscher nach wie vor auch die Funktion eines Mittlers zwischen dem Diesseits und dem Jenseits und insofern schrieb man ihm durchaus göttliche Eigenschaften zu. Und zumindest von Ahuitzotl und Mocetzuma II. ist bekannt, dass sie vor ihrer Karriere als Herrscher das Amt des Oberpriesters innehatten.

Beim Tod des Herrschers in Tenochtitlán ging die Herrschaft nicht automatisch auf den Sohn über, sondern auf den Fähigsten, oft auf den Bruder, Neffen oder Enkel. Anders war dies in der verbündeten Stadt Texcoco, wo in der Regel der Sohn auf den Vater folgte. Als Kandidat für das Herrscheramt waren bestimmte Voraussetzungen zu erfüllen. Der erste Schritt war die strenge Erziehung am *Calmecac*, der Schule für den männlichen Nachwuchs der adligen Oberschicht. Bei der Erziehung des Herrschers wurde besonderer Wert auf korrektes Verhalten und rhetorische Fähigkeiten gelegt. Für das Herrscheramt musste der Kandidat vorher eine Reihe von staatlichen oder religiösen Ämtern ausgeübt haben. Noch wichtiger aber war, dass der zukünftige Herrscher seine Fähigkeiten im Krieg unter Beweis stellte. Ein hohes militärisches Amt war dafür die beste Voraussetzung.

Offiziell wurde der Herrscher aufgrund seiner Fähigkeit von einem Gremium gewählt, dem die Obersten von Stadt, Kriegsrat und Priestern angehörten. Diese wählten auch den »Rat der Vier«, der dem Herrscher in beratender Funktion als Unterstützung zur Seite stand. Es folgte die feierliche Bestätigung der Wahl des neuen Herrschers im Tempel des Huitzilopochtli des Templo Mayor. Danach musste dieser einen Feldzug unternehmen und dabei Gefangene machen. Nach der Rückkehr von diesem Eroberungszug fand die Inthronisation des Herrschers statt, bei der die Gefangenen geopfert wurden.

Sahagún beschreibt die Wahl des Herrschers und des Rates der Vier sowie die darauf folgende feierliche Bestätigung des Herrschers im Huitzilopochtli-Tempel folgenderweise: »Die hohen Herren versammelten sich und beratschlagten, wen sie ins Amt berufen und erwählen würden, um Herrscher zu sein. Auf die gleiche Art versammelten sich die alten Männer und kampferprobten Krieger, tapfere Krieger, Kriegsleute und die Führer der Jugend, Adlige und Hüter der Götter, Räucherpriester – die Langhaarigen. […] Wenn ein bestimmter Prinz gewählt und mit dem Herrscheramt beauftragt wurde, dann wurden auch diejenigen, die ihm zur Seite stehen würden, die seine vornehmen Herren sein würden, in ihr Amt erhoben und gewählt. […]«[72] Zum vereinbarten Termin versammelte man sich dann im Hof des Tempels von Huitzilopochtli, um den zukünftigen Herrscher in sein Amt einzusetzen. Der weitere Bericht von Sahagún zeigt,

72 Ebd. 138.

dass diese Inthronisation nicht zuletzt eine religiöse Angelegenheit war: Die Priester zogen dem Herrscherkandidaten »eine grüne, ärmellose Jacke an. Und sie hießen ihn auf dem Rücken seine Tabakkürbisflasche mit grünen Quasten zu tragen, dann verhüllten sie sein Gesicht, bedeckten seinen Kopf mit einem grünen Fastenumhang, mit Knochen gemustert. [...] Sie gaben ihm seine Weihrauchkelle in die Hand, ebenfalls mit den Schädeln der Toten bemalt und mit Papieranhängern. [...] Wenn sie [die Priester, Anm. d. Autorin] den Herrscher zur Spitze der Pyramide geführt hatten, dann nahm er Weihrauch, goss ihn in die Weihrauchkelle, in der sich glühende Kohlen befinden. Dann erhob er sie vor Huitzilopochtli, um das Bildnis zu beräuchern. [...] Und das gesamte einfache Volk stand da und sah zu ihm hinauf. Trompeten erklangen; die Muschelhörner wurden geblasen.«[73] Dann wurden der Herrscher und die »hohen Herren« des Rates der Vier von den Priestern begleitet »zum Haus des Fastens, zu einem Ort namens Tlacochcalco oder Tlacatecco, dem Hause Huitzilopochtli. Dort fasteten sie und taten vier Tage lang Buße. Nirgendwohin gingen sie, sie blieben nur sitzen. [...] Vier Tage lang fasteten sie, die Gesichter von Fastenumhängen verhüllt. Und genau so viel Tage lang opferten sie am Mittag vor dem Bildnis von Huitzilopochtli Weihrauch. Und genauso viele Nächte lang opferten sie um Mitternacht Weihrauch und machten vor dem Bildnis von Huitzilopochtli Blutopfer und sie badeten sich.«[74] Nach diesen vier Tagen der Buße zog der Herrscher in seinen Palast ein. Seine erste Aktion war ein Eroberungskrieg, bei dem er Gefangene machen musste, die dann nach seiner Rückkehr im Rahmen seiner offiziellen Inthronisation geopfert wurden.

Der neue Herrscher musste von den beiden anderen Herrschern des Dreibundes, den Herrschern von Texcoco und Tacuba, offiziell bestätigt werden. Der Herrscher war in der Ausübung seiner Macht autonom, stützte sich aber in der Regel auf den Rat der entsprechenden Staatsdiener. Vor allem der religiöse, aus Priestern bestehende Rat spielte eine wichtige Rolle, wie das Beispiel Moctezuma II. zeigt, der in den Berichten der spanischen

73 Ebd. 139.
74 Ebd. 140 f.

Chronisten abwertend als »abergläubig« dargestellt wurde. Wie in europäischen Herrscher- und Fürstenhäusern üblich, wurden auch im Aztekenreich Allianzen durch Heiraten eingeleitet, bestätigt und gefestigt. Der Herrscher hatte eine Frau und eine Reihe von Nebenfrauen aus adligen Kreisen sowie darüber hinaus noch Konkubinen aus der einfachen Bevölkerung.

Von der ersten Begegnung des Cortés und seiner Leute mit Moctezuma II. berichtet Díaz del Castillo: »Moctezuma selbst war kostbar gekleidet. Er trug eine Art Halbstiefel, die mit Juwelen besetzt waren und goldene Sohlen hatten. Auch die vier Großen die ihn führten, waren jetzt ausnehmend prächtig gekleidet. [...] Zahlreiche andere Große umgaben den Herrscher, breiteten vor ihm kostbare Tücher auf den Boden, damit sein Fuß nicht die nackte Erde berühren müsse, und trugen seinen Thronhimmel. Niemand wagte es, ihm ins Gesicht zu sehen. Alle senkten ihre Augen ehrfurchtsvoll. Nur die vier fürstlichen Vettern und Neffen, die ihn führten, wagten es, ihn anzublicken.«[75] Von einem weiteren Treffen berichtet er: »Moctezuma war um diese Zeit etwa vierzig Jahre alt. Er war groß und schlank, vielleicht etwas zu mager. Seine Haut war nicht braun; sie hatte nur einen leichten Schimmer des üblichen Indianerteints. [...] Er hielt sehr viel von Reinlichkeit und badete jeden Abend. Neben einer Menge Konkubinen, die alle Töchter von vornehmen Männern waren, hatte er zwei gesetzmäßige Gemahlinnen aus fürstlichen Häusern, die er aber nur heimlich besuchte. Unnatürliche Wollust war ihm fremd. Hatte er ein Kleid einen Tag getragen, dann zog er es erst nach vier Tagen wieder an. In den Sälen um seine Wohnräume standen immer zweihundert vornehme Männer bereit, um ihn zu bewachen und um ihm aufzuwarten. Er sprach aber nie mit ihnen. Sie nahmen seine Befehle entgegen, und er hörte ihre Meldungen an. [...] Bevor sie sein Gemach betraten, mussten sie ihre vornehme Kleidung ablegen und ein geringeres, aber sauberes Gewand anziehen. Sie durften ihm nur barfuß und mit gesenktem Blick nahen. Niemand durfte ihm ins Gesicht sehen. [...] Auch die Fürsten und die Großen, die aus dem Innern des Landes kamen, um Prozesse zu führen oder andere Geschäfte

75 Bernal Díaz del Castillo 2017, 201.

zu erledigen, mussten ihre Kleider wechseln und barfuß vor den Fürsten treten. […]

Zu jeder Mahlzeit servierten ihm die Köche mehr als dreißig Gerichte. Die Schüsseln wurden auf kleinen Kohlebecken warm gehalten. Dreihundert Schüsseln standen jeweils für Moctezuma bereit und tausend für die Leute, die bei ihm Dienst hatten. […] Man erzählt sich auch, dass man ihm als besonderen Leckerbissen Knabenfleisch vorgesetzt habe. Aber das lässt sich nicht nachprüfen. […]

Moctezuma saß auf einem niederen, sehr geschmackvollen gepolsterten Sitz und hatte einen weißgedeckten Tisch vor sich. Vier ausgesucht hübsche Frauen bedienten den Herrscher beim Händewaschen. Sie brachten das Wasser in kürbisförmigen Gießkannen, die man hierzulande Xicales nennt, gossen es ihm über die Hände, fingen es in anderen Gefäßen wieder auf und reichten ihm Tücher zum Abtrocknen. Ehe Moctezuma zu essen begann, wurde eine große, stark vergoldete hölzerne Wand vor ihn gestellt, damit man ihn nicht essen sehen konnte. […] Während der Monarch aß, mussten sich alle Anwesenden, auch die Leute in den benachbarten Sälen, ganz und gar ruhig verhalten.

Nach den warmen Speisen wurden Früchte aufgetragen. Aber Moctezuma aß davon sehr wenig. Dafür trank er öfters aus einem goldenen Becher ein kakaoartiges Getränk, das gewisse Triebe wecken sollte. Während der Tafel ließ er sich von kleinen verwachsenen Indianern Taschenspielerkünste vorführen; oder es kamen Possenreißer, die amüsante Reden von sich gaben, oder Sänger und Tänzer. Er hatte viel Spaß an diesen Unterhaltungen […] Nach dem Essen nahmen die vier Frauen die Tücher vom Tisch und reichten ihm noch einmal das Waschwasser. […]

Nach dem Fürsten speisten die Wachen und die übrigen Hausleute, nach diesen die Frauen, die Aufwärterinnen, die Bäckerinnen und die Kakaoköchinnen. Es gab eine außerordentliche große Zahl von Hausgesinde in diesem Palast, vom Haushofmeister angefangen, und wir waren überrascht, wie ruhig und glatt alles funktionierte.«[76]

76 Ebd. 210 ff.

Nach dem Tod eines Herrschers fand eine große Trauerfeier statt, zu der die Herrscher anderer Städte und Provinzen des Reiches eingeladen wurden. So berichtet Tezozómoc, dass bei der Trauerfeier für Axayácatl die Herrscher von Texcoco und Tacuba Reden hielten. Die eingeladenen Herrscher brachten jeweils vier Sklaven und andere Geschenke mit wie Edelsteine, Federn oder Kakao. Der Tote wurde mit mehreren Kleidern versehen und dieses Leichenbündel des Herrschers wurde dann als Abbild von ihm aufgestellt. Das Bündel war mit den Trachten der Gottheiten Huitzilopochtli, Tlaloc, Xipe Totec und Quetzalcoatl bekleidet und das Gesicht mit der Maske des Windgottes Ehecatl versehen. Vor dem Bündel wurden Klagelieder vorgetragen. Es fand ein Gastmahl statt sowie eine Prozession der geladenen Gäste führte an dem Leichenbündel vorbei, wobei Blumen als Opfer niedergelegt wurden. Die Leiche des Herrschers und das Leichenbündel wurden schließlich vor dem Idol Huitzilopochtlis verbrannt, zusammen mit seinen eigenen und den als Geschenk mitgebrachten Sklaven.

Die Mehrheit der einfachen Bevölkerung (*macehualtin*) bestand aus Bauern, Arbeitern und Handwerkern. Die Bewohner von Tenochtitlán waren in der Regel im Staatsdienst, als Händler oder Handwerker tätig. Die Bauern siedelten außerhalb im Umland und den Nachbarorten der Stadt. Sahagún zählt eine ganze Reihe von Berufen im aztekischen Reich auf, wie z. B. Priester, Gelehrte, Rechtsanwälte, Krieger, Handwerker, Händler, Bauer, Arbeiter, Diener, Heiler bzw. Ärzte oder Kaufleute[77]. Jede Berufsgruppe hatte eine Gottheit, die sie besonders als Schutzpatron verehrte. Bei den Kaufleuten war dies z. B. Yacatecutli, bei den Goldschmieden Xipe Totec. Einen hohen Rang innerhalb der Handwerker nahmen die Kunsthandwerker und Hersteller von Luxusartikeln, wie Gold- und Silberschmiede, diejenigen, die Federarbeiten herstellten oder Edelsteine bearbeiteten sowie die Steinmetze und Buchmaler ein. Eine Klasse für sich waren buchstäblich die Fernhändler (*pochteca*), wie im nächsten Abschnitt ausführlich dargestellt wird.

Die unterste gesellschaftliche Schicht bildeten die Sklaven bzw. Leibeigenen. Unser Begriff »Sklave« stammt aus dem römischen Recht und ist daher nur bedingt auf die aztekische Gesellschaft

77 s. S. 89–95.

anwendbar. Mangels einer adäquaten Bezeichnung dieser Gesellschaftsgruppe wird dieser Begriff aber nach wie vor verwendet. Anders als in der Alten Welt, wurde man in der aztekischen Gesellschaft nicht als Sklave geboren, das Töten von Sklaven, sofern sie nicht als Opfer für die Götter vorgesehen waren, war verboten und galt als Mord. Sklaven konnten nicht gegen ihren Willen verkauft werden. Es gab verschiedene Gründe, warum man Sklave wurde. So konnten Notzeiten wie z. B. Hungersnöte oder auch Spielschulden einen zum Sklaven machen: In solch einer Situation verkaufte man entweder sich selbst oder die Familie verkaufte jemanden als Sklaven, um überleben zu können. Als Gegenleistung erhielt man entsprechende Lebensmittel oder andere Güter zur Existenzsicherung. So kam es nicht selten vor, dass in Notzeiten Eltern ihre Kinder verkauften. Das sicherte ihnen selbst das Überleben und der neue Besitzer der Kinder war verpflichtet, diese zu ernähren, einzukleiden und gut unterzubringen. Tat er dies nicht, wurde er bestraft. Daneben war die Sklaverei auch eine Bestrafung für Verbrechen. So wurde z. B. ein Dieb, wenn man ihn fasste, zum Sklaven des Bestohlenen, der ihn auch verkaufen konnte – zum Preis des gestohlenen Gutes. Diese Praxis ersetzte das bei den Azteken unbekannte Gefängnis. Diese Sklaven durften nicht nur verkauft, sondern auch geopfert werden. Auch Kriegsgefangene galten letztlich als Sklaven. In den Quellen ist auch oft von »Lastenträgern« die Rede. Inwiefern diese Sklaven waren oder eine eigene gesellschaftliche Gruppe, ist unklar.

Pochteca – Kaufleute als Spione

Bei den Händlern unterschied man prinzipiell die einfachen Kaufleute, die vor Ort bzw. innerhalb des Landes blieben, und die Fernhändler, die Handelsreisen in die eroberten Provinzen unternahmen. Die einfachen Händler waren auf bestimmte Produkte spezialisiert, die sie auch selbst herstellten oder anpflanzten, wie z. B. Schuhe, Spiegel, Matten, Heilmittel, Mais, Kakao, Tomaten, Honig, Eier oder Tabak – aber auch Sklaven waren Handelsgüter. Aufgabe der Kaufleute war auch die Marktaufsicht: Sie sorgten z. B. dafür, dass die Marktordnung eingehalten wurde, kontrollierten die Stände der Händler oder Preise.

Eine besondere Rolle spielten die Fernhändler (*pochteca*), die neben ihrer Handelstätigkeit während ihrer weiten und gefahrvollen Reisen in fremde Gebiete teilweise auch als Spione fungierten. Sie beschafften dem Tlatoani auf diese Weise sowohl über die eroberten Gebiete und ihre Herrscher als auch über die noch nicht eroberten Landesteile Informationen. In einigen Fällen führten sie auch Verhandlungen im Auftrag des Tlatoani durch. Erfolge in diesen Tätigkeiten konnten einen gesellschaftlichen Aufstieg mit sich bringen. Die Fernhändler hatten somit eine besonders wichtige Funktion und nahmen deshalb eine hochgestellte Position in der aztekischen Gesellschaft ein, die allerdings auch mit einer Art Doppelleben verbunden war: Die Kaufleute mussten sich zum einen Mal bei ihren Spionagetätigkeiten nach der Landessitte des ausspionierten Volkes verkleiden, und – obwohl sie durch ihre Dienste reich waren – bemühten sie sich zu Hause, diesen Reichtum nicht nach außen zu zeigen und trugen in der Öffentlichkeit äußerst einfache, ärmliche Kleidung. Kamen sie von einer erfolgreichen Handelsreise nach Hause, luden sie die Ware nicht im eigenen Haus, sondern heimlich nachts bei einem Bekannten ab. Sie bildeten eine Art Gilde und genossen außer Reichtum noch andere Privilegien, die sonst nur der Oberschicht zukamen, wie z. B. Landbesitz, eigene Gerichtshöfe oder Zusammenkünfte mit dem Herrscher. Die Kaufleute führten einerseits die Handelsgeschäfte im Auftrag des Herrschers aus, zum anderen gingen sie anschließend auch ihren eigenen Geschäften nach. Bei Aufträgen für den Herrscher gab dieser den Kaufleuten Waren in Kommission für die lokalen Herrscher in den verschiedenen Provinzen mit, die für Waren aus der Provinz getauscht werden sollten. Bei dieser Gelegenheit ließ der Tlatoani nicht selten die Tribute der einen Provinz als Waren an eine andere verkaufen, die der dortige lokale Herrscher dann kaufen musste.

Durch Sahagún sind wir bestens über Händler und Kaufleute informiert. Er beschreibt sie ausführlich im neunten Buch seines Geschichtswerkes: neben den verschiedenen einfachen Händlern die Fernhändler und ihre Handelsreisen, ihre soziale Stellung sowie ihre Feste und Opfer.

Zur Regierungszeit von Ahuitzotl ging eine solche Reise folgendermaßen vor sich: Da sie immer mit religiösen Praktiken verbunden war, wurde für den Tag des Aufbruchs – damit die Reise erfolgreich verlief – ein günstiger Kalendertag gewählt, wie z. B. *Eins Schlange* oder *Eins Krokodil*[78]. Nur vor der Reise wuschen sich die Kaufleute und schnitten sich die Haare, während der gesamten Reise fasteten sie zudem und boten das Erscheinungsbild eines armen Macehualli. Vor Beginn wurden außerdem für die Gottheiten des Feuers, der Erde und den besonderen Gott der Kaufleute bzw. Wanderer, Yacatecutli, Opfer dargebracht. Zu diesem Zweck fertigten sie zunächst ein Papierabbild an, das verbrannt wurde, und opferten dann eine Wachtel und das eigene Blut, indem sie ihre Ohren und ihre Zunge durchstachen. Nach einem Abschiedsmahl und diversen Ansprachen konnte die Reise dann beginnen. »Die Kaufleute nun, die im Küstenland ankamen, übergaben den Herrschern, die in den Städten von Anahuac regierten, sogleich alles, was sie (in Mexiko) zusammengekauft hatten, die Prunkgewänder, die Prunkhüfttücher, die Prunkhemden, dies Eigentum Ahuitzotls übergaben sie ihnen, die sie zu diesem Zweck besuchten. Gleich gaben dann an Ort und Stelle die Herrscher von Anahuac als Gegenleistung Quetzaldaunen und kostbare Vogelschwanzfedern und pfeffergrüne Quetzalfedern und (Bälge vom) Türkis- und Tzinitzcan-Vogel.«[79] Danach verkauften die Kaufleute ihre eigenen Waren, häufig Goldsachen, da diese leicht zu transportieren und finanziell ertragreich waren.

Wenn ihr Weg sie durch »Feindesland« führte, reisten die Kaufleute bewaffnet und bei Nacht. Waren sie nach Tenochtitlán zurückgekehrt, wurden sie ehrenhaft empfangen: »Als dann die Kaufleute hier in Mexiko angekommen waren, legten sie alles, was sie holen gegangen waren, vor Ahuitzotl hin. Weil sie auf also diese Art mit Gott reisten, brachten sie Stadt und Staat Mexiko zu Ehren. […] Deshalb liebte sie Ahuitzotl sehr, hielt sie ganz so, als wären sie seine Neffen, ja, er stellte sie Edelleuten gleich; ja, das waren die Kaufleute auch, so klug, so alles überdenkend.«[80]

Ferner beschreibt Sahagún die Spionage der Händler als »›Tarn-Kaufleute‹, wie sie sich nennen. […] Auf folgende Weise

78 s. S. 177 ff.
79 Bernadino de Sahagún 1952, 187.
80 Ebd. 191.

schlichen sie sich ein, machten sich als Mexikaner unkenntlich, dass sie sich verkleideten, sich das Aussehen jener (Feinde) gaben: [...]; sie redeten zu den Leuten und verstanden deren Rede. So schwindelten sie sich ein; und nicht ein Einziger sah ihnen an, dass sie womöglich Mexikaner seien [...].«[81] Wurden sie trotz Verkleidung entlarvt, drohte ihnen die Todesstrafe. Wieder in Tenochtitlán erstatteten die »Tarnkaufleute« ihren Obersten genauestens Bericht, bevor diese sie vor den Tlatoani führten, um diesen wiederum zu unterrichten.

Auch für die Rückkehr der Kaufleute musste ein günstiges Datum abgewartet werden: »Nachdem (die Kaufleute) zu Hause angekommen waren, traten sie erst des Nachts in die Häuser, nicht des Tags, sondern sobald die Nacht hereinbrach, und nur wenn ein guter Kalendertag herankam: ›1 Haus‹ oder ›7 Haus‹, wie es die Wahrsager-Zählung ergab.«[82] Bei der sogenannten Fußwaschungszeremonie wurden dem Gott des Feuers und der Kaufleute nun auch aus diesem Anlass Opfer, unter anderem das Blutspende-Opfer dargebracht. Es fand ein Gastmahl mit der Großfamilie statt und die Alten wurden beschenkt. Manchmal warteten die Kaufleute zehn bis zwanzig Tage, bis das Tageszeichen für die Heimkehr günstig war.

Mit den Adligen und dem Herrscher feierten sie verschwenderische Feste von mehreren Tagen. Sahagún berichtet von einem solchen Fest: »Alsdann breitete er seinen Besitz, sein Eigentum aus, um zu zeigen, was alles draufgehen solle, was alles für die Leute wünschenswert sei: Zuerst also brachte er reichlich Kakao herbei, Götterohr-Blüten, Körbe, Tontassen, Holzgerät, wohl auch Duftröhrchen, dass das in ihnen befindliche Kraut brenne; und jegliche Art Maisklöße ließ er herbringen. [...]

Ihnen nun, den Amtsträgern, den Militärbefehlshabern, den Mannschaften, denen breitete er hin, in deren Händen verschwanden Blumen, Tabak, Speisen und Kakao. Die also empfing er, hieß sie eintreten und sich setzen.

Gleich darauf brachte er ihm (den Tabak) zwischen den Fingern, legte ihn zurecht, dass er seinen Duft einsaugte; das

81 Ebd. 191.
82 Ebd. 199.

versinnbildlichte das Wurfbrett oder auch den Wurfspeer, das Kriegsgerät, das Zeichen der Mannhaftigkeit.

Die Tabakschale aber versinnbildlichte den Rundschild, weil er ihn linkerhand herbeitrug, genau an seinem Ohr vorbei (also von hinten) gab er sie ihm, stellte er sie vor ihn hin, gab sie ›Dem von Tlacatecco‹ oder ›Dem vom Speerhaus‹ oder dem Atempanecatl, dann allen (anderen) Hochgestellten und Kriegsherren oder Edelleuten, dann allen übrigen geladenen Menschen.«[83] Es folgten die Blumen, Speisen und als letztes der Kakao. Den Göttern wurde ein Dankesopfer, Wachteln und Weihrauch, dargebracht. Beim Trompetenklang tanzte und sang man, nachdem man den Rauschpilz genossen hatte. Schließlich wurden auch die Alten zu dem Gastmahl zugelassen bzw. eingeladen.

Beim Panquetzaliztli-Fest für Huitzilopochtli opferten die Kaufleute Sklaven. Zunächst wurden die Sklaven auf dem darauf spezialisierten Sklavenmarkt in Atzcapotzalco eingekauft. Dann beschenkte derjenige, der einen oder mehrere Sklaven opfern wollte, großzügig die alten Krieger und machte Einkäufe für das Festmahl. Dem Gott der Kaufleute brachte man Kleidungsstücke als Opfer und lud Gäste zum Fest ein. Schließlich wurden die Sklaven für das Opfer vorbereitet, indem man sie zunächst in die Tracht des Gottes Huitzilopochtli einkleidete. Die Sklaven bekamen am Abend vor dem Opfer »die ›Opfermesser-Ruhe‹ zu trinken, – Götterwein nannten sie das, […] tüchtig betrunken waren sie.«[84] In diesem Zustand brachte man sie in das Festhaus, wo der Begleiter die Sklaven »die Nacht über wach hielt, wo sie sangen und tanzten.«[85]

Am Tag der Opferung wurden sie im Tempel des Huitzilopochtli zur Schau gestellt »auf der untersten Terrasse der Tempelpyramide […].

Dann stieg der Paynal hinauf zu Huitzilopochtli[86]. Gleich kamen nun (auf die unterste Terrasse geworfen) die abgezählten Papierfahnen herab. Die brachten sie am Speiseplatz

83 Ebd. 208 f.
84 Ebd. 235.
85 Ebd.
86 Der Paynal ist das von einem Priester dargestellte Abbild bzw. ›Double Huitzilopochtlis‹, der zum Schrein des Gottes emporstieg.

Huitzilopochtli dar, nach allen vier Himmelsrichtungen boten sie sie als Opfer an.

Nachdem sie sie dargebracht hatten, kam auch die Türkisschlange herab; ein Kleid aus Papier hatte sie an, ihre Zunge aus feuerroten Federn brannte. Es kam auch der heilige Wanderstab herab zu Huitzilopochtlis Speiseplatz.

(Der Priester in der Maske der Türkisschlange) aber stellte sich gegenüber der Sonne auf. Dann machte er geradeaus nach den vier Himmelsrichtungen seine Reverenz, so tat er. Und nachdem er seine Reverenz gemacht hatte, legte er die Türkisschlange, die er ergriffen hatte, auf die Papierfahnen, die dort lagen, und alles verbrannte. […]

Das Volk aber trat in Massen ein, alle und alle kamen zu schauen, über- und überall setzte man sich hin, verdeckte einander im Gedränge auf dem Vorplatz des Tempels. Keiner aß, jedermann fastete. […]

Moctezuma aber saß still nahe bei einem Pfeiler auf einem Lehnsessel mit roten Reiherfedern und einem Jaguarfell als Fußmatte; der Sessel, auf dem er saß, war mit Wickelbärfell überzogen. […]

Alsbald kam der Paynal herunter und holte alle, die sterben sollten, ging ihnen voran und stieg da hinauf, wo sie den Tod finden sollten; die Opfersklavenbesitzer und ihre Opfersklaven brachte er hinauf zu Huitzilopochtli.

Sie aber (die die Sklaven zu schlachten hatten), hatten sich die Gesichter gefärbt und erwarteten sie. Sie hatten sich fertig gemacht, hatten ihre Priesterjacken angezogen und die Apacecayotl-Federkrone mit dem faltigen Papiergehänge[87] aufgesetzt.

Überdies hatten sie sich mit Ocker, der Götterocker genannt wird, den Mund rot gefärbt, bereit, den Sklaven zu töten, ihm die Brust aufzuschneiden mit ihm, dem ›vorn fressenden‹, wohlgeschärften Steinmesser, das in ihren Händen den Todgeweihten traf.

Den packten sie nun zu Viert und zerrten ihn über den Opferstein, den sie aufgestellt hatten. Schnell schnitt er ihm die Brust auf, nahm das Herz heraus, legte das Herz in eine Holzschale, und sie ließen das Herz ausbluten.

87 = Papierschmuck.

Darauf ließ er den Gefangenen (die Steinstufen) hinunterrollen, nur seinen Leibe (nicht das Herz) ließ er hinunterrollen, warf ihn hinab, dass er hart aufschlug, als er auf der untersten, Apetlac genannten Terrasse, zu liegen kam.

Er aber, der den Gefangenen gemacht hatte, nahm dessen Leiche weg; nur er nahm sie weg, niemand eignete sich eines Anderen Gefangenen an. [...]

Seinen Kopf bot er (der Gastgeber) Huitzilopochtli als Opfer dar, deshalb stieg er hinauf zu Huitzilopochtli und umkreiste ihn einmal. Alles Volk, das unten sich ausbreitete, sah ihnen zu.

Jene also kamen herab; und als der Sklaven-Opferer, der herabstieg, unten angelangt war, trugen ihm seine Diener die Leichen der Opfersklaven in seinen Hof. Er selbst ging alsbald nach Hause, und als er heimgekommen war, richtete er gleich die Leichen der Opfersklaven her und kochte sie.

Gesondert davon kochte er Maiskörner und auf sie, die er den Leuten gab, legte er nur ein ganz klein wenig (Menschenfleisch). Kein Chilipfeffer kam daran, Salz allein tat er als Würze dazu.

Alle seine Blutsverwandten aßen das. So ging das wirklich vor sich in alter Zeit, so schlachteten sie Sklaven zum Panquetzaliztli-Fest.

Der solches tat, der Sklaven opferte, verwahrte gut die ganze Zeit, da er noch auf Erden lebte, verwahrte allzeit gut, verwahrte bis er zu Grabe ging, was Besitz der Opfersklaven gewesen war: den Schmuck, die vollzählig aufgeführten Mäntel, Schambinden, Schuhe, Hüfttücher, Überhemden, alles das; nichts wurde übersehen, alles hob er sich gut auf, jegliches Haar von ihnen legte er in die große Lade aus Mattenrohr.

Erst wenn der, der Sklaven geopfert hatte, gestorben war, verbrannten sie es ihm zu Ehren.«[88]

88 Ebd. 237–241.

Vom *Calpulli* zum Dreibund der Azteken: Regierung und Verwaltung

Ein weiteres Merkmal der aztekischen Gesellschaft war neben der sozialen Schichtung die Gliederung in *Calpullin* (Sg.: *calpulli* = langes Haus). Man ist sich einig, dass Calpulli eine soziale Einheit bzw. Gruppe bezeichnet, d. h. dass die Nichtadligen der aztekischen Gesellschaft in Calpullin organisiert waren. Aber eine darüberhinausgehende konkretere, allgemein akzeptierte Definition dessen, was ein »Calpulli« ist, fehlt bislang. In der früheren Forschung deutete man die aztekische Gesellschaft als Stammesgesellschaft und das Calpulli als partrilineare Verwandtschaftsgruppe, für die die Abstammung nach der väterlichen Linie entscheidend ist. In der späteren Forschung betonte man, dass der Begriff je nach Zeit und Ort unterschiedlich zu fassen ist. So geht man davon aus, dass das Calpulli zwar ursprünglich eine patrilineare Verwandtengruppe bzw. Großsippe oder ein Clan war, in späterer Zeit aber z. B. auch eine ethnische Einheit bezeichnen konnte oder die kleinste territoriale Einheit, die zu gemeinsamem Tribut verpflichtet war.

Tenochtitlán war zur Zeit der Spanier in vier Stadtteile aufgeteilt, deren Bewohner jeweils einen Calpulli mit jeweils circa 1500 bis 2500 Mitgliedern bildeten. Verbunden mit der Diskussion um das Calpulli ist die Frage des Landbesitzes. Üblicherweise geht man davon aus, dass der Adel – oft weit verstreut liegende – Ländereien besaß, während für die bäuerliche Bevölkerung der kollektive Besitz von Land typisch war, das vom Calpulli den einzelnen Familien zugeteilt wurde. Daneben gab es auch eine Form der Pacht. Dies stellt sich nach den Quellen so dar, dass eine nicht näher charakterisierte Gruppe Land bearbeitete und dem Besitzer dafür Abgaben leistete.

Wie sah die Regierung und Verwaltung eines so großen Reiches wie dem der Azteken aus? Tenochtitlán wurde von einem Herrscher (*tlatoani* = »der, der spricht«) regiert, dem ein aus vier Würdenträgern bestehender Staatsrat zur Seite stand. Zwei von diesen Würdenträgern waren die militärischen Oberbefehlshaber. Daneben erwähnen etliche Quellen auch die herausragende Position und Funktion des *Cihuacoatl* (= »Schlangenfrau«), der gleichzeitig der Stellvertreter des Herrschers und sein oberster Verwaltungsbeamter und Ratgeber war. Während der Tlatoani vor allem für die große Politik und die militärischen Eroberungen zuständig war, bestand die Aufgabe des Cihuacoatl wohl eher in der Verwaltung. Über den Tlatoani sind wir – nicht zuletzt durch die spanischen Augenzeugen – gut informiert, über den Cihuacoatl wenig oder gar nicht. Ein historisches Beispiel eines solchen Cihuacoatl ist der bereits erwähnte Tlacaélel, der mehreren Herrschern von Moctezuma I. bis Axayácatl beratend zur Seite stand, vielleicht auch noch bis Ahuitzotl. Angeblich sollen nicht diese Herrscher, sondern er soll der eigentliche Schöpfer des aztekischen Staatswesens gewesen sein. Der Grund für das Vorhandensein nur weniger Informationen über den Cihuacoatl könnte darin liegen, dass Moctezuma II. zur Zeit der Spanier eine absolute Herrschaft ausübte, wobei der Cihuacoatl seine früher bedeutende Stellung verloren hatte.

Unter dieser obersten Regierungsebene folgten die entsprechenden ausführenden Verwaltungseinheiten bzw. Räte, zu denen wir heute »Ministerien« sagen würden. Über diese sind wir besonders gut im Fall Texcocos informiert. Hier gab es vier solcher »Verwaltungseinheiten«: einen obersten Gerichtshof, einen Rat für militärische Angelegenheiten, einen für Musik, Kunst und Wissenschaft und schließlich einen für die Finanzen und Tribute. Der oberste Gerichtshof bestand aus 12 Richtern, von denen die Hälfte Adlige waren und die in allen Fällen aktiv wurden, die nicht in den Bereich der anderen Verwaltungseinheiten fiel. Die Texcoco untergeordneten Städte hatten eigene Richter. Gegen ein von diesen lokalen Richtern gefälltes Urteil konnte man beim obersten Gerichtshof Einspruch erheben.

Im Dreibund der Azteken, bestehend aus den Mexica von Tenochtitlán, den Acolhua von Texcoco und den Tepaneken von Tacuba (Tlacopan) war jede Stadt innenpolitisch autonom, hatte ihren eigenen Herrscher, eine eigene Verwaltung und ein bestimmtes Herrschaftsgebiet. Entscheidend war das gemeinsame außenpolitische Handeln, wobei es durchaus auch selbstständige Aktionen der einzelnen Städte und Differenzen geben konnte. Der Herrscher von Tenochtitlán sah sich in der Nachfolge von Colhuacan und trug dementsprechend den Titel *Colhuateuctli* (»Herrscher von Colhuacan«), der von Texcoco nannte sich als Erbe der Chichimeken *Chichimecateuctli* (»Herrscher der Chichimeken«), und der Titel des Herrschers der ehemaligen Tepanekenstadt Tlacopan (heute Tacuba) war *Tepanecateuctli* (»Herrscher der Tepaneken«). Ein gemeinsames Oberhaupt für alle drei Städte gab es nicht.

Waren Tenochtitlán und Texcoco zu Beginn durchaus gleichwertige Partner, nahm Tenochtitlán im Laufe der Zeit die führende Rolle ein. Tlacopan stand von Anfang an an letzter Stelle und hatte dementsprechend auch das kleinste Herrschaftsgebiet, zu dem unter anderem die ehemalige Tepanekenhauptstadt Atzcapotzalco gehörte. Auch bei der Verteilung des Tributes erhielt Tlacopan nur ein Fünftel, die beiden anderen Städte jeweils zwei Fünftel. In Tlacopan lebten sowohl Tepaneken als auch Mexica und beide Bevölkerungsteile hatten jeweils ihren eigenen Tlatoani. Auch Tlatelolco, die Zwillingsstadt von Tenochtitlán, hatte wie schon erwähnt ursprünglich einen eigenen Herrscher.

Der Herrscher von Texcoco hatte die Oberherrschaft über 14 lokale Herrscher und ihre Städte. Die Oberhäupter dieser Städte hatten im Palast bzw. obersten Gerichtshof von Texcoco jeweils einen Sitz in einer bestimmten Reihenfolge, wie der Chronist Fernando de Alva Ixtlilxóchitl sie aufführt: Teotihuacán, Acolhuacan, Tepetlaóztoc, Huexotla, Coatlichan, Chimalhuacan, Otompan, Tolantzinco, Quauhchinanco, Xicotépec, Tepechpan, Teyoyocan, Chicunauhtla und Chiahuhtla.[89] Sie waren dem Herrscher von Texcoco im Kriegsfall zur Gefolgschaft verpflichtet. Ansonsten waren sie innenpolitisch weitgehend autonom und mussten auch keinen Tribut leisten. Neben diesen Städten gab es acht tributpflichtige Provinzen, die durch Tributverwalter kontrolliert wurden.

Handel und Tribut: Die Wirtschaft

»Dort fanden wir eine unerwartet große Menge Menschen, zahlreiche Verkaufsstände und eine ausgezeichnete Ordnungspolizei. […] Jede Warengattung hatte ihre Plätze. Da gab es Gold- und Silberarbeiten, Juwelen, Stoffe aller Art, Federn, Baumwolle und Sklaven. Der Sklavenmarkt war hier genauso groß wie der Negermarkt der Portugiesen in Guinea. Damit sie nicht fliehen

89 Fernando de Alva Ixtlilxóchitl 2014, 95.

konnten, waren sie mit Halsbändern an lange Stangen geschnallt. Nur wenig durften frei herumgehen.

Dann kamen die Stände mit einfacheren Waren, mit grobem Zeug, mit Zwirn und Kakao zum Beispiel. Ganz Neuspanien bot hier seine Erzeugnisse an. Ich kam mir vor wie auf der großen Messe zu Hause, in meinem Geburtsort Medina del Campo, wo auch jede Ware ihre eigene Straße hat. Da gab es Sisalstoffe, Seile und Strickschuhe. Dort wurden gekochte süße Yuccawurzeln und andere aus dieser Pflanze gewonnene Produkte angeboten. Es gab rohe und gegerbte Häute von Tigern, Löwen, Schakalen, Fischottern, Rotwild, wilden Katzen und anderen Raubtieren. Wir fanden auch Stände, an denen Bohnen, Salbei und vielerlei andere Gemüse und Gewürze verkauft wurden. Es gab einen besonderen Geflügel- und Wildbretmarkt, einen für die Kuchenbäcker und einen für die Wursthändler. In den Ständen der Töpfer fanden wir von großen irdenen Gefäßen bis zum kleinsten Nachttopf alles. Wir gingen an Verkäufern von Honig, Honigkuchen und anderen Leckereien vorbei, an Möbel-, Holz- und Kohlenhändlern. Ganze Kähne mit menschlichen Fäkalien lagen am Ufer. Die Mexikaner brauchten sie zum Gerben. Ich finde kein Ende mit dieser Aufzählung, und doch habe ich das Papier, die Röhren mit dem flüssigen Eukalyptusöl und mit dem Tabak, die wohlriechenden Salben und die Hallen mit den Sämereien noch gar nicht genannt, ganz zu schweigen von den Heilkräutern. Und nun hätte ich doch fast die Handwerker vergessen, welche die Feuersteinmesser machen, das Salz, den Fischmarkt und die Brote, die aus getrocknetem Schlamm gemacht werden, den man in den Seen fischt. Sie schmecken wie Käse. Schließlich gab es noch Instrumente aus Messing, Kupfer und Zinn, handgemachte Tassen und Krüge aus Holz, kurz so vielerlei Waren, dass mein Papier nicht ausreicht, sie alle zu nennen. Es gab übrigens auch eine Art Marktgericht mit drei Richtern und mehreren Gehilfen, die für die Warenschau verantwortlich waren.«[90]

So der erste Augenzeugenbericht von Díaz del Castillo über den berühmten Markt von Tlatelolco, der einen Eindruck vom aztekischen Warenangebot gibt. Während die Nachbarstadt Tenochtitlán für Politik und Eroberungszüge bekannt war, war

90 Bernal Díaz del Castillo 2017, 215 f.

Tlatelolco mehr auf den Handel spezialisiert. Der hier beschriebene Markt war der größte und fand täglich statt. Die Verkäufer waren Bauern, Handwerker und andere Produzenten, die ihre eigenen Produkte selbst anboten, sowie berufliche Händler. Angeboten wurden sowohl regionale als auch überregionale Waren. Einige Märkte waren auf bestimmte Produkte spezialisiert. Eine Marktaufsicht garantierte, dass alles ordnungsgemäß ablief. Die Märkte sind bis heute nicht nur Mittelpunkt des Handels, sondern auch als Treff- und Kommunikationsort von großer Bedeutung, wie z. B. der bekannte Wochenmarkt in Toluca.

Die Wirtschaft der Azteken wurde ähnlich wie bei den Inka vom Tribut bestimmt, aber anders als bei den Inka auch vom Handel. Zum Tribut gehörten Produkte der Landwirtschaft und des Handwerks, aber auch Dienstleistungen. In jeder Provinz des Reiches war ein Tributverwalter (*calpixqui*) eingesetzt, der sich um die Einziehung des Tributes kümmerte und gleichzeitig die aztekische Herrschaft repräsentierte. Ansonsten waren die eroberten Gebiete relativ autonom und wurden weiterhin von ihrem bisherigen Herrscher regiert. Nur gelegentlich wurde dieser gegen ein anderes einheimisches Oberhaupt ausgetauscht, und in seltenen Fällen setzten die Azteken einen Militärgouverneur ein. Die Bevölkerung musste nach der aztekischen Eroberung nicht nur den Tribut an die Azteken, sondern auch weiterhin an ihren lokalen Herrscher entrichten, wurden also in doppelter Weise belastet.

Die Lebensgrundlage der Azteken war die auf dem Anbau von Mais und Bohnen basierende Landwirtschaft, ergänzt durch Jagd und Fischerei. Mais war und ist bis heute in der Form von Tortilla bzw. Maisfladen die Grundlage des täglichen Brotes in Mexiko. Ein eiweißhaltiges Grundnahrungsmittel bilden nach wie vor mehrere Bohnenarten und zum Speiseplan gehörten ferner Kürbis, Melone, Avocado, Tomate sowie grüner und roter Pfeffer. Wichtig war auch die Agave, eine Allzweckpflanze, aus deren Fasern Kleider gefertigt wurden, deren Stacheln als Nadeln dienten und deren Saft ein gegorenes alkoholisches Getränk (*pulque*) für kultische Zwecke lieferte. Luxusgüter, die aus den wärmeren Gebieten wie z. B. von der Golfküste, importiert wurden, waren Kakao, Baumwolle und Federn von exotischen Vögeln wie Quetzal oder Papageien. Aus Baumwolle wurden ebenfalls Kleidung und Decken angefertigt. Baumwollkleidung war jedoch ein Privileg des Adels, wie auch Kakao ein Luxusgetränk der Oberschicht.

Während die Stadtbevölkerung aus Oberschicht, Priestern und Handwerkern bestand, lebten die Bauern im Umland. Sie stellten in der Regel alles, was sie zum Lebensunterhalt brauchten, selbst her. Dies reichte vom Anbau von Mais und anderen Pflanzen bis hin zur Anfertigung von Geräten oder Kleidung. Aus dem Mais wurde und wird immer noch Mehl hergestellt. Dabei werden die Maiskörner in einer Schale aus Stein, der Metate, mit einem Steinmörser (*Mano*) zerrieben. Aus dem Maismehl werden die bis heute zur mexikanischen Küche gehörenden Tortillas und Tamales hergestellt. Die Tortilla (*tlaxcalli*) ist eine Art dünnes Fladenbrot. Tamales (*tamalli*) bestehen aus meistens mit Fleisch gefülltem Maisteig. Dieser wird in Maisblättern gedämpft und serviert.

Als Jagdwild sind vor allem Kaninchen zu nennen, aber auch Rehwild und Vögel. Vor allem im Seengebiet gab es reichlich Gänse, Enten und Wachteln, aber auch Fische. Zu erwähnen ist des Weiteren die Koschenille-Laus, die den roten Farbstoff (Karmin), z. B. für Kleider, lieferte. Hund und Truthahn[91] waren die einzigen Haustiere der Azteken und dienten als Fleischlieferanten.

Die Verteilung von Produkten und Arbeitsleistungen erfolgte wie erwähnt durch Tributzahlungen und Handel, der auf Tausch basierte. Neben diesem Tauschhandel wurde auch manchmal mit Geldmitteln bezahlt: Als solche dienten Kakaobohnen, Baumwolldecken oder mit Goldkörnern gefüllte Federkiele und seltener auch kleine Kupferäxte. Zu den Federkielen schreibt Díaz del Castillo, dass sie diese »so lange bearbeit[et]en, bis das Gold durchschien. Je nach der Länge und Dicke dieser Röhren konnte man dafür soundso viele Packen Zeug oder Kakaobohnen (die heute noch als kleine Münze verwendet werden) oder Sklaven oder andere Waren eintauschen.«[92] Die gehandelten Waren wurden abgezählt, nicht gewogen.

Der wichtigste Akt nach der Eroberung eines neuen Gebietes war für die Azteken also die Festsetzung und die Einziehung

91 s. S. 18 u. 21.
92 Bernal Díaz del Castillo 2017, 217.

der Tribute. Deshalb setzten sie als Repräsentanz der aztekischen Herrschaft einen Verwalter (*calpixqui*) ein, seltener einen Militärgouverneur, dessen Hauptaufgabe darin bestand, für die Einziehung der Tribute zu sorgen. Jedem dieser Calpixqui entsprach ein Verwalter in Tenochtitlán, der die Tribute in Empfang nahm und verwaltete. An der Spitze gab es dort auch einen obersten Tributverwalter (*petlacalcatl*).

Die Provinzen der jeweiligen Städte des Dreibundes, im Fall von Tenochtitlán waren es 38, mussten zu bestimmten Terminen festgesetzte Mengen von landwirtschaftlichen und handwerklichen Produkten, aber auch Menschen für Dienstleistungen, als Opfer oder Sklaven liefern.

Die Tributeintreiber waren sehr gefürchtet und die Tributpflicht erzeugte bei den eroberten Völkern nicht selten Unzufriedenheit. Dies war einer der Gründe, dass während der spanischen Eroberung eine ganze Reihe von ihnen die Seite wechselte und dadurch letztendlich den Spaniern zum Sieg verhalf. Ironischerweise blieben sie statt den Mexica später den Spaniern weiterhin tributpflichtig. So berichtet Díaz del Castillo von der Furcht der totonakischen Kaziken vor den aztekischen Steuereintreibern in der Stadt Quiauitzlan auf ihrem dem Weg nach Cempoala: »Der Kazike der Stadt und die übrigen Vornehmen der Stadt […] erzählten von so vielen Gewalttaten, dass sie selbst seufzen und weinen mussten und uns ganz weich ums Herz wurde. Schon bei der Unterwerfung waren sie sehr hart behandelt worden. Dann verlangte Moctezuma jedes Jahr eine große Zahl ihrer Söhne und Töchter, die zum Teil den Götzen geopfert, zum anderen Teil im Dienst seines Hauses und als Feldarbeiter verwendet wurden. Waren ihre Weiber und Töchter hübsch, dann wurden sie von den Steuereinnehmern missbraucht. Dem Nachbarland der Totonaken mit seinen dreißig Ortschaften ging es nicht anders. […] Wir sollten bald erfahren, wie sehr sie sich vor ihm [Moctezuma, Anm. d. Autorin] fürchteten. Während wir nämlich noch sprachen, meldeten einige der eingeborenen Indianer, dass fünf mexikanische Steuereinnehmer angekommen seien. Die Kaziken wurden bei dieser Nachricht blass vor Angst. Sie verließen Cortes, empfingen die unerwarteten Gäste und ließen sie reichlich bewirten, vor allem mit Kakao, der bei den Indianern das vornehmste Getränk ist. […] Sie trugen sich sehr hochmütig und zurückhaltend. Keiner redete mit Cortes oder gar mit einem von uns. Sie trugen reichgeschmückte Mäntel und Schamgürtel, die damals noch bei ihnen Mode waren. Die glänzenden Haare waren in einem Knoten hochgebunden, in dem duftende Rosen staken. Jeder trug einen Stock mit einem Haken. Indianische Sklaven trugen ihnen Fliegenwedel nach.«[93] Der hier erwähnte »Stock mit einem Haken« ist keine Waffe, sondern ein Amtszeichen. Die Steuereinnehmer und ihre Gefolge waren also völlig unbewaffnet. Das zeigt den großen Respekt und die Furcht vor der weitreichenden Macht Moctezumas, denn es gab in der Regel keine Militärpräsenz in den Provinzen.

Die Tribute gingen direkt an den Herrscher, der sie zunächst für seinen eigenen Unterhalt, seinen Palast, die Priesterschaft oder andere öffentliche Dienste und Arbeiten verwendete. Nach dem Prinzip der Redistribution, der Neu- oder Umverteilung, diente der Tribut aber auch als Zuwendung für verdiente Krieger oder Gefolgsleute sowie zur Vorratsspeicherung für Notzeiten. Das einfache Volk erhielt im Gegenzug für die Tributleistung den Schutz des Herrschers im Kriegsfall, Unterstützung in Notzeiten oder die Durchführung der rituellen Feste und Feiern. Der *Codex Mendoza* gibt ein Beispiel für die Jahresabgaben aller Provinzen zusammengerechnet. Sie bestanden unter anderem aus 52 000 Tonnen Lebensmitteln, 123 000 Baumwollkleidungsstücken, 33 680 Bündeln Federn, zehn Türkismasken und zwei lebenden Adlern. Die Tributeinnahmen waren zur Zeit der spanischen Eroberung so hoch und ein derart entscheidender Wirtschaftsfaktor, dass man das aztekische Reich daher auch als Tributimperium bezeichnet.

Das Prinzip der Redistribution spielte insofern eine wichtige Rolle in der Gesellschaft und Geschichte der Azteken, als der Tlatoani hohe Verdienste mit Luxusgütern, Privilegien, Titeln oder Ämtern belohnen konnte. Es waren vor allem besondere Leistungen im Krieg, durch die ein Mann aus dem einfachen Volk solche Auszeichnungen erhielt und ihm damit ein sozialer Aufstieg ermöglicht wurde. So berichtet Sahagún von der Ehrung der Krieger durch den Herrscher: »Und er gewährte allen tapferen

93 Ebd. 101 f.

Kriegern und denjenigen, die Gefangene gemacht hatten, Ehren; mit vielen Dingen begünstigte er sie. Er gab ihnen prächtige Umhänge und Schambinden und lange Lippenpflöcke und Kopfbänder; und er gab ihnen Titel, mit denen sie geehrt werden und als Kriegsleute und tapfere Krieger Folge leisten sollten.«[94] Die Motivation, als bewährter Krieger geehrt zu werden war letztlich einer der Gründe für die erfolgreichen Eroberungen und für den Aufstieg der Azteken zur Großmacht.

Werkzeuge wurden aus Stein, Obsidian, Holz oder auch Knochen angefertigt. Die Azteken kannten wie erwähnt keine Werkzeuge aus Eisen und Geräte aus Metall waren im Allgemeinen selten. Aus Obsidian wurden vorwiegend Messer hergestellt, sei es für den Alltagsgebrauch, für Waffen oder zu Kultzwecken wie den Menschenopfern oder zur Selbstkasteiung. Auch für Bohrer, Speer- oder Pfeilspitzen sowie für die Klingen der Kriegskeulen wurde Obsidian verwendet. Steinäxte benutzte man zur Rodung und zur Steinbearbeitung. Für den Feldanbau hatte man einen Pflanzstock aus Holz, der sowohl als Schaufel wie als Hacke diente. Pflug und auch Zugtiere waren wie erwähnt nicht bekannt.

Die Azteken kannten mehrere Methoden, den Ernteertrag der Anbauflächen zu verbessern. So praktizierte man künstliche Bewässerung durch entsprechende Kanalsysteme und an den Bergen des Hochtals legte man Terrassen an, um die Fläche des Anbaus zu vergrößern.

Einzigartig aber war das *Chinampa*-System. Der von Nezahualcóyotl errichtete Damm, einer von dreien, die Tenochtitlán mit dem Festland verbanden, trennte die nördlichen Salzwasserseen von den südlichen Süßwasserseen. In diesen Süßwasserseen von Xochimilco und Chalco legte man künstliche Inseln bzw. die »schwimmenden Gärten« (*chinampa*) an. Dafür wurde eine in der Regel 100 × 20 m große rechteckige Fläche zunächst an den Seiten mit einem Geflecht aus Zweigen versehen und an Bäumen oder im Boden verankerten Baumstämmen befestigt. Diese, vom technischen Prinzip her einem Komposter vergleichbare, Konstruktion füllte man mit Schlamm und Wasserpflanzen auf. Auf diese Weise entstanden große und fruchtbare Anbauflächen in

94 Bernardino de Sahagún [2]1990, 142.

Form von vielen Inseln, die durch ein Kanalsystem verbunden waren und eine mehrfache Ernte im Jahr ermöglichten. Auch zu den meisten bürgerlichen Häusern gehörte ein »schwimmender Garten«, der allerdings nicht den täglichen Lebensmittelbedarf der Familie deckte, sondern nur als Zugabe des Speiseplans diente. Im Stadtteil Xochimilco im Süden von Mexiko-Stadt bestehen heute immer noch solche schwimmenden Gärten, die die Stadt mit Gemüse und Blumen versorgen.

Das für den Ackerbau bestimmte Land setzte sich bei den Azteken zum einen aus dem individuellen Landbesitz des Herrschers und des Adels (*pillalli*), zum anderen aus den gemeinschaftlichen Ländereien des einfachen Volkes (*calpulli*)[95], die von den Calpulli-Führern an die einzelnen Familien zur Bewirtschaftung verteilt wurden, zusammen – außerdem gab es das staatliche Land, z. B. für Tempel, Verwaltungs- oder Vorratsgebäude.

Von der Geburt bis zum Tod – der Alltag der Azteken

Geburt, Heirat und Tod waren die wichtigsten Ereignisse im Lebenszyklus des Azteken. Schon während der Schwangerschaft mussten die Eltern eine Reihe von Vorsichtsmaßnahmen beachten, um eine normale Geburt ohne Zwischenfälle zu garantieren. So sollte die schwangere Frau sich z. B. nicht aufregen, nicht in Angstzustände geraten oder rote Gegenstände ansehen. Während der Schwangerschaft und Geburt wurde die Frau von einer Hebamme betreut. Die Geburt hatte für die Azteken eine ähnliche Bedeutung wie der Krieg: Der erste Schrei des neugeborenen Jungen galt als Kriegsruf und er wurde in einer Begrüßungsrede darauf hingewiesen, dass es seine Bestimmung sei, ein Krieger zu werden. Eine im Kindbett gestorbene Frau kam nach aztekischer Vorstellung in denselben Himmel wie die im Kampf gefallenen Krieger, nämlich in das Paradies des Sonnengottes (*tonatihilhuiac*), weil die Frau in einer kriegerischen Gesellschaft wie der der Azteken als Gebärerin von Kämpfern geachtet war. Ein neugeborenes Mädchen wies man

95 s. S. 96.

auf ihre Pflichten als Hausfrau hin. Nach der Geburt ihres Kindes befragten die Eltern einen Wahrsager, um zu erfahren, ob der Tag der Geburt bzw. das Kalenderzeichen dieses Tages günstig für Namensgebung bzw. Taufe und das zukünftige Leben sei oder nicht. Standen die Zeichen schlecht, konnte man Abhilfe schaffen, indem man den Tag der Taufe auf einen Tag mit günstigen Zeichen verlegte.[96] Die Taufe konnte am Tag der Geburt oder innerhalb von vier Tagen danach vollzogen werden.

Mit vier Jahren begann für das Kind aus einfachen Familien die Schule, für Kinder des Adels etwas später. Von Texcoco ist bekannt, dass es für Jungen und Mädchen des Adels getrennte Schulen gab. Zudem gab es zwei unterschiedliche Arten von Schulen: Im Calmecac, der jeweils an einen Tempel angegliederten Priesterschule wurde vor allem die Oberschicht mit dem Ziel der Priester- oder Beamtenlaufbahn ausgebildet. Im *Telpochcalli* wurden die Kinder der einfachen Bevölkerung unterrichtet. Die Ausbildung im Calmecac war sehr religiös geprägt, und dazu gehörten Opfer und Fasten. Um Mitternacht z. B. mussten die Schüler aufstehen, um Opfer darzubringen. Sie wurden in Politik, Recht, Religion, Astrologie und Schrift unterwiesen. Daneben gab es eine praktisch orientierte Ausbildung in Kriegstechniken, in Kunsthandwerk und Musik. Der Unterricht des Telpochcalli war weniger durch Opfer und Fasten als vielmehr durch die Ausbildung zum Krieger bestimmt. Die Mädchen wurden von Frauen des Adels in Hauswirtschaft unterrichtet, wozu Kochen, Weben und ähnliches gehörte. Nicht selten wurden Mädchen schon früh zum Tempeldienst bestimmt, wo sie für einige Jahre oder bis zu ihrer Heirat von Priesterinnen unterrichtet wurden.

Zur Schulausbildung gehörten auch das Verrichten einfacher Arbeiten und korrektes Verhalten bzw. soziale Kompetenz, wie wir heute sagen würden. Insgesamt wurde auf richtiges und höfliches Benehmen in der Gesellschaft sehr großer Wert gelegt. So war das Leben der Azteken von der Geburt bis zum Tod durch strenge Gesetze und Strafen gekennzeichnet. Diese waren für Adlige generell strenger als für Bürger. Erstere mussten bei Trunkenheit oder schlechtem Benehmen direkt mit der Todesstrafe rechnen, für die

96 s. S. 177 ff.

Bürger dagegen gab es zunächst eine Verwarnung und die Haare wurden geschoren, erst bei Wiederholung erfolgte die Todesstrafe. Eine häufige Strafe bei schwereren Vergehen wie z. B. Diebstahl war die Sklaverei. Gefängnisse kannte man nicht. Der Alkoholgenuss war nur den Alten und bei religiösen Festen erlaubt.

Mit der Heirat begann der Eintritt ins Erwachsenenalter. Frauen heirateten üblicherweise im Alter von 14 Jahren, die Männer im Alter von 20 bis 30 Jahren – wohl weil sie vor einer Familiengründung z. B. noch Kriegsdienst absolvieren mussten. Hochzeit und Ehe liefen nach festen Regeln ab. Prinzipiell wurde die Ehepartnerin des Mannes von dessen Eltern bestimmt, die dann bei den Eltern der auserwählten Braut anfragten. Es gab aber auch die Praxis, dass ein Paar heimlich heiratete und erst danach die Eltern offiziell um Erlaubnis bat. Für das Datum der Hochzeit ließ man durch einen Wahrsager einen entsprechend günstigen Kalendertag ermitteln. Diese fand im Hause des Bräutigams statt und wurde mehrere Tage lang festlich mit einer mehr oder weniger großen Schar von Hochzeitsgästen und mit Ansprachen, Tanz, Gesang und Festessen begangen. Ein Ritus wie bei uns der Austausch der Ringe war die Verknotung der Kleider von Braut und Bräutigam, wobei die Bluse der Braut mit dem Umhang des Bräutigams verknotet wurde, und das anschließende Zusammensitzen von Bräutigam und Braut beim Herdfeuer. So sind die Brautpaare auch in den Bilderhandschriften zu sehen. Vor der eigentlichen Hochzeitsnacht musste das Brautpaar vier Tage lang fasten.

Die Heirat vollzog der Mann nur mit einer Frau, daneben konnte er aber einige oder viele Konkubinen haben. Vor allem die Adligen und der Tlatoani, die es sich wirtschaftlich leisten konnten, hatten eine große Anzahl von Nebenfrauen, deren Nachkommen ebenfalls eine durchaus anerkannte Stellung als Adlige in der Gesellschaft hatten, im Unterschied zu europäischen Adelshäusern. Auf Ehebruch stand die Todesstrafe, sowohl für den Mann als auch für die Frau. Allerdings war für die Ahndung eines solchen Vergehens die Aussage eines neutralen Zeugen als Beweis notwendig, die Anklage des betrogenen Ehemanns allein galt nicht.

Mit 52 Jahren hatte man nach aztekischer Vorstellung sozusagen sein Rentenalter erreicht, weil man den für die Azteken bedeutsamen Jahreszyklus von 52 Jahren vollendet hatte. Nun war man befreit von Dienstverpflichtungen, musste keine Steuern mehr zahlen und durfte sich betrinken – was bis dahin verboten war. Ältere Menschen waren aufgrund ihrer Lebenserfahrung und -weisheit geachtet.

Frauen waren in der patriarchalischen Gesellschaft der Azteken in erster Linie für Haushalt und Kinder zuständig, wie es die Quellen (deren Autoren Männer waren) beschreiben. Landwirtschaft, Spinnen, Weben, Nähen, Kochen, aber auch die Heilkunde werden von Sahagún als Frauentätigkeiten genannt: »Die Ärztin kennt gut die Kräuter, kennt gut die Wurzeln, kennt gut die Bäume, kennt gut die Steine, in alledem ist sie gut bewandert. […] Sie sticht die Kranken mit dem Obsidianmesser, lässt sie zur Ader, lässt sie oft zur Ader, benimmt ihnen den Atem, gibt ihnen Tränke ein, purgiert sie [lässt sie abführen, Anm. d. Autorin], verabreicht ihnen Medizin. Sie nimmt den Menschen das Afterleiden, reibt sie mit Salben ein, betastet sie mit der Hand, betastet sie gründlich. Sie stützt den Leuten die Beine, bringt ihnen die Knochen in Ordnung, gründlich in Ordnung; sie macht Einschnitte, sie macht faulige Stellen gesund, bringt Gicht weg, heilt die Augen, macht Schnitte ins Gesicht.«[97]

Auch die Prostitution war in der aztekischen Gesellschaft nicht unbekannt, und die betreffende Frau wird von den Informanten des Sahagún als Frau auf »Abwegen« ausführlich beschrieben: »Sie putzt sich tüchtig heraus, sie donnert sich auf voll Hoffart, sie steckt sich Blumen auf, sie richtet sich prahlerisch her, macht sich auffallend zurecht. Sie betrachtet sich im Spiegel, auch im Wasserspiegel betrachtet sie sich; sie geht ins Wasser, nimmt Schwitzbäder, wäscht sich oft; mit Axin-Salbe, mit viel Axin-Salbe macht sie ihre Haut glänzend und glitschig. […]

Sie trägt den Kopf hoch, ist barsch-abweisend; sie ist dem Trunk ergeben; andauernd kaut sie Tzictli-Harz, andauernd ist sie rauschkraut-benommen und immer genießt sie Rauschpilze.

Sie bemalt sich, bemalt sich tüchtig, sie färbt das Gesicht mit trockener Farbe, färbt sich die Backen, gibt den Zähnen die Farbe des Maisblüten-Narbenbarts, gibt ihnen die Farbe der Nopal-Blutlaus.

In ihr Haar hüllt sie sich wie in ein Kleid (lässt es lang herabfallen), zieht es wie ein Kleid an; zur Hälfte aber frisiert sie es, legt es in eine Frisur wie ein Horn. […]

---

97 Bernardino de Sahagún 1952, 57.

Sie winkt den Männern, ruft sie mit den Augen heran, spricht mit den Augen zu ihnen, sieht nur mit einem Auge zu ihnen hin, sieht sie so an, als ob das andere ausgelaufen wäre; verständnisvoll blinzelt sie die Männer an, ruft sie mit der Hand. Sie bringt sich in üblen Ruf mit ihrem Lachen, ihrem ewigen Lachen, mit ihren Späßen, ihrer ewigen Spaßmacherei.«[98]

In einigen seltenen Fällen soll es auch weibliche Herrscherinnen gegeben haben, was aber nicht sicher belegt ist. Auch Priesterinnen gab es, allerdings waren sie in geringerer Zahl als die Männer vertreten. Belegt ist aber, dass Frauen als Dichterinnen Ruhm erlangten.[99]

Die Azteken – ein kriegsbesessenes Volk?

Fürchte dich nicht mein Herz!
Inmitten der Ebene erfleht mein Herz den Tod
durch die Schneide des Obsidians.
Nur dies erfleht mein Herz:
den Tod im Krieg.[100]

Der Tod im tapferen Kampf galt bei den Azteken nicht nur als ehrenvoll, sondern auch als erstrebenswert, wie dieses Lied aus den *Cantares Mexicanos*[101] zeigt. Bis heute werden die Azteken häufig als grausames und kriegsbesessenes Volk beschrieben. In der Tat spielte der Krieg in der aztekischen Kultur eine wichtige Rolle, nahmen Krieger eine angesehene Position in der Gesellschaft ein und ist das aztekische Reich durch militärische Eroberungen entstanden. Aber andererseits gilt dies mehr oder weniger für jedes Großreich in der Weltgeschichte und zudem muss man, wie bei allen anderen Aspekten der aztekischen Kultur, auch in diesem Fall die Quellen kritisch lesen und entsprechende Übertreibungen berücksichtigen.

98 Ebd. 60 f.
99 s. S. 197 f.
100 *Cantares Mexicanos*, fol. 91, zit. in: DuMont-Verlag, Azteken 2003, 68.
101 s. S. 193–196.

Der Krieg hatte für die Azteken nicht nur politische und wirtschaftliche Motive und Gründe, sondern war vor allem auch durch religiöse Aspekte geprägt. Die politischen und wirtschaftlichen Gründe ergeben sich aus der Notwendigkeit der Eroberungen als Voraussetzung der Tribute. Diese dienten nicht nur der Finanzierung des aufwändigen Lebensstiles des Herrschers und der Oberschicht, sondern erweiterten auch das Lebensmittelangebot. Da die Maisernte im Hochtal von Mexiko nur einmal im Jahr möglich war und man in wärmeren Gebieten mehrmals jährlich ernten konnte, strebte die aztekische Herrschaft danach, solche Gebiete zu erobern. Den religiösen Aspekt der Kriege sieht man an der Wichtigkeit, Gefangene zu machen, die als Opfer für die Götter dienten. Zum Ritus der 18 Monatsfeste gehörten aber nicht nur die Opferung der Kriegsgefangenen, sondern auch Kampfveranstaltungen der Krieger. Entsprechend genossen Krieger, die ihre Fähigkeiten im Krieg bewiesen und viele Gefangene gemacht hatten, ein hohes Ansehen in der Gesellschaft, erhielten vom Herrscher Geschenke und genossen Privilegien wie z. B. das Tragen von Baumwollkleidung oder Federschmuck. Vor allem Moctezuma I. betonte die Notwendigkeit des Krieges für die Azteken besonders und drohte allen, die sich dem Krieg entzögen, Privilegien zu entziehen. Auch jeder Herrscher selbst musste vor seiner Inthronisation seine Fähigkeit und Kriegstüchtigkeit nachweisen, indem er Eroberungen und Kriegsgefangene machte.

Der einfache Soldat war mit einem ärmellosen Baumwollpanzer ausgerüstet, der durch Salzwasser gehärtet Pfeilspitzen standhielt. Die spanischen Eroberer erkannten die Vorteile dieser leichten Kriegsausrüstung und tauschten bald ihre schwere Rüstung dagegen aus. Der Kopf war durch einen Helm geschützt, der einen Tierkopf oder eine Gottheit darstellte und den Kriegerbund anzeigte, zu dem der Träger gehörte. So hatte auch jeder Stamm ein eigenes Abzeichen wie z. B. Federstandarten, an dem er erkennbar war. An der Kleidung und ihren Farben sowie dem Schmuck, zu dem z. B. Ohrpflöcke gehörten, war der »Rang« eines Kriegers abzulesen, d. h. ob und wie tapfer er sich im Kampf bewährt hatte. Denn je nach Verdienst erhielt der Krieger Mäntel und Schambinden in bestimmten Farben vom Tlatoani. An der

Haartracht war zu erkennen, wie viele Gefangene ein Krieger gemacht hatte. Offiziere waren insgesamt aufwändiger gekleidet und ihre Waffenschilde aus Leder und Flechtwerk waren mit kunstvollen, farbigen Federmosaiken[102] verziert. Die Befehlshaber trugen am Rücken leichte Rohrgestelle mit Federn, die wie Standarten im Kampf den eigenen Leuten und dem Feind anzeigten, wo sie sich gerade befanden.

Da die Kampftechnik der Azteken auf den Nahkampf ausgerichtet war, war die wichtigste Waffe eine schwertartige Holzkeule, die an den Schmalseiten mit scharfen Obsidianklingen versehen war. Nach Aussagen der Spanier konnte ein Krieger mit einer solchen Keule einem Pferd mit einem Schlag den Kopf abtrennen. Außerdem wurde mit Lanzen und Speeren, die Obsidian- oder Feuersteinspitzen trugen, gekämpft. Die Speere schleuderte man mit dem *Atlatl*, der aztekischen Version der Speerschleuder. Auch andere Schleudern waren im Einsatz, Pfeil und Bogen wurden im Vergleich weniger verwendet. Im Kampf versuchte man den Feind zwar auch zu töten, aber weit mehr noch ihn lebend gefangen zu nehmen, um ihn den Göttern opfern zu können.

Es gab kein stehendes Heer, aber es bestand eine allgemeine Wehrpflicht, von der nur die Kunsthandwerker und die Kaufleute ausgenommen waren. Schon die Jungen wurden im Telpochcalli, dem Junggesellenhaus, ab dem Alter von 15 Jahren im Kriegsdienst ausgebildet. Bei den ersten Kriegszügen, an denen ein Junge teilnahm, wurde er durch einen ihm zugeteilten erfahrenen Krieger unterwiesen. Der Erfolg des Kandidaten wurde an der Zahl seiner Gefangenen bemessen und am Äußeren des jungen Kriegers kenntlich gemacht. So schreibt Sahagún: »Zuerst, wenn es noch kleine Knaben sind, scheren sie das Haupthaar, und mit zehn Jahren tragen sie die Hinterhauptslocke. Und mit fünfzehn Jahren wird die Locke lang, wenn sie noch nirgends einen Gefangenen gemacht haben. Und wenn sie mit Hilfe anderer einen gefangen haben […] Damit wird die Hinterhauptlocke entfernt. […] Und wenn ihm die Hinterhauptlocke entfernt wird, wird er geschoren, ihm die rechtsseitige Kriegerfrisur gemacht, in bestimmter Zeichnung,

102 s. S. 185 f.

zur rechten Seite lässt man das Haar lang herunterhängen, bis an den Ansatz des Ohres reicht es. […] Und wenn er allein für sich einen Gefangenen gemacht […] so heißt er ›Telpochyaqui tlamani‹ (der fortgegangen ist, der einen Gefangenen gemacht hat.) Und wenn dies erfolgt ist, dann bringen sie ihn vor das Angesicht Moctezumas im Palast. Und auf seinen Befehl schminkt er sich gelb (mit gelben Ocker), im Gesichte rot und verbrannt; (mit Rot) überziehen sie ihm das ganz Gesicht und an den Schläfen schminken sie ihn gelb, und es bekleben ihm (das Haar mit Federn) die Magazinverwalter Moctezumas. Und dann erst beschenkt ihn Moctezuma: Er schenkt ihm den braunen, am Rande gestreiften (Mantel) und eine skorpionfarbene Schambinde mit langem Ende, und eine bunte, vielfarbige Schambinde. Und von dieser Zeit (Rangstufe) an fangen sie an, farbige Gewänder zu tragen.«[103] Beim zweiten und dritten Gefangenen wird der Kandidat wieder von Moctezuma empfangen und beschenkt. Beim dritten Gefangenen steigt er zudem in die Rangstufe der »älteren Brüder« auf, »die Führer der jungen Mannschaft, und man führte sie ein, in den Ort der Größe, das Junggesellenhaus, dass sie dort das Volk erziehen, aufziehen, dort die jungen Leute aufziehen, wo man in der Nacht Gesänge und Tänze aufführt, im Tanzhaus. Und wenn er einen vierten Gefangenen macht, lässt ihn Moctezuma als Häuptling scheren […] Und von dieser Zeit (Rangklasse) an beginnt die Häuptlingsbezeichnung, z. B. der Häuptling von Mexiko, oder der Häuptling von Tolnauac.«[104] Wenn er dann, so Sahagún, fünf oder mehr Gefangene gemacht hat, »dann gewinnt er an Ehre als großer ›älterer Bruder‹, wird der ›führende Adler‹ genannt. Da schenkt ihm Moctezuma einen blauen Lippenstab und einen Haarbandriemen mit Quasten aus Adlerfedern, zum Beispiel mit silbernen Steinmesserfigürchen (zwischen den Federn der Quaste) und ein Ohrgehänge aus Leder und einen roten Netzmantel. Und ferner wurde ihm gegeben der Mantel, zweifarbig in schräger Teilung und ein mit Lederriemen besetzter Mantel. […] und eine Schambinde mit langem Ende […]. Dann erhält er

103 Bernardino de Sahagún 1927, 320 ff.

104 Ebd. 322 f.

eine neue Sandale, nicht gestickt, nicht mit Schnitzmustern versehen, einfach schwarze Lederriemen, oder aus orangefarbenem oder rotem Leder.«[105]

Das aztekische Heer setzte sich zusammen zum einen aus den Kriegern, die aus der einfachen Bevölkerung bzw. den Calpullin[106] stammten, zum anderen aus den Adligen, die höhere und führende Positionen im Heer innehatten. Adlige konnten in den Kriegerorden der Adler oder der Jaguare eintreten. Ihre Kleidung stellte dann das entsprechende Wappentier – Adler oder Jaguar – dar und entsprechend hatte der Helm die Form eines Adler- oder Jaguarkopfes. Ferner gab es den *Qachic*- und den *Otomí*-Orden. Die Kriegerorden hatten eigene Gebäude und Tempel. In Malinalco im Toluca-Tal gibt es ein gut erhaltenes Beispiel für einen Tempel des Adler-Ordens.[107]

Für einen Eroberungszug fand sich immer ein realer oder vorgeschobener Grund, da schon ein Überfall auf Kaufleute genügte, um eine Strafexpedition gegen den entsprechenden Stamm zu rechtfertigen. Weil eine Kampagne in entfernte Gebiete sorgfältig geplant werden musste, spielten die bereits ausführlich beschriebenen Fernhändler ihre wichtige Rolle als Spione, die Informationen über den Feind sammelten.[108]

Da Lasttiere fehlten, mussten die Verpflegungsvorräte von den Kriegern selbst oder von Lastenträgern transportiert werden. Allerdings unterstützten sowohl innerhalb, als auch zum Teil außerhalb der Reichsgrenzen verbündete oder befreundete Stämme die Azteken auf ihrer Marschroute nicht nur mit Lebensmitteln, sondern auch mit Kriegern. Denn neben den tributpflichtigen Gebieten gab es auch solche, die nicht tributpflichtig waren, die die Azteken aber als Verbündete im Kriegsfalle unterstützten.

Immer mal wieder kam es vor, dass eine tributpflichtige Provinz den Aufstand probte und nochmals »erobert« werden musste. Dabei ist manchmal nicht klar, ob es sich bei einer einem bestimmten Herrscher zugeschriebenen Eroberung um eine neue oder um eine zurückeroberte Provinz handelte. So musste z. B. die

105 Ebd. 323 f.
106 s. S. 96.
107 s. S. 113.
108 s. S. 89–95.

Stadt Cotaxtla im heutigen Bundesstaat Veracruz, die mehrmals revoltierte und aztekische Steuereinnehmer tötete, jedes Mal von den Azteken zurückerobert werden.

Man tauschte nur ausnahmsweise die Herrscher in den eroberten Gebieten aus, aber manchmal evakuierte man sogar die Bevölkerung und ersetzte sie mit aztekischen Einwohnern. Dies geschah z. B. unter Moctezuma I., der in Oaxaca eine Siedlung mit ca. 600 aztekischen Familien gründete oder unter Ahuitzotl, der an der Grenze zum Gebiet der Tarasken die Orte Oztoma und Alahuiztla dem Erdboden gleichmachte, alle Einwohner massakrierte und die Orte mit 2000 Azteken wieder bevölkerte.

Zur Absicherung der Grenzen gab es einige, wenn auch wenige, »Garnisonen« mit aztekischen Siedlern, die zum einen die Grenze kontrollieren und verteidigen, zum anderen aber auch Landwirtschaft betreiben sollten. Solche Garnisonen gab es z. B. an der Grenze zum Gebiet der Tarasken oder in Oaxaca.

Über die Eroberungen der einzelnen Herrscher und die jeweilige Ausdehnung des aztekischen Reiches zu ihrer Regierungszeit sind wir zwar durch Eroberungs- und Tributlisten wie z. B. den *Codex Mendoza* informiert. Allerdings handelt es sich hierbei nur um Auflistungen der Städte und Provinzen, die von einem Herrscher besiegt wurden und Tribut ablieferten. Es fehlen jegliche Informationen über die näheren Umstände und den Ablauf der Ereignisse. Zudem werden manche eroberten Orte gleichzeitig in den Eroberungslisten mehrerer Herrscher aufgeführt. Dies hat wohl zum einen seine Gründe darin, dass auch die Eroberungen mit aufgezählt werden, die ein Herrscher in seiner Zeit als Kriegsherr gemacht hatte, zum anderen darin, dass ein Herrscher in einer bereits eroberten Provinz einen Aufstand niederschlagen musste. Die genauen Grenzen des aztekischen Reiches lassen sich dementsprechend im Einzelfall nicht immer rekonstruieren. So wissen wir zwar, dass die Azteken Eroberungen im Gebiet des Isthmus von Tehuantepec machten und dass Socunusco an der heutigen Grenze zu Guatemala tributpflichtig war. Aber wie weit die aztekische Herrschaft dort genau reichte und welche anderen Städte noch erobert wurden, ist unklar. In diesem Fall ist eher anzunehmen, dass es dort nur Handelsorte gab, an denen die aztekischen Händler Waren tauschten.

Die Bezeichnung »Aztekisches Reich« ist insofern nicht ganz korrekt, als sie von altweltlichen Vorstellungen geprägt ist und sich die aztekische Herrschaft davon wesentlich unterschied. Das aztekische Herrschaftsgebiet setzte sich mosaikartig aus kleinen Stadtstaaten und Fürstentümern zusammen, die von den Azteken unterworfen und tributpflichtig waren. Das Mosaik war nicht vollständig und es gab weiße Flecken, wie z. B. die Gebiete um Tlaxcala. Im Grunde war Tenochtitlán ein Stadtstaat, dessen Herrschaftsbereich zwar weit reichte, aber dessen Kultur auf diese Stadt beschränkt blieb und den Unterworfenen nicht aufgezwungen wurde. Entsprechend sind auch die heutigen archäologischen Funde auf Tenochtitlán und das Hochtal von Mexiko beschränkt und in entfernteren Gebieten nicht sehr zahlreich.

Eine Besonderheit der Azteken waren die sogenannten Blumenkriege. Dies waren Kriege ritueller Art, die mit den Nachbarvölkern im Hochtal von Mexiko, zunächst mit Chalco, dann auch mit Tlaxcala und Huexotzinco geführt wurden. Es ging hierbei nicht um Eroberungen, sondern beide Seiten hatten vor allem das Ziel, Gefangene für die Menschenopfer zu erhalten. Entsprechend wurden diese Kämpfe nicht von der ganzen Truppe, sondern nur von wenigen Kriegern beider Parteien durchgeführt. Die Vorteile für beide Seiten dabei waren, dass man ohne große Kriegsunternehmungen in der Ferne schnell zu Nachschub für Menschenopfer gelangte und dass außerdem die Krieger trainiert wurden. In puncto militärisches Training sind die Blumenkriege durchaus mit den Ritterturnieren des europäischen Mittelalters vergleichbar. Aber waren diese mehr religiös-ritueller oder mehr sportlicher Art? Gab es noch andere Motive für diese Kriege und wie häufig fanden sie statt? Gab es sie schon bei den Vorgängerkulturen der Azteken oder wurden sie erst in der Regierungszeit von Moctezuma I. eingeführt? Wie oft fanden sie statt? Diese Fragen sind noch nicht eindeutig beantwortet und werden kontrovers diskutiert, weil wir nach wie vor nur spärlich über diese besondere Art des Krieges informiert sind.

Eine Weltstadt – Tenochtitlán

Wir waren bass erstaunt über dieses Zauberreich, das fast so unwirklich schien wie die Paläste in dem Ritterbuch des Amadis. Hoch und stolz ragten die festgemauerten, steinernen Türme, Tempel und Häuser mitten aus dem Wasser. Einige unserer Männer meinten, das seien alles nur Traumgesichter.[109]

Diesen Eindruck machte beim Einzug nach Tenochtitlán nach den Worten eines der ersten europäischen Augenzeugen, des Chronisten Bernal Díaz del Castillo, schon die Vorstadt Iztapalapa auf ihn und die Spanier. Auch bei einer ersten Stadtbesichtigung unter Führung von Moctezuma II. höchstpersönlich, der ihnen von der Plattform des Templo Mayor einen Ausblick auf die gesamte Stadt bot, waren die Spanier begeistert: Moctezuma nahm Cortés »an der Hand und forderte ihn auf, von hier oben seine Hauptstadt, die anderen in den See gebauten Städte und die zahlreichen Ortschaften ringsherum zu betrachten, nicht zuletzt auch den großen Marktplatz, den man von hier aus besonders gut übersehen konnte. […] Wir sahen die drei Dammstraßen, die nach Mexiko führten: die von Iztapalapa, über die wir eingezogen waren, die von Tacuba, über die wir acht Monate später unter großen Verlusten fliehen mussten und die von Tepeaquilla. Wir sahen die große Wasserleitung, die von Chapultepec kommt und die ganze Stadt mit süßem Wasser versorgt, und die langen hölzernen Brücken, von denen die Dammstraßen unterbrochen waren, um die Verbindung zwischen den vielen Teilen des Sees zu ermöglichen. Auf dem See wimmelte es von Fahrzeugen, die Waren und Lebensmittel aller Art geladen hatten. […] Aus allen Orten ragten die weißen Opfertempel wie Burgen über die Häuser mit ihren Söllern, über kleinere kapellenartige Bauten und über die Befestigungstürme hinaus. Es war ein einmaliger Blick.

Lange staunten wir diese herrlichen Gebäude unter uns an. Dann besahen wir uns von hier oben aus noch einmal den

109 Bernal Díaz del Castillo 2017, 199.

Marktplatz mit seinem Gewimmel von Menschen […] Leute, die Konstantinopel und Rom gesehen hatten, erzählten, dass sie noch nirgendwo einen so großen und volkreichen Marktplatz gefunden hätten.«[110] Eine Großstadt war Tenochtitlán schon damals, dazu eine mit besonderer Lage auf einer Insel in Form eines buchstäblichen Eilandes von ca. 13 km^2. Von dem ehemaligen See sind heute nur noch ein paar Reste übriggeblieben, da die spanischen Eroberer sich als Erstes daran begaben, die Kanäle und den See für den Neubau ihrer Gebäude trockenzulegen. Die archäologischen Überreste der Aztekenhauptstadt liegen heute einige Meter unter dem Niveau der modernen Stadt und nicht selten im Grundwasserbereich. Das heutige Mexiko-Stadt steht daher auf einem nicht sehr stabilen Fundament, das zur Absenkung neigt und für Erdbeben besonders anfällig ist. So weist die Kathedrale am Zócalo eine leichte Neigung nach Westen auf, viele Kirchen aus der Kolonialzeit liegen heute ein bis zwei Meter unterhalb des normalen Straßenniveaus. Die heutigen Vororte und Stadtteile am Rande von Mexiko-Stadt gehörten zur Zeit der Eroberung zu den vielen Trabantenstädten, die ringsherum am Ufer des Festlandes oder auf benachbarten Inseln lagen. Einschließlich dieser Städte des Festlandes ist die Einwohnerzahl auf eine halbe Million zu schätzen, für Tenochtitlán allein ist von einer Einwohnerzahl bei Eroberung von ca. 200 000 bis 300 000 sowie von 60 000 Haushalten auszugehen. Wie die Spanier berichteten, stellte Tenochtitlán größenmäßig nicht nur spanische Städte wie Toledo oder Madrid (die mit 15 000 bzw. 18 000 Einwohnern nur gerade einmal ein Zehntel der Einwohner hatten) in den Schatten, sondern auch viele bedeutendere Städte Europas wie Paris, Mailand, Neapel oder Venedig.

Mit dem Festland war Tenochtitlán durch drei Dämme nach Norden, Westen und Osten verbunden, die im Stadtzentrum aufeinandertrafen. Diese waren so breit, dass zehn Reiter mit Pferden nebeneinander darüber passieren konnten, wie die Spanier berichten. Von Chapultepec und von Coyoacan aus wurde die Stadt durch ein Aquädukt mit Trinkwasser versorgt, denn das Seewasser war überwiegend salzig. Das Ufer der Insel war

110 Hernán Cortés 2017, 217 f.

ringsum von Chinampas[111], den schwimmenden Gärten, umgeben. Die Dammwege waren die einzigen Straßen der Stadt, ansonsten gab es stattdessen Kanäle, die man mit Kanus befuhr – ähnlich wie in Venedig. Aufgrund der Insellage waren keine Verteidigungsmauern nötig.

Tenochtitlán war in vier Stadtteile aufgeteilt, deren Einwohner jeweils einen Calpulli[112] bildeten – eine gesellschaftliche Gruppe mit jeweils eigenen Gottheiten und eigenen Priestern. Entsprechend hatte jedes Stadtviertel ein eigenes Zeremonial- und Verwaltungszentrum mit Tempel, Verwaltungsgebäuden und Marktplatz. Die Stadtteile hießen Moyotlan, Teopan, Atzaqualco und Cuerpopan. Ein bekanntes Bild aus dem *Codex Mendoza* zeigt die vier Stadtteile, getrennt durch zwei sich kreuzende Kanäle. An der Kreuzung der Kanäle ist der auf dem Feigenkaktus sitzende Adler dargestellt und in den vier Stadtteilen sind die insgesamt zehn Stammesführer von Tenochtitlán zu sehen. Jedes dieser Stadtviertel war nochmals in kleinere Wohnbezirke unterteilt.

Mittelpunkt von Tenochtitlán war das Kultzentrum mit dem Templo Mayor, dem Haupttempel für Huitzilopochtli und Tlaloc. Die Stadt und besonders der große Tempel galten als Abbild des Kosmos und bildeten die Mitte der Welt bzw. die Weltachse. Zum Tempelbezirk gehörten noch eine Reihe anderer Tempel und Gebäude, die im nächsten Abschnitt beschrieben werden. Westlich außerhalb der Mauer des Tempelbezirks, wo heute der mexikanische Regierungspalast liegt, befand sich der Palast Moctezumas II. Die Bauten seiner Vorgänger Ahuitzotl und Axayácatl, die zur Zeit der spanischen Eroberung noch existierten, standen an der nördlichen und an der südlichen Mauer. Es scheint, dass jeder Herrscher sich seine eigene Residenz erbauen ließ. Der Palast des Axayácatl war ungefähr 200 m lang und beherbergte das gesamte spanische Heer während der Eroberung. Der Palast des Moctezuma hatte eine Seitenlänge von 400 m, war zweistöckig und hatte drei Innenhöfe. Im Erdgeschoss waren die Regierungs-, Verwaltungs- und Lagerräume sowie Säle für Veranstaltungen und Versammlungen untergebracht. Im Obergeschoss befanden

111 s. S. 104 f.
112 s. S. 96.

sich die Wohn- und Privatgemächer von Moctezuma. Eine der Hallen soll so groß gewesen sein, dass 3000 Personen sich dort versammeln konnten und auf dem Dach ein Turnier mit dreißig Reitern veranstaltet werden konnte. Die Wände sollen aus Marmor gewesen und mit kostbaren Decken und Federmosaiken verkleidet gewesen sein. Andere Quellen berichten, die Palastmauern seien aus Tezontle gewesen, ein rötliches Lavagestein, aus dem auch viele Gebäude der Altstadt von Mexiko-Stadt errichtet wurden. Wie der Palast des Moctezuma architektonisch letztlich genau aussah, wissen wir nicht, da er zerstört und überbaut wurde und eine detaillierte Beschreibung fehlt.

Von Fernando de Alva Ixtlilxóchitl besitzen wir aber eine Beschreibung des Palastes von Nezahualcóyotl in Texcoco, der durchaus mit den Palastanlagen in Tenochtitlán vergleichbar war. Der besagte Palast hatte 300 Räume, darunter den Thronsaal mit einem goldenen, türkisgeschmückten Thron, Gerichtssäle, Unterkünfte für die Garde, Räume für die Tributbuchhaltung etc. Das zeigt deutlich, dass der Herrscherpalast gleichzeitig Wohnung, Regierungssitz, Gerichtshof und Verwaltungsgebäude war. Zu dem Gebäudekomplex gehörten Innenhöfe, die unter anderem als Markt, Gerichtshof oder als eine Art Universität fungierten. An dieser Universität wurden vor allem Theologie, Geschichte, Philosophie und Dichtung gelehrt, denn Texcoco war berühmt als Stadt der Kultur und Wissenschaft. Zu dem Palast des Nezahualcóyotl gehörten außerdem große Gärten, Brunnenanlagen, ein Labyrinth und ein Zoo mit exotischen Tieren. Laut der Beschreibung des Ixtlilxóchitl hatte der Saal des königlichen Rates »zwei Gerichtshöfe […] und in der der Mitte war ein großes Herdfeuer, in dem auf Anweisung das Feuer niemals erlosch. Auf der rechten Seite des Herdfeuers befand sich der höchste Gerichtshof, den man Teoicpalpan nannte, was so viel heißt wie Sitz und Gerichtshof Gottes, der höher war als der andere. Der Sitz und die Rückseite waren aus Gold und mit Türkissteinen und anderen Edelsteinen geschmückt. […]. An den Seiten dienten als Teppiche die Felle von Tigern und Löwen und Decken aus den Federn des Königsadlers. Auch eine Menge Arm- und Beinschmuck aus Gold befand sich dort. Die Wände waren bemalt und geschmückt […] in allen Farben mit Figuren verschiedener Vögel, Tiere und Pflanzen. Hinter dem Stuhl war eine Art Baldachin aus reichem Federschmuck angebracht und in der Mitte aus Gold und Edelsteinen hergestellte Blitze. Der andere Gerichtshof, der der königliche genannt wurde, hatte einen einfacheren Sitz und ebenso einen Baldachin aus Federschmuck mit den Insignien des Wappens, das nur die Herrscher von Texcoco verwendeten. In diesem Hof residierten die Herrscher, um ihre öffentlichen Angelegenheiten und Audienzen zu erledigen. Und bei schweren und wichtigen Fällen oder bei der Verhängung der Todesstrafe übergaben sie diese dem Gerichtshof Gottes, indem sie die rechte Hand über den Totenschädel und in der linken einen goldenen Bogen hielten, der als Zepter diente. […] In diesem Saal residierten die vierzehn Herrscher des Reiches nach ihrer Ordnung und ihrem Dienstalter.«[113]

Von dem Palast des Nezahualcóyotl ist heute nichts mehr erhalten. Rund um das Stadtzentrum Texcocos hatten die Adligen ihre Häuser, etwas weiter entfernt die einfachen Bürger. An mehreren Orten ließ Nezahualcóyotl Parks und Gärten anlegen: »Diese Parks und Gärten waren mit prachtvollen Schlossbauten geschmückt, mit Brunnen, Bewässerungsanlagen, Wasserbecken, Bädern sowie bewundernswerten Labyrinthen, in denen vielerlei exotische Blumen und Bäume aus verschiedenen Gegenden herangebracht und angepflanzt waren.«[114] Noch heute sind die von Nezahualcóyotl selbst geplanten Badeanlagen außerhalb der Stadt zu besichtigen, eine hydraulische Meisterleistung dieses Herrschers. Die Badeanlage auf dem Tetzcotzingo-Hügel erhielt ihr Wasser, welches über Aquäduktdämme um einen benachbarten Berg herum zum Zielort geleitet wurde, von einer fünf Kilometer entfernten Quelle. Die Bäder waren runde, in den Felsen gehauene Becken, die man mit Steintreppen versah.

Schließlich ist noch Tlatelolco zu erwähnen. Die Stadt, berühmt wegen ihres Marktes, ähnelte dem Stadtbild Tenochtitláns und wird daher nicht nur aufgrund der gemeinsamen Geschichte als Zwillingsstadt bezeichnet. Beide Städte waren durch einen Kanal getrennt. Auch in Tlatelolco gab es im Zentrum einen

113 Fernando de Alva Ixtlilxóchitl 2014, 94 f.

114 Ebd. 112.

Tempelbezirk, dessen Mittelpunkt wiederum ein Doppelheiligtum für Huitzilopochtli und Tlaloc bildete. Genau wie in Tenochtitlán und in Texcoco waren der Palast des Herrschers sowie Regierungs- und Verwaltungsgebäude dem Tempelbezirk angegliedert. Überreste davon finden sich heute noch auf dem »Platz der drei Kulturen« (*Plaza de las tres cultaras*), der diesen Namen trägt, weil ihn neben den vorspanischen Tempelresten auch eine Kirche der spanischen Kolonialzeit sowie Wohnhäuser der Gegenwart prägen.

Über die bürgerlichen Häuser bzw. Wohnungen sind wir nicht sehr gut informiert. Sie waren wohl aus luftgetrockneten Adobe-Ziegeln erbaut, weiß verputzt und in Wohnkomplexen für Großfamilien zusammengefasst, die sich um einen Innenhof gruppierten: Großeltern, Eltern und die verheirateten Kinder bewohnten jeweils ein Haus, zu dem auch ein kleines Stück Land bzw. ein Garten (*chinampa*) gehörte. Die durchschnittliche bürgerliche Familie lebte in einem aus einem Zimmer bestehenden, einstöckigen Haus, dessen einzige Ausstattung Schilfmatten als Betten und Sitzgelegenheiten waren. In der Mitte befand sich die Feuerstelle aus Steinen. Diverse Gegenstände wurden in Holzkisten aufbewahrt und an den Wänden befanden sich die Utensilien des Alltagslebens wie Küchengeschirr, Webstuhl, Pflanzstöcke sowie Jagd- und Fischfanggeräte und der Mahlstein für Mais. Die Häuser der Adligen waren zweistöckig, standen oft auf erhöhten Plattformen, waren aber ansonsten nicht sehr pompös ausgestattet, denn auch deren Bewohner schliefen auf Schilfmatten. Alle Häuser hatten keine Fenster und wurden durch Fackeln beleuchtet. Die Türen wurden nicht verriegelt, da Diebstahl unter strengen Strafen stand.

Wie hat man die riesigen Tempel- und Palastanlagen in einer Kultur ohne Zug- und Tragtiere oder Wagen in Tenochtitlán oder anderen Städten errichtet? Diese Leistung verrichteten Massen von Zwangsarbeitern. Nicht selten setzte man z. B. für einen Tempelbau alle Männer eines bestimmten Gebietes ein.

Der Templo Mayor von Tenochtitlán

Der Tempelbezirk von Tenochtitlán gehört als Teil des historischen Zentrums von Mexiko-Stadt seit 1987 zum Weltkulturerbe der UNESCO. Der ganze heilige Bezirk war von einer mit Schlangenköpfen verzierten Mauer (400 × 300 m) umgeben, die drei Eingänge hatte. Das zentrale Heiligtum war der Templo Mayor (Haupttempel, Nahuatl: *huey teocalli*). Davor befanden sich eine Reihe anderer Tempel und Gebäude, wie z. B. der Tempel des Tezcatlipoca, der Rundtempel des Windgottes Quetzalcoatl-Ehecatl, dessen Eingang in Form eines Drachenmaules gestaltet war, der Tempel der Muttergottheit Cihuacoatl, der Tempel des Sonnengottes und schließlich der Schlangentempel (*coateocalli*), ein Pantheon für die Gottheiten der unterworfenen Völker. Neben den Tempeln gab es noch Nebengebäude für die kultischen Vorbereitungen und andere Angelegenheiten, den Calmecac, der gleichzeitig Schule und Wohngebäude der Priester war, das Haus der Adlerkrieger, ein Haus der Musiker und Tänzer sowie zwei weitere Gebäude, ein Schädelgerüst, einen Ballspielplatz und Plätze für Feste und Versammlungen.

Der aus einem Doppeltempel bestehende Templo Mayor stand auf einem 100 m langen, 80 m breiten und 60 m hohen Pyramidenbau. Der Tempel auf der Südseite war dem Stammes- und Kriegsgott Huitzilopochtli geweiht, der andere an der Nordseite dem Regen- und Fruchtbarkeitsgott Tlaloc. Zu beiden Tempeln führte jeweils eine Treppe hinauf. Die Dachkonstruktion des Huitzilopochtli-Tempels war mit einer großen rechteckigen Vertiefung versehen, die mit weiß bemalten Totenköpfen auf rotem Hintergrund verziert war. Den Tlaloc-Tempel zierten Reliefs aus einzelnen, den Regen darstellenden Rechtecken, die blau und weiß bemalt waren. Im Zentrum des Innenraumes der Heiligtümer befanden sich Altäre, sehr wahrscheinlich in Form eines liegenden Adlers wie er im Tempel von Malinalco noch erhalten ist.[115]

Díaz del Castillo war einer der ersten europäischen Augenzeugen, die unter persönlicher Führung von Moctezuma II. den Tempel des Huitzilopochtli von innen zu Gesicht bekamen: »Dann

115 s. S. 128 f.

führte er uns in einen Turm [i. e. Tempel des Huitzilopochtli, Anm. der Autorin]. Dort war ein großer Saal mit zwei altarähnlichen Postamenten und einer reichgeschmückten Decke. Auf diesen Postamenten standen zwei riesige, dicke Figuren. Die eine stellte den Kriegsgott dar, den Huitzilopochtli. Das Götzenbild zeigte ein breites Gesicht, missgestaltete grausige Augen und war über und über mit Edelsteinen, Gold und Perlen bedeckt, die mit einem Kleister befestigt waren, den die Indianer aus einer Wurzel gewinnen. Riesige goldene, juwelengeschmückte Schlangen wanden sich um den Leib des Ungeheuers, das in der einen Hand einen Bogen, in der anderen Pfeile trug. […] Mit blauen Steinen verzierte Masken und Herzen aus Gold und Silber hingen dem Kriegsgott um den Hals. Vor ihm standen mehre Kohlenbecken mit Kopal, dem uns schon bekannten Weihrauch des Landes, und mit drei Herzen von Indianern, die an diesem Tag für ihn geschlachtet worden waren und nun hier als Opfer verbrannt wurden. Die Wände und der Boden waren schwarz von Menschenblut. Es stank abscheulich in diesem Tempelraum. […].

Die Ausmaße des Tempels waren ungeheuer. Ich kann sie aber nicht mehr genau angeben […]. Ich weiß aber noch, dass er über tausend Jahre alt war und dass die Einwohner Gold, Silber und Edelsteine abliefern mussten, die in die Fundamente eingemauert wurden. Der Baugrund wurde mit dem Blut von zahllosen Kriegsgefangenen gedüngt und mit den Samen aller Pflanzen des Landes bestreut; denn die Götter sollten dem Land Siege, Reichtum und ergiebige Ernten schenken. Als wir später an der Stelle des Tempels eine Kirche errichteten, fanden wir dort die vor vielen hundert Jahren eingemauerten Kostbarkeiten.«[116]

Dieser Templo Mayor war nicht nur das Zentrum des heiligen Bezirkes von Tenochtitlán, sondern der gesamten Stadt und letztlich des gesamten Kosmos. Als Doppeltempel symbolisierte er zudem die beiden wichtigsten Aspekte der aztekischen Existenzgrundlage: der Tempel des Huitzilopochtli verdeutlichte den Aspekt des Krieges, das Heiligtum für Tlaloc die Landwirtschaft und Fruchtbarkeit der Felder. In jedem der 18 aztekischen Monate war der Templo Mayor Mittelpunkt eines Festes. Sieben dieser

116 Bernal Díaz del Castillo 2017, 219 ff.

Feste hingen mit Fruchtbarkeitsriten zusammen und waren den Gottheiten des Regens, des Wassers und des Maises gewidmet. Sechs davon galten Huitzilopochtli und dem Krieg. Das wichtigste Fest ihm zu Ehren war das Panquetzalitzli[117], bei dem mit der Opferung der Gefangenen die Geburt, der Kampf und der Sieg Huitzilopochtlis gegen seine Feinde wiederholt wurde. Der Templo Mayor war somit nicht nur Sinnbild des Sieges und der Macht der aztekischen Götter, sondern auch gleichzeitig Ausdruck der wirtschaftlichen und politischen Macht der Azteken selbst.

Der Templo Mayor wurde in insgesamt sieben Bauphasen errichtet und jeweils erweitert und erneuert, teilweise aufgrund von Zerstörungen durch Überflutung oder baulicher Mängel, teilweise ließen Herrscher einen völligen Tempelneubau über den alten errichten bzw. diesen übermanteln. Der erste Tempelbau war der einleitende und wichtigste Akt bei der Stadtgründung von Tenochtitlán. Es war vermutlich ein einfaches Gebäude aus Holz, von dem nichts mehr erhalten ist und dessen Existenz nur in den schriftlichen Quellen angedeutet wird.

Vom zweiten Bau aus der Zeit zwischen 1375 und 1427 und unter den Regentschaften von Acamapichtli, Huitzilihuitl und Chimalpopoca ist der untere Teil der Tempelanlage erhalten. Im Tempel des Huitzilopochtli wurde ein Opferstein bzw. Altar gefunden, im Tempel des Tlaloc die Figur eines Chac Mol mit rötlichen Farbresten nach toltekischem Vorbild, der ebenfalls die Funktion eines Opfersteins hatte. Zudem haben wir auch eine Jahresangabe aus dieser Bauphase in Form einer Gesichtsdarstellung mit der Glyphe für das Jahr *Zwei Kaninchen* (1390).

Die dritte Bauphase wird nicht zuletzt aufgrund der Jahresangabe *Vier Schilfrohr* (1431) in die Regierungszeit von Itzcoatl (1427–1440) datiert. Aus dieser Zeit stammen acht Steinfiguren, die Krieger nach toltekischem Vorbild darstellen und als Fahnen- bzw. Standartenträger fungierten.

Die vierte Bauphase ist aufgrund zweier Glyphen mit den Jahresangaben *Eins Kaninchen* (1454) und *Drei Haus* (1469) der Herrschaftszeit von Moctezuma I. und Axayácatl (1440–1481) zuzuordnen. Von dieser Phase hat sich am meisten erhalten,

117 s. S. 93 ff.

darunter eine Vielzahl von Opfergaben und die Kohlenbecken und Schlangenköpfe als Schmuckelemente der Tempelplattform. An der Treppe hinauf zum Tlaloc-Heiligtum fand sich ein kleiner Altar mit zwei Froschfiguren. Ganz im Norden und Süden der Plattform befinden sich Räume mit farbigem Marmorboden. Ein Fund besonderer Art waren eine Vielzahl von Opfergaben bei einem kleinen Altar auf der Seite des Tlaloc-Tempels, darunter mehr als 42 Schädel und Knochen geopferter Kinder sowie kunstvoll bemalte Gefäße mit Muschelschalen, die wahrscheinlich Menschenherzen symbolisieren. Auch der große Monolith der Coyolxauhqui stammt aus dieser Zeit. Von der fünften Bauphase 1481–1486 in der Regierungszeit des Tizoc ist allerdings nur die Stuckschicht der Plattform erhalten.

Der sechste Tempel ist der Herrschaftszeit von Ahuitzotl (1486–1502) zuzuordnen, der einige Erneuerungen von Tizoc zu Ende führte und den Tempel am Tag *Sieben Schilfrohr* im Jahre *Acht Schilfrohr* (08.12.1487) mit einer großen Feier und vielen Menschenopfern[118] am letzen Tag des Panquetzaliztli-Festes einweihte, wie die schriftlichen Quellen berichten. Ahuitzotl ließ ferner den ganzen heiligen Bezirk mit einer mit Schlangenköpfen geschmückten Mauer eingrenzen, von denen sich drei erhalten haben. Im Norden des Tlaloc-Heiligtums stammen aus dieser Zeit vier weitere Schreine und der Adlerkrieger-Komplex, sogenannt nach der Dekoration mit Adlerköpfen, der mehrfarbigen Darstellung einer Prozession von Kriegern auf Steinplatten sowie dem Fund zweier lebensgroßer Tonfiguren von Adlerkriegern. Die Kriegerprozession und die beiden Figuren erinnern an den Palacio Quemado bzw. den »verbrannten Palast« in Tula,[119] und man vermutet daher, dass es sich hierbei um einen Gebäudekomplex für militärische Zeremonien handelt. Schließlich ist aus dieser Zeit noch der hintere Innenhof des Templo Mayor zu erwähnen.

Die siebte Bauphase ist die letzte und präsentiert den Tempel, den die spanischen Eroberer als Augenzeugen erlebten und zerstörten. In dieser Phase wurden die oben erwähnten kleineren Schreine und der Adlerkrieger-Komplex überbaut, aber der neue

118 s. S. 151 ff.
119 s. S. 25 f.

Tempel wurde dabei nicht wesentlich vergrößert. Erhalten haben sich aus dieser Zeit nur ein Teil des Fußbodens sowie einige andere Spuren auf dem Gelände des Tempels.

Nachdem die Spanier den Tempelbezirk zerstörten und dieser mit den Gebäuden der Spanier überbaut wurde, gerieten die Tempelbauten in Vergessenheit. Erst Ende des 19. Jh.s fanden erste archäologische Untersuchungen unter dem mexikanischen Archäologen Leopoldo Batres (1852–1926) statt, allerdings vermutete man damals den Templo Mayor unter der Kathedrale. Manuel Gamio (1883–1960) entdeckte 1913 die Südwestecke des Tempels. Daraufhin erfolgten weitere Ausgrabungen von verschiedenen Archäologen wie z. B. Emilio Cuevas, Eduardo Contreras oder Jorge Angula.

Der 21.02.1978 war ein besonderer Tag für die mexikanische Archäologie: Arbeiter der staatlichen Elektrizitätswerke fanden beim Ausschachten auf dem »Insel der Hunde« genannten, etwas gegenüber der Umgebung erhöhten Areal, auf dem sich bei Hochwasser die Straßenhunde versammelten, einen riesigen Monolithen von über drei Meter Durchmesser, den oben erwähnten Stein der Coyolxauhqui. Dies war der Beginn der »Templo Mayor Projekt« genannten, systematischen und intensiven archäologischen Ausgrabung des Haupttempels von 1978–1982, geleitet von Eduardo Matos Moctezuma (* 1940). Für das großangelegte Projekt mussten etliche Gebäude auf dem Areal abgerissen werden. Das Ergebnis der Ausgrabungen war nicht nur die Freilegung von Teilen des Templo Mayor aus den verschiedenen Bauphasen, sondern 7000 weitere Fundstücke, die meisten von ihnen Opfergaben wie z. B. Tongefäße in Form von Tlalocdarstellungen, Skelette von Tieren wie Krokodilen, Fröschen und Fischen oder Schildkrötenpanzer und Muscheln. Auch Tribute brachte man als Opfer dar, wie z. B. Goldschmuck aus dem Gebiet der Mixteken oder die meistens Tlaloc darstellenden Tonfiguren und kleine Jadefiguren sowie Urnengefäße von der Golfküste. Für die vielen Funde wurde eigens ein Museum erbaut: Das Museo del Templo Mayor, das am 12.10.1987 eröffnet wurde.

Wie erwähnt, begannen die Ausgrabungen des Templo Mayor mit der Entdeckung des Steines der aztekischen Mondgöttin Coyolxauhqui, der Schwester des Stammesgottes Huitzilopochtli. Dieser Stein ist gleichzeitig ein wichtiger Schlüssel für das Verständnis des Komplexes und der durchgeführten Opferriten.

Denn der Tempel und der darin durchgeführte Kult sind als »lebender Mythos«[120] zu verstehen. Der Stein zeigt Coyolxauhqui mit zerstückelten bzw. abgetrennten Gliedmaßen. Um die Darstellung einzuordnen, muss auf den ausführlich zitierten und von Sahagùn überlieferten Mythos von der Geburt Huitzilopochtlis[121] verwiesen werden: Nachdem die Mutter von Huitzilopochtli Coatlicue mit ihm schwanger geworden war, verfolgten sie ihre 400 Söhne und ihre Tochter Coyolxauhqui. Huitzilopochtli aber gab im Bauch seiner Mutter Anweisungen, zum Berg Coatepec zu fliehen. Schließlich wurde Huitzilopochtli in voller Kriegsausrüstung geboren und besiegte im Kampf seine Brüder und Coyolxauhqui, indem er diese zerstückelte und die Körperteile vom Berg Coatepec hinunterwarf. Auf dem besagten Stein der Coyolxauhqui ist nun ihre Niederlage dargestellt, wie sie zerstückelt am Fuß des Coatepec liegt. Der Tempel des Huitzilopochtli symbolisierte den »Schlangenberg« Coatepec und damit den Handlungsort des Mythos. Dies bestätigen die Darstellungen von riesigen Schlangenskulpturen am Tempel. Wie erwähnt, wurde der Stein am Fuß der Tempelpyramide gefunden und das war aller Wahrscheinlichkeit nach auch sein ursprünglicher Standort. Der Tempel des Huitzilopochtli oben auf der Pyramide wies auf den Sieg des Gottes hin. Mit dem Kult und den Opfern der Kriegsgefangenen im Tempel, deren Körper im Anschluss von der Pyramiden-Plattform hinuntergeworfen wurden, wiederholte man den Mythos von der Geburt und dem Sieg Huitzilopochtlis und aktualisierte ihn. Ähnlich werden in der Eucharistiefeier nach Verständnis der römisch-katholischen Kirche das letzte Abendmahl und die Wandlung von Brot und Wein in Leib und Blut wiederholt bzw. aktualisiert und damit »Realität«. Führten die Azteken ihre Gefangenen zur Opferung zum Tempel hinauf, mussten diese, ihre Niederlage demonstrierend, den Stein der Coyolxauhqui – die, wie auch sie, besiegt wurde – passieren: Ihr Aufstieg zum Tempel, ihre Opferung und das Hinunterwerfen der Geopferten vom Tempel (zum Stein der Coyolxauhqui) war damit die öffentliche Darstellung des Triumphes von Huitzilopochtli.

120 Wie Eduardo Matos Moctezuma 1998 ausführlich darlegt.
121 s. S. 144–147.

Zeremonialzentren der Nachbarstädte von Tenochtitlán

In der Umgebung von Mexiko-Stadt fanden sich weitere Tempel, von denen die wichtigsten hier erwähnt werden. Vor allem der rekonstruierte Haupttempel von **Tenayuca** (der 1224 gegründeten Tepaneken-Hauptstadt) vermittelt eine Vorstellung davon, wie der Templo Mayor einst ausgesehen hat, diente er doch als architektonisches Vorbild für diesen.

Er wurde fünfmal überbaut, zuletzt wohl 1507 von den Azteken. Der Tempelbau dieser fünften Phase ist 62 m lang und 50 m breit. Die gemauerte, pyramidenförmige Basis mit einer zu den Heiligtümern hinaufführenden Treppe an der Westseite ist ringsherum mit 138 Skulpturen von Schlangen verziert.

Malinalco ist das einzige Beispiel eines vollständig erhaltenen Tempels der Azteken. Die Tempelgebäude waren üblicherweise aus Holz, erhalten haben sich deshalb nur die Pyramiden als Unterbauten der Tempel – mit einer Ausnahme: Der Tempel der Adlerkrieger von Malinalco, auf dem ca. 200 m hohen »Götzenberg« (*Cerro de los idolos*) in der Nähe von Toluca im heutigen Bundesstaat Mexiko. Er ist nicht nur als einzig erhaltener aztekischer Tempel einzigartig, sondern auch als Tempel, der in den Felsen hineingehauen wurde.

Die gesamte Zeremonialanlage bestand insgesamt aus fünf Tempelgebäuden, wird aber von dem als »Haupttempel« oder »Haus des Adlers« (*cuauhcalli*) bezeichneten Felsentempel dominiert, dessen Wände und Pyramidenbasis aus dem Berg herausgehauen worden sind. Der drei Meter hohe Tempel ist jedoch keine Höhle und tritt teilweise aus dem Felsen hervor. Sein Dach bestand nicht aus Stein, sondern aus Palmblättern, wie heute nach entsprechenden Vorbildern in Codices restauriert. Eine Treppe mit 13 Stufen führt zum Tempel hinauf, deren Aufgang zu beiden Seiten von einer Jaguarfigur flankiert wurde, von denen nur noch die Reste erhalten sind, ebenso wie von der Figur eines Kriegers, die als Standartenträger fungierte. Der Eingang ist von einem Relief in Form eines offenen Schlangenmauls umgeben. Rechts neben dem Eingang befindet sich eine Schlangenskulptur mit den Resten einer darauf sitzenden Figur, links vom Eingang die Skulptur einer Trommel mit den Resten einer Figur. Der Innenraum des Tempels ist kreisrund, und ringsherum an der Wand verläuft eine Art Sitzbank mit drei Tierfiguren bzw. –bälgen: in der Mitte die eines Jaguars, rechts und links die eines Adlers. Im Zentrum des Raumes befindet sich der Altar in Form eines liegenden Adlers, auf dem die Herzen der Geopferten dargebracht wurden.

In **Santa Cecilia Acatitlan** befand sich wie in Tenayuca, nur drei Kilometer davon entfernt, damals am Nordwestufer des Texcoco-Sees gelegen, ein weiterer Doppeltempel für Huitzilopochtli und Tlaloc. Dem Besucher von heute vermittelt die nicht ganz korrekte Rekonstruktion dennoch ein anschauliches Beispiel eines aztekischen Tempels.

In **Calixtlahuaca**, im Tal von Toluca gelegen, findet sich ein in den 1930er-Jahren von José García Payón ausgegrabener und restaurierter Zeremonialkomplex, der von der runden Tempelpyramide des Windgottes Ehecatl dominiert wird. Diese hat einen Durchmesser von 22 m und eine Höhe von zwölf Metern und wurde dreimal überbaut. Der älteste Tempelbau stammt aus voraztekischer, die letzte Überbauung aus aztekischer Zeit.

In **Huexotla**, fünf Kilometer von Texcoco entfernt, hatte Nezahualcóyotl auf seiner Flucht vor Tezozomoc Unterkunft und Hilfe gefunden. Von den Überresten der vorspanischen Stadt hat man bei archäologischen Ausgrabungen neun Gebäudekomplexe gefunden, darunter eine Rundpyramide des Gottes Ehecatl.

In **Teopancolco** bei Cuernavaca wurde im Zuge der Revolutionskämpfe 1910 ein Tempel entdeckt und ab 1921 ausgegraben. Es handelt sich um eine größere Zeremonialanlage mit insgesamt 15 Gebäudekomplexen, die um einen großen rechteckigen Platz herum angeordnet waren. Dominierend ist hier die sogenannte Große Plattform bzw. der »Gebäudekomplex 1« im Osten, von dem heute nur die Pyramide erhalten bzw. restauriert ist, auf der sich einst ein weiterer Doppeltempel für Huitzilopochtli und Tlaloc befand. Es sind zwei Bauphasen festzustellen. Beim zweiten Tempelbau wurde der erste Tempel vollkommen übermantelt. Bei der Restaurierung hat man versucht, für den Besucher beide Bauphasen gleichzeitig sichtbar zu machen. Daher wurde die Umfassungsmauer der zweiten Bauphase zwar teilweise stehen gelassen, aber das Füllmaterial zwischen dieser Mauer und dem ersten Tempel entfernt, sodass ein Graben entstand und die Bauphasen sichtbar wurden. Der »Gebäudekomplex 7« und wohl auch der mit der Nummer 9 sind Tempel für den Windgott Ehecatl, der »Gebäudekomplex 13«, hinter dem Doppeltempel gelegen, ist Tezcatlipoca gewidmet.

In **Tepotzlan** im heutigen Bundesstaat Morelos, ca. 70 km südlich von Mexiko-Stadt stand in 2000 m Höhe ein Tempel, der wahrscheinlich dem Pulque-Gott gewidmet war und den man nur über einen steilen Weg und in den Felsen gehauene Stufen erreichen kann. Erhalten ist die ungefähr zehn Meter hohe Plattform, auf der die ca. drei Meter hohe Pyramide steht und auf der sich wiederum die 2,5 m hohen Mauerreste des Tempelgebäudes befinden.

Von Huitzilopochtli auserwählt: Weltbild und Religion

In unserer heutigen Gesellschaft ist Religion oft nur noch eine Randerscheinung, eine private »Nebensache«. Die Azteken dagegen sahen alle Bereiche des Alltags, der Politik oder Kunst in einem religiösen Kontext. So vermischen sich auch in der Geschichte vom Ursprung und von der Wanderung der Mexica Mythos und historische Wirklichkeit. Die Herrscher der Azteken waren zwar weltliche Herrscher, aber es wird vermutet, dass viele von ihnen vorher als Priester tätig waren. Zudem war der Rat der Priester für die politischen Entscheidungen des Herrschers von großer Bedeutung. Kunst, Schrift und Kalender dienten ausschließlich dem religiösen Zweck. Kunstwerke wurden nicht aus ästhetischen Gründen geschaffen, sondern zu religiösen Zwecken. Denn religiöse Inhalte wurden nicht allein durch die Priester bzw. das Kultpersonal, sondern auch durch die visuelle Sprache der Kunst vermittelt, wie z. B die Darstellungen von Gottheiten auf Malereien oder als Skulpturen in den Kultzentren.

Auch im religiösen Bereich übernahmen die Azteken vieles von ihren Vorgänger- und Nachbarkulturen. Ein prägnantes Beispiel dafür ist der Regengott, der schon bei den Olmeken und in Teotihuacán verehrt wurde. Quetzalcoatl spielte schon bei den Tolteken eine zentrale Rolle. Da sie neben ihren eigenen Gottheiten auch die Gottheiten der eroberten Nachbarvölker in ihren Kult übernahmen, war das Pantheon der Azteken sehr groß.

Die Überlieferungen bezüglich des Weltbildes und der Religion der Azteken weisen allerdings Unterschiede auf, was auf unterschiedliche Traditionen der verschiedenen Priesterschulen hindeuten könnte. Im folgenden Überblick werden hauptsächlich die bekannten bzw. gängigen Überlieferungen angeführt, um dem Leser den Einstieg in die sehr komplexe Thematik zu erleichtern.

Welt und Kosmos aus aztekischer Sicht

Kennzeichnend für die Azteken war ein dualistisches Weltbild, das sich vor allem in den Gegenüberstellungen von Schöpfung und Vergehen, Leben und Tod oder Tag und Nacht zeigt. Oft werden dualistische oder zumindest ambivalente Aspekte in ein und derselben Gottheit verkörpert.

Nach dem Weltbild der Azteken war die Erde, die als der Mittelpunkt des Kosmos galt, eine runde oder viereckige, von Wasser umgebene Scheibe. Nach einer anderen Version stellte man sich unsere Welt auch als den Rücken eines im Wasser schwimmenden Alligators vor. Die Vorstellung, dass auch die ganze Erde von Wasser umgeben sei, spiegelte sich in der Lage Tenochtitláns auf einer Insel in einem See. Tenochtitlán und vor allem der Templo Mayor galten als das Zentrum in diesem Mikrokosmos.

Über der Erde gab es 13 Himmelsschichten und unter ihr befanden sich neun Unterweltschichten. Nach dem *Codex Rios* befanden sich Mond und Wolken im ersten Himmel. Dieser war das Reich des Regengottes Tlaloc und befand sich direkt über der Erde. Der zweite Himmel beinhaltete die Sterne, der dritte die Sonne, der vierte den Morgen- und Abendstern, der fünfte die Kometen, der sechste die Farben und der achte die Stürme. Der neunte bis elfte Himmel galt als die Region der Götter, und Himmel Nummer zwölf und 13 waren die Sphäre des Omeyocan, der Ort des Dualismus, der Ursprungsort von allen Lebewesen einschließlich der Menschen und die Heimat des Götterpaares Ometecuhtli und Omecihuatl, von denen alle anderen Götter abstammten. Man stellte sich die Himmel auch als Pyramide mit 13 Stufen vor und die Unterwelten dementsprechend als »umgekehrte« Pyramide. Diese Vorstellung bestimmte die Architektur der Pyramiden mit ihren Tempeln, die entsprechend den Aufstieg zu den Himmeln symbolisierten.

Die Erde war durch die vier Himmelsrichtungen und die Erdmitte gekennzeichnet, denen jeweils eine Gottheit, eine Pflanze und/oder ein Tier und eine Farbe und teilweise auch bestimmte Tageszeichen zugeordnet wurden. Hier zwei unterschiedliche

Beispiele dieses Systems, einmal auf der Grundlage des *Codex Fejérváry-Meyer* und einmal nach dem *Codex Borgia*[122].

Codex Fejérváry-Meyer

Himmelsrichtung	Gottheit	Farbe	Tier	Pflanze
Osten	Tonatiuh (Sonnengott)	Rot	Quetzal	Blauer Baum
Norden	Tlaloc (Regengott)	Gelb	Adler	Kaktus
Süden	Cinteotl (Maisgott) Mictantecuhtli (Gott der Unterwelt)	Grün	Papagei	Kakao
Westen	Chalchiuhtlicue (Wassergöttin) Tlazolteotl	Blau	Blauer Vogel	Mais

Codex Borgia

Himmelsrichtung	Gottheit	Farbe	Tier	Pflanze
Osten	Tonatiuh (Sonnengott)	Rot	Quetzal?	Ceiba?
Norden	Itzlacoliuhtli (Mondgöttin)	Schwarz	Adler	Feigen-kaktus
Süden	Mictlantecuhtli (Gott der Unterwelt)	Blau	Papagei	Ceiba
Westen	Cinteotl (Maisgott)	Weiß	Kolibri	Mais

Weit verbreitet und bekannt war die Vorstellung, dass der jetzigen Welt bzw. unserem Zeitalter vier verschiedene andere Welten bzw. Zeitalter nacheinander vorangingen und jeweils durch eine Katastrophe endeten. In jedem Zeitalter opferte sich ein Gott und wurde zum Herrscher des von ihm erschaffenen Zeitalters bzw. dieser »Sonne«. Ebenso dominiert in jedem Zeitalter ein Element bzw. eine Kraft wie Wasser, Wind, Feuer, Erde und Bewegung, durch die das Zeitalter dann auch endet, wie z. B. Überschwemmung oder Feuer.

122 Vgl. dazu Franz Tichy: Codices und ihre Bedeutung für astrologische Vorstellungen und astronomische Erkenntnisse der Mexica und Maya, in: Carmen Arrellano Hoffmann/Peer Schmidt 1997, 243–280.

Das erste Zeitalter, *Vier Jaguar*, wurde von Tezcatlipoca beherrscht und endete damit, dass die Menschen dieses Zeitalters, die Giganten, von Jaguaren gefressen wurden. Das zweite Zeitalter, *Vier Wind*, stand unter der Herrschaft des Windgottes Ehecatl. Es wurde durch Wind zerstört und die Menschen dieses Zeitalters wurden in Affen verwandelt. Die dritte Sonne, *Vier Feuer*, unter dem Regengott Tlaloc, wurde durch Feuerregen beendet und die Menschen wurden zu Schmetterlingen, Hunden und Truthähnen. Die vierte Sonne, *Vier Wasser*, beherrscht von der Wassergöttin Chalchiuhtlicue, endete mit einer Flut und der Verwandlung der Menschen in Fische. Die jetzige fünfte Sonne, *Vier Bewegung*, ist das gegenwärtige Zeitalter und wird vom Sonnengott Tonatiuh beherrscht. Es wird einst sein Ende durch Erdbeben und Hungersnot finden. Die Vorstellung der fünf Weltzeitalter sei hier noch einmal durch folgende Tabelle[123] verdeutlicht:

	Weltzeitalter (Nahuatl)	**Weltzeitalter (Übersetzung)**	**Gottheit**	**Untergang**
1	4 ocelotl	Vier Jaguar	Tezcatlipoca (Gott der Schöpfung und des Bösen)	Jaguare, die die Menschen bzw. Riesen fraßen
2	4 ehecatl	Vier Wind	Quetzalcoatl-Ehecatl (Gott des Windes)	Wind, Menschen wurden in Affen verwandelt
3	4 quiahuitl	Vier Feuer	Tlaloc (Regengott)	Feuerregen, Menschen wurden in Schmetterlinge, Truthähne und Hunde verwandelt
4	4 atl	Vier Wasser	Chalchiuhtlicue (Wassergöttin)	Sintflut, Menschen wurden in Fische verwandelt
5	4 ollin	Vier Bewegung	Tonatiuh (Sonnengott)	Erdbeben

Sahagún überliefert den Mythos von der Entstehung der jetzigen Welt, von den Azteken »fünfte Sonne« genannt. Weil er nicht zuletzt von wesentlicher Bedeutung für das Verständnis der aztekischen Menschenopfer ist, wird er hier ausführlicher zitiert.

123 Die Reihenfolge der Zeitalter ist in verschiedenen Überlieferungen unterschiedlich.

Die Azteken begründeten ihre Opfer damit, dass die Götter sich selbst geopfert hätten, um die *Fünfte Sonne* zu erschaffen. Deshalb sei es nach dem Vorbild der Götter nun die Aufgabe des Menschen, Menschenopfer darzubringen, um diese Welt, das jetzige Zeitalter, zu erhalten und ihren Untergang zu verzögern.

»Man sagt, das während der Nachtzeit, als die Sonne noch nicht schien, als es noch keinen Tag gab, da, heißt es, versammelten sich die Götter an dem Orte, den man Teotihuacán nannte, und richteten das Wort aneinander: ›Kommt doch, ihr Götter! Wer will es übernehmen, wer will es auf sich nehmen zu machen, dass es Sonnenschein gebe, dass es Tag werde?‹ Und siehe, sogleich antwortete er, Tecuciztecatl, an Ort und Stelle bot er sich an und sprach: ›Götter! Wahrlich, *Ich* werde es sein!‹

Und weiter fragten die Götter ›Welcher andere noch?‹ Und gleich sahen sie einander an, erwogen die Lage und richteten aneinander das Wort: ›Wie wird es sein? Wie wird es um uns stehen?‹ Keiner aber erkühnte sich, und jeder dachte: Ein anderer wird sich schon anbieten. Ein jeder Herr fürchtete sich, und wich aus.

Der eine Herr Nanauatzin aber hielt sich dort unter ihnen zurück, der hörte nur zu; und als man mit sich zu Rate ging, riefen ihn alsbald die Götter und sprachen zu ihm: ›Sei du es, kleiner Bubonenmann!‹ […]

Daraufhin fingen die beiden, Tecuciztecatl und Nanauatzin, ungesäumt an, Buße zu tun und vier Tage lang zu fasten. Bald brannte nun auch, nachdem es angelegt worden war, das Feuer dort auf dem Herd, den sie den Herd des Götterfelsens nennen. Was er aber Tecuciztecatl, seinerseits opferte, waren alles wertvolle Sachen: Seine Acxoyatl-Zweige waren kostbare Federn und seine Grasballen waren Gold, seine Agavedornen waren Grünedelgestein, entsprechend waren die mit Blut benetzten, mit Blut bedeckten Korallen; und was sein Räucherwerk betrifft: von ganz eigener Art war das Räucherwerk.

Aber die Acxoyatl-Gabe Nanauatzins wurde nur aus frischen Riedrohren hergestellt, grünen Rohren, zu dritt gebündelt, zuletzt alle neune aneinandergebunden.

Und seine Grasballen, das waren nur Kiefernreiser, und seine Dornen, diese selbst waren auch nur Agavedornen; als er sie aber mit Blut bedeckte, war sein Blut gut. Sein Räucherwerk jedoch war nur, was er von seinen Eiterbeulen an Grind abgehoben hatte.

Jedem von diesen zweien wurde ihr Hügel errichtet, wo sie in Ruhe vier Nächte Buße taten. Heute werden die Hügel Tzacalli genannt, der Hügel der Sonne und der Hügel des Mondes.[124][…]

Als das geschehen und die Mitternacht voll war, umstellten alle Götter ringsum den Herd, der der Götterfels heißt, wo vier Tage lang das Feuer brannte; zu beiden Seiten stellten sie sich ordnungsgemäß auf.

In der Mitte aber führten sie vor und stellten sie jene zwei auf, die Tecuciztecatl und Nanauatzin hießen. Die verharrten still, das Gesicht dem Feuer zugewandt, die stellten sich dem Feuer gegenüber auf. Die Götter aber sprachen nunmehr und richteten das Wort an Tecuciztecatl: ›Oh, nur los, Tecuciztecatl! Stürze dich, wirf dich ins Feuer!‹

Sogleich nun machte er sich fertig, sich ins Feuer zu werfen. Aber die Hitze, die ihm entgegenschlug, war unerträglich, gegen die war nicht anzugehen, sie war nicht auszuhalten; so schrecklich heißt war die Feuerstelle. Mächtig in Flammen stand und hoch gehäuft, hoch geschichtet war die Glut.

Heftig wich er zurück, sprang rückwärts, konnte nicht mehr dagegen angehn, erlahmte viermal, nicht mehr als viermal machte er es so, prüfte seine Kraft; aber immer war es ihm unmöglich, sich ins Feuer zu werfen,

Es bestand da aber eine Abmachung über das ›viermal‹ als Höchstzahl der Versuche. Und als er das ›viermal‹ vollgemacht hatte, riefen die Götter nach Nanauatzin und sprachen zu ihm: ›Nun du! Nun schon du, Nanauatzin! Frisch auf!‹

Nanauatzin nun fasste ein für allemal Mut, überwand sich vollständig, biss herzhaft die Zähne zusammen und schloss fest die Augenlider. Er fürchtete sich ja vor nichts, er blieb nicht stockend stehen, er blieb nicht zurück, er wich nicht nach hinten aus.

Vielmehr stürzte er sich ohne Zögern, warf sich mit Wucht in das Feuer, ging eben in einem einzigen Anlauf los. Sofort brannte er nun, sein Fleisch platzte auf und wurde gebraten. Als aber

124 Gemeint sind die heutigen Sonnen- und Mondpyramiden in Teotihuacán.

Tecuciztecatl sah, dass jener brannte, da endlich warf er sich hinein und verbrannte somit auch. […]

Als nun die zwei Götter auf die genannte Art sich ins Feuer gestürzt hatten, verbrannten sie alsbald.

Gleich streckten sich daraufhin die Götter hin, zu erwarten, von woher wohl Nanauatzin aufgehen würde, der ja als erster ins Feuer gefallen war, damit die Sonne scheine, damit es Tag wird.

Als nun die Sonne endlich aufging und verweilte, war sie wie eine hochrote Farbe, die sich im Bogen hinstreckt. Man konnte ihr nicht ins Gesicht sehen; sie blendete einem die Augen, so sehr glänzte sie, strahlte sie. Nach allen Richtungen reichten ihre Strahlen, und ihre Glutpfeile drangen überallhin.

Danach nun ging zuletzt Tecuciztecatl auf, folgte genau auf sie da, wo der Osten ist, zeigte sich neben der Sonne. So wie sie ins Feuer gestürzt waren, genauso kamen sie herauf, folgte der eine hinter dem anderen.

Als es nun so stand, nachdem also die beiden zusammen aufgegangen waren, konnten sie sich dennoch nicht bewegen, auf keine Weise sich auf den Weg machen, sondern blieben stehen, konnten keinen Entschluss fassen.

Daraufhin sprachen die Götter abermals: ›Wie können wir leben? Sollen wir etwa mit dem gemeinen Volk zusammenleben? Damit also dieser die Sonne verkörpernde Gott durch uns erstarke, lasst uns alle sterben!‹

Gleich machte sich das nun der Wind zur Aufgabe und tötete die Götter. […]

Man sagt aber, dass, wenn auch alle Götter starben, der Sonnengott in Wirklichkeit deshalb doch keineswegs sich bewegte, deshalb durchaus nicht seinen Marsch antrat. Das wurde daher Aufgabe des Windes.

Ein Sturmwind erhob sich, heftig anschwellend stürmte und blies er. Und er war es, der ihn tatsächlich in Bewegung setzte. […]

Aber während er seine Wanderung antrat, blieb der Mond genau da stehen. Als dann aber die Sonne im Begriff war, am Ort ihres Untergangs unterzugehen, da macht sich denn doch der Mond auf.

So kam es, dass sie sich aus dem Wege gingen, sich voneinander entfernten, so dass nun als erste einmal die Sonne aufgeht und einen Tag andauert; der Mond aber bestreitet die Nachtarbeit, übernimmt eine Nacht, arbeitet nachts.«[125]

Ein anderer Schöpfungsmythos[126] erzählt, dass die Götter die Menschen erschaffen wollten, damit sie ihnen dienten. Die Mutter der Götter schickte Xolotl, den hundeköpfigen Gott und das Alter Ego von Quetzalcoatl, als Boten zu Mictlantecuhtli, dem Herrn der Unterwelt, dass er ihm Knochen für die Erschaffung der Menschen übergebe. Xolotl erhielt einen sehr großen Knochen, aber in seiner Eile, aus der Unterwelt zu gelangen, fiel Xolotl hin und der Knochen zerbrach. Er sammelte die Bruchstücke auf und tat sie in ein Gefäß. Jeder Gott gab einen Anteil seines Blutes in dieses Gefäß, und nach vier Tagen enstand ein Junge. Man wiederholte den Vorgang, und vier Tage später entstand ein Mädchen. Xolotl betreute diese Kinder, die die Stammeltern der Menschen wurden.

Hunderte Götter mit vielen Gesichtern

Die Religion der Azteken war wie alle mesoamerikanischen Religionen polytheistisch, sie kannte eine Vielzahl von Gottheiten. Allerdings gab es in bestimmten Kreisen die Tendenz, und das ist die Ausnahme unter den übrigen mesoamerikanischen Glaubenssystemen, eine einzige Gottheit vorrangig zu verehren. Über die Gottheiten der Azteken sind wir durch bildliche Darstellungen in Form von plastischer Kunst oder Malerei in den Bilderhandschriften sowie die Berichte der spanischen und indianischen Chronisten, vor allem Sahagún, gut informiert. Den Gottheiten waren bestimmte Bereiche zugeordnet, für die sie »zuständig« waren. Sie konnten in Tier-, in Mensch- oder in Mensch-Tier-Gestalt, z. B. mit Tierkopf und menschlichem Körper dargestellt werden – ähnlich der Götter im alten Ägypten. Jede Gottheit ist durch bestimmte Symbole gekennzeichnet, die allerdings sehr vielfältig sein können. In der bildlichen Darstellung unterscheiden sich die Gottheiten ferner durch Kleidung, Kopfbedeckung, Schmuck wie Ohrringe, Arm- und Fußbänder etc. und durch

125 Ebd. 39–41.
126 Überliefert von Gerònimo de Mendieta, Historia Eclesiàstica Indiana, Mexico 1997, 181 f.

bestimmte Farben. Solche bildliche Darstellungen der Gottheiten sind vor allem in den Codices überliefert. Sahagún beschreibt zudem ausführlich die Kennzeichen der einzelnen Gottheiten. Von den plastischen Darstellungen haben vergleichsweise wenige Kultbilder die spanische Zerstörung überlebt. Cortés höchstpersönlich war einer der ersten, der solche Bildnisse zerstörte, als er in einem Wutanfall auf eine Statue des Huitzilopochtli in dessen Tempel mit einer Brechstange einschlug und gleichzeitig die Goldmaske einkassierte. Als Kunstwerke waren solche Goldausstattungen der Idole für die Spanier wertlos. Daher sind keine erhalten geblieben, sie wurden zu Goldbarren eingeschmolzen – um so den Abtransport zu erleichtern.

Die wichtigsten Gottheiten der Azteken waren – um nur einige aufzuzählen – der schon ausführlich behandelte Stammes-, Kriegs- und Sonnengott Huitzilopochtli, seine Mutter Coatlicue (Fruchtbarkeitsgöttin) und seine Schwester Coyolxauhqui (Mondgöttin), der Schöpfergott und Kulturbringer Quetzalcoatl, der Regengott Tlaloc und seine Schwester bzw. Frau Chalchiuhtlicue (Wassergöttin), der Schöpfergott und Gott des Bösen Tezcatlipoca sowie die Fruchtbarkeitsgötter Xipe Totec und Xochipilli. Des Weiteren sind zu nennen: der Totengott Mictlantecuhtli, der alte Feuergott Huehueteotl, die junge Maisgöttin Xilonen und der Maisgott Cinteotl, die Erdgöttin Tlazolteotl und der Jagdgott Mixcoatl. Die Azteken übernahmen zudem die fremden Gottheiten der unterworfenen Völker und stellten sogar ihre Kultbilder in den Tempeln von Tenochtitlán auf. Dadurch vergrößerte sich das Pantheon und es gab für einen Zuständigkeitsbereich wie Fruchtbarkeit nicht nur eine, sondern mehrere Gottheiten. Dieses Phänomen findet sich z. B. auch in der römischen Religion (bekannt als *Interpretatio Romana*), in der Gottheiten der eroberten Völker mit den eigenen römischen, die einen ähnlichen Zuständigkeitsbereich hatten, gleichgesetzt wurden.[127]

Andererseits konnte ein Gott in verschiedenen Erscheinungen auftreten und verschiedene Zuständigkeits- und Funktionsbereiche haben: So konnte der Schöpfergott Quetzalcoatl auch als Windgott Ehecatl bzw. Quetzalcoatl-Ehecatl auftreten. Er war

127 So wurde der keltische Kriegsgott Lenus mit dem römischen Kriegsgott Mars als Lenus-Mars gleichgesetzt.

andererseits so eng mit seinem Zwillingsbruder, dem hundegestaltigen Gott Xolotl, verbunden, dass er mit diesem ebenfalls gleichgesetzt wurde. Quetzalcoatl galt zudem als Abbild von Tezcatlipoca (»Rauchender Spiegel«), andererseits war Tezcatlipoca aber als zerstörerischer Gott auch eine Kontrastgestalt bzw. der Gegner des Gottes Quetzalcoatl. Auch dieses Phänomen ist in der Religionsgeschichte nicht unbekannt. So können z. B. im Hinduismus Gottheiten verschiedene Erscheinungsformen haben.[128] Auch hinter der Idee der Dreifaltigkeit Gottes im Christentum steht letztlich die Vorstellung von drei Personen (Hypostasen) bzw. Verwirklichungsweisen des christlichen Gottes, auch wenn dabei die Wesenseinheit (»Dreieinigkeit«) betont wird.

Wie kompliziert die Beziehungsverhältnisse zwischen den einzelnen Gottheiten waren, sei hier nur kurz und vereinfacht angedeutet: Nach aztekischem Glauben stand am Anfang der Welt und der Götter das Schöpferpaar Ometecuhtli (»Zwei Herr«) und Omecihuatl (»Zwei Frau«), die jeweils den männlichen und den weiblichen Aspekt der Schöpfung symbolisieren. Im religiösen Alltagsleben spielte dieses Schöpferpaar kaum eine Rolle, viel wichtiger waren dort ihre vier Söhne, denen sie die Aufgabe überlassen hatten, alle anderen Gottheiten und die Menschen zu erschaffen. Diese vier Söhne waren der aztekische Stammesgott Huitzilopochtli, der Schöpfergott Quetzalcoatl, der Regengott Tlaloc und der Fruchtbarkeitsgott Xipe Totec. Diese Götter wiederum wurden mit einem bestimmten Aspekt bzw. einer bestimmten Farbe des Gottes Tezcatlipoca identifiziert bzw. waren dessen Verkörperung. So stand Xipe Totec für den Roten, Huitzilopochtli für den Blauen Tezcatlipoca, Quetzalcoatl war der Weiße und Tlaloc der Schwarze Tezcatlipoca. Gleichzeitig waren diese vier Gottheiten mit den vier Himmelsrichtungen verbunden: Xipe Totec/Roter Tezcatlipoca mit dem Osten, Huitzilopochtli/Blauer Tezcatlipoca mit dem Süden, Quetzalcoatl/Weißer Tezcatlipoca mit dem Westen und Tlaloc/Schwarzer Tezcatlipoca mit dem Norden.

Außerdem konnten die aztekischen Gottheiten nicht nur in menschlicher, sondern auch in der Gestalt eines Tieres sowie in

128 Der Gott Vishnu tritt in zehn Avataras auf, wie z. B. Fisch, Schildkröte, Rama oder Krishna.

Mensch-Tiergestalt auftreten. Umgekehrt wurde bestimmten Tieren eine sakrale bzw. heilige Bedeutung zugeschrieben. Ein Blick auf die Religionsgeschichte zeigt, dass dieses Phänomen weltweit und zu allen Zeiten vorkommt, sowohl bei sog. Naturvölkern als auch in Hochkulturen. Tiere werden als Träger oder Repräsentanten sakraler bzw. göttlicher Macht verehrt aufgrund bestimmter Eigenschaften wie z. B. ihrer Stärke, Gefährlichkeit oder Fruchtbarkeit oder auch aufgrund ihrer wirtschaftlichen Bedeutung, Fremdheit oder Vertrautheit für den Menschen. Beispiele für die Verehrung tiergestaltiger Gottheiten in den Hochreligionen sind neben den mesoamerikanischen Kulturen vor allem das Alte Ägypten oder der heutige Hinduismus.

Schon oft wurde versucht, die Vielfalt der aztekischen Götterwelt durch eine Systematik übersichtlich und somit verständlich zu machen. Bekannt und plausibel ist die Systematik des Altamerikanisten Henry B. Nicholson, der versuchte, insgesamt 126 Götter in zwei Gruppen mit einem bestimmten Ideen- bzw. Funktionsbereich zu ordnen. Danach gehören diese Gottheiten hauptsächlich entweder zum Bereich Krieg-Opfer-Ernährung oder zum Bereich Feuchtigkeit-Regen-Vegetation-Fruchtbarkeit. Während der Bereich der kriegerischen Gottheiten vor allem durch Huitzilopochtli und Tezcatlipoca geprägt ist und von der adligen Oberschicht und den Kriegern verehrt wurde, war der Bereich Feuchtigkeit-Regen-Vegetation-Fruchtbarkeit durch die Fruchtbarkeitsgottheiten, allen voran den Regengott Tlaloc, geprägt. Sie wurden besonders von der bäuerlichen Bevölkerung verehrt. Diese Einteilung sei auch deutlich am Templo Mayor erkennbar, dem Haupttempel in Tenochtitlán, der aus einem Tempel für Huitzilopochtli und einem Tempel für Tlaloc bestand: Huitzilopochtli, der Stammes- und Kriegsgott der Azteken, symbolisierte den Bereich Krieg-Opfer-Ernährung und der Regengott Tlaloc den Bereich Feuchtigkeit-Regen-Vegetation-Fruchtbarkeit.

Im Folgenden ein Überblick (in alphabetischer Reihenfolge) über die wichtigsten Gottheiten der Azteken. Häufig finden sich dabei die Namensendungen *teotl* oder *tecuhtli*. Das Nahuatl-Wort *teotl* bedeutet »Gott« und bezeichnet vor allem die Gottheiten des Himmels. Das Nahuatl-Wort *tecuhtli* bedeutet »Herr« und ist häufig dem Namensende der Gottheiten der Erde und der Unterwelt beigefügt. Tecuhtli entspricht aber auch wie im Deutschen der Anrede »Herr« z. B. gegenüber dem Herrscher.

Name	**Übersetzung**	**Charakteristik**	**Funktionsbereich**	**Darstellung**
Chalchiuhtlicue	»die mit dem Jaderock«	Wasser- und Fruchtbarkeitsgöttin	Meer und Gewässer, Schwester (oder Frau) des Tlaloc	mit einem Jade geschmückten Kleid
Cinteotl	»Maisgott«	Maisgott	Fruchtbarkeit des Maises	als junger Mann mit Mais in seinem Haar
Coatlicue	»die mit dem Schlangenrock«	Erd- und Fruchtbarkeitsgöttin	Mutter des Huitzilopochtli und anderer Götter	mit Schlangenrock
Coyolxauhqui	»die mit Glocken bemalt ist«	Mondgöttin	Halbschwester des Huitzilopochtli, böse Zauberin, die von Huitzilopochtli enthauptet und zerstückelt wurde	mit Glocken an den Wangen
Ehecatl	»Wind«	Windgott	eine Erscheinungsform des Quetzalcoatl	mit schnabelförmigem Mund
Huehueteotl	»alter Gott«	Feuergott	Feuer	als alter, buckliger, zahnloser Gott mit einem Räucherbecken auf dem Kopf
Huitzilopochtli	»Kolibri des Südens«	Stammesgott der Azteken	Krieg, Sonne	mit Kolibri-Kopfschmuck, Spiegel und Schlangenfuß
Mictlantecuhtli	»Herr der Toten«	Totengott	Herrscher der Unterwelt bzw. des Totenreiches (Mictlan)	als Skelett
Mixcoatl	»Wolkenschlange«	Jagdgottheit	Jagd, Himmel, symbolisiert Wolken und Milchstraße	mit Hirsch- oder Hasengesicht, mit schwarzer Maske oder als Wolke
Ometecuhtli / Omecihuatl	»Zwei Herr« / »Zwei Frau«	Schöpfergottheiten	Schöpferpaar, von dem die Götter abstammen und die die Welt und Menschen erschufen	ohne bildliche Darstellung

Quetzal-coatl	»Feder-schlange«	Schöpfer-gott und Kultur-heros	Leben, Wind, Kultur; erschuf die Menschen, erfand die Landwirtschaft und das Handwerk	als gefiederte Schlange oder Mensch mit konischem Hut
Tezcatli-poca	»rau-chender Spiegel«	Schutz-gott der Zauberer und Bösen	Verkörpert als Zwillingsbruder von Quetzalcoatl dessen negative Aspekte: das Böse, Tod, Nacht, Zerstörung, Schicksal	als Jaguar oder als Mensch mit einem Spiegel vor der Brust und einem Spiegel oder einer Schlange anstelle eines Fußes
Tlaloc	»der, welcher wachsen lässt«	Regengott	Regen (einschließlich der negativen Aspekte), Fruchtbarkeit, Dürre	mit brillenähnlich umrandeten Augen und raubtierähnlichem Mund
Tlazolteotl	»Göttin des Schmutzes«	Erd- und Frucht-barkeits-göttin	Erde, Schmutz, Sinnenlust, Liebe, Geburt, Reinigung (man legte am Ende seines Lebens eine Beichte vor ihr ab)	als Gebärende
Tonatiuh	»Sonne«	Sonnen-gott	Sonne	als Sonne oder als Mensch mit Sonnenscheibe auf dem Rücken
Xilonen	»junge Mais-kolben-Puppe«	Mais-göttin	junge Maispflanzen	mit großem Kopftuch und Mais in der Hand
Xipe Totec	»unser Herr, der Geschundene«	Frucht-barkeits-gott	Vegetation, Fruchtbarkeit, Frühling, Gegensatz und Übergang, Schutzgottheit der Goldschmiede	bekleidet mit der Haut der ihm geopferten Menschen
Xochipilli	»Blumen-prinz«	Frucht-barkeits-gott	Frühling, Blumen, Liebe, Tanz, Spiel, Musik und Gesang, Mais	als junger Gott

Im Folgenden sollen die fünf wichtigsten Gottheiten beispielhaft näher dargestellt werden:

Huitzilopochtli war der Stammes- und Kriegsgott der Azteken. Sein Name setzt sich zusammen aus *huitzitzilin* (= »Kolibri«) und *opochtli* (= »links«). Da der »Süden« als linke Seite gilt, interpretiert man *opochtli* auch als »südlich« bzw. »Süden« und übersetzt daher »Huitzilopochtli« als »Kolibri des Südens«, eine Übersetzung, die kontrovers diskutiert wird.[129] Entsprechend wurde der Gott mit einem Kolibri-Kopfschmuck oder mit einem Gesicht im Schnabel eines Kolibris in den Bilderhandschriften dargestellt. Wie Tezcatlipoca, vielleicht von dieser Gottheit übernommen, hat auch er einen Spiegel- und einen Schlangenfuß. Sahagún spricht von einer »Türkisschlangenverkleidung«[130], die er trägt.

Huitzilopochtli ist eine vielschichtige und vielfältige, numinose Gestalt, was wohl nicht zuletzt durch die Entwicklungsgeschichte und damit verbundene Änderungen zu erklären ist. Er fungiert vor allem als Stammesgott der Azteken und Gott des Krieges, wie Sahagún ihn beschreibt: »Er schafft den Krieg, er stellt die Krieger auf, er befehligt die Krieger. [...] Und wenn ihm ein Fest gefeiert wurde, wurden Gefangene geopfert [...].«[131] Huitzilopochtli war es, der den Azteken den Auszug aus ihrer ursprünglichen Heimat befohlen hatte, sie dann auf der Wanderung bis zu ihrem Zielort führte und die Gründung von Tenochtitlán befahl.[132]

Der Mythos von seiner Geburt, seinem Kampf mit seinen Geschwistern und dem Sieg über seine Schwester Coyolxauhqui war für das Selbstverständnis der Azteken sowie für die Menschenopfer im Templo Mayor von immenser Bedeutung, weil bei diesen Opfern der Mythos kultisch nachvollzogen und somit lebendige Realität wurde. Huitzilopochtli, so heißt es in dem von Sahagún überlieferten Mythos, »[...] hatte seine Herkunft und seinen Ursprung auf dem Berg Coatepec, dem Schlangenberg, der in der Richtung nach Tula liegt. Eines Tages besuchte den Berg eine dort wohnende Frau namens Coatlicue (die mit dem Schlangenkleid), die Mutter der Centzonuitznaua (400 Südlichen)[133] und ihrer älteren Schwester, ›der mit Schellen Bemalten‹.

129 Vgl. dazu Ulrich Köhler, 47–70, der diese Übersetzung dahingehend korrigieren möchte, dass er »links« dem Norden oder überhaupt keiner Himmelsrichtung zuordnet.

130 Bernardino de Sahagún 1927, 1.

131 Ebd.

132 Vgl. dazu auch S. 58 f.

133 Im Folgenden wird das von Seler verwendete Nahuatl-Wort *Centzonuitznaua* der besseren Lesbarkeit wegen in der deutschen Übersetzung durch »400

Und die Coatlicue diente dem Gott, fegte den Boden, übte sorgfältig das Fegen des Bodens aus. Sie diente dem Gott auf dem ›Schlangenberge‹. Und einmal, als Coatlicue den Boden fegte, kamen Federn auf sie herab, wie ein Federball. Da ergriff Coatlicue diesen schnell, streckte ihn in ihren Bauch (Kleiderfalten). Und als sie mit dem Fegen fertig war, wollte sie die Federn holen, die sie in den Bauch gesteckt hatte, sah (fand) aber nichts mehr von ihnen. Da wurde Coatlicue schwanger. Und als die 400 Südlichen sahen, dass ihre Mutter schwanger war, wurden sie sehr zornig. Sie sprachen: ›Wer hat ihr das (Kind) gemacht? Wer hat sie schwanger gemacht? Sie hat Scham und Schande auf uns gebracht!‹ Und ihre ältere Schwester, Coyolxauhqui, sprach zu ihnen: ›Meine [...] Brüder! Sie hat Schande über uns gebracht! Lasst uns unsere Mutter töten! Die Verbrecherin, die schwanger geworden ist! Wer hat ihr das Kind gemacht, das in ihrem Bauch ist?‹

Und als die Coatlicue das erfuhr, fürchtete sie sich sehr, war sehr bedrückt. Und ihr Kind, das in ihrem Bauche war, tröstete sie und redete zu ihr: ›Fürchte dich nicht. Ich weiß schon, was zu tun ist.‹ Als die Coatlicue hörte die Rede ihres Kindes, tröstete sie sich sehr, beruhigte sich im Herzen, beruhigte sie sich in jeder Weise.

Und danach, nachdem die 400 Südlichen sich geeinigt hatten, übereingekommen waren, ihre Mutter zu töten, weil sie Schande über sie gebracht hatte, machten sie sich stark (fassten sie gewaltigen Mut), sie waren sehr zornig, ihr Herz geriet gleichsam außer sich (außer Rand und Band). Coyolxauhqui hetzte sie auf, erregte ihren Zorn, den ihrer älteren Brüder, indem sie sagte: ›Sie möge sterben, ihre Mutter!‹ Und die 400 Südlichen machen sich fertig, rüsten sich zum Krieg. Und die 400 Südlichen hatten den Rang (oder die Kleidung) von Häuptlingen, umwickelten mit Riemen ihr Haar und Scheitelhaar.

Und einer namens Quauitl ycac (der aufrechte Baum) brachte die Nachrichten nach beiden Seiten. Was die 400 Südlichen sagten, hinterbrachte er Huitzilopochtli, teilte es ihm mit. Und Huitzilopochtli sprach zu Quauitl ycac: ›Unterrichte dich genau, mein Onkel! Schau scharf aus, ich weiß schon, was zu tun ist.‹ Und

Südliche« ersetzt.

nachdem sie übereingekommen waren, sie sich geeinigt hatten, ihre Mutter zu töten und auszurotten, setzten sie sich in Bewegung, voran geht Coyolxauhqui, mutig, das Ziel im Auge, zum Kriege gerüstet. […]

Und der Quauitl ycac steigt schleunigst den Berg in die Höhe, um Huitzilopochtli zu benachrichtigen. […]

Darauf wurde Huitzilopochtli geboren, seine Tracht und sein Ausputz hat er sogleich bei sich: sein Schild Teueuelli und sein Speer und sein blaues Wurfbrett Xiutlatl (das Türkis-Wurfbrett) und seine quergestreifte Gesichtsbemalung, sein Kinderschmutz, ›die Kinder-Gesichtsbemalung‹, mit Federn beklebt an der Stirn und an den Ohren, und an dem einen dünnen Fuße, dem Linken, hat er die Sohle mit Federn beklebt und beide Oberschenkel mit blauen Streifen beide Oberarme.

Und einer namens Tochtancaqui, ›unser Diener‹, setzt die Türkisschlange in Brand, auf Befehl Huitzilopochtlis. Darauf zerschmettert er die Coyolxauhqui. Darauf schnitt er ihr schnell den Kopf ab, ihr Kopf blieb dort zurück am Rande des Schlangenberges, und ihr Leib fiel herunter, zerfiel in verschiedene kleine Stücke. An gesonderte Stelle fiel ihre Hand, ihr Fuß, ihr Leib. Und darauf erhebt sich Huitzilopochtli, verfolgt sie, bricht in ihre Reihen, jagt sie hinab, zerstreut sie, die 400 Südlichen, auf dem Gipfel des Schlangenberges. Und nachdem er sie herunter, an den Fuß (des Berges) getrieben hat, verfolgt er sie, jagt sie rund um den Schlangenberg, viermal jagt er sie herum, jagt er sie; vergebens rasseln sie ihn an mit ihren Rasseln, vergebens wenden sie die Schellen an, schlagen sie (zur Abwehr gegen ihn) auf ihre Schilde, sie konnten nichts mehr machen, nichts mehr tun, konnten sich nicht mehr gegen ihn verteidigen. Huitzilopochtli hetzt sie, schlägt sie in die Flucht, vernichtet sie, zerstört sie, bringt sie zur völligen Auflösung. Und da er sie nicht mehr loslässt, sich ganz und gar an sie anhängt, bitten sie ihn sehr, sprechen sie zu ihm: ›Es ist genug!‹ Und Huitzilopochtli besänftigt sich nicht, stürmt immer wieder aufs Neue auf sie ein, verfolgt sie. Und nur sehr wenige retteten sich vor ihm, entrannen seinen Händen. Sie gingen nach dem Süden. Diese (Gegend) ist Süden genannt, weil dorthin die 400 Südlichen gingen, die wenigen, die den Händen Huitzilopochtlis entrannen.

Und nachdem er sie getötet hatte, seinen Grimm gesättigt hatte, nahm er ihnen ihre Habe, ihren Ausputz, die Nesseldecke, legte sie sich an, eignete sie sich an, nahm sie als seinen Anteil, nahm sie gewissermaßen für sich als Zeichen.«[134]

Quetzalcoatl war in ganz Mesoamerika eine der wichtigsten Gottheiten. Der aztekische Name setzt sich zusammen aus *quetzal* (= »Quetzalvogel« bzw. »Feder des Quetzal«) und *coatl* (= »Schlange«) und wird dementsprechend als »Gefiederte Schlange« oder »Federschlange« übersetzt. Die Darstellung einer gefiederten Schlange kommt schon bei den Olmeken vor, häufiger aber seit der klassischen Zeit in Teotihuacán. Eine besondere Verehrung wurde Quetzalcoatl in der Religion der Tolteken zuteil. Die Azteken traten hierin deren Erbe an.

Der Gott ist aufgrund der Vielfalt seiner Bereiche, Funktionen und Erscheinungen nicht einfach einzuordnen. Primär war er Schöpfergott sowie Kulturheros, der die Menschen erschuf und die Landwirtschaft, Handwerk und Kalender erfand und die politische Macht bzw. die Herrscher legitimierte. Ihm verdanken die Menschen somit ihre Kultur. Dementsprechend war er für die Bereiche Schöpfung, Leben und Kultur zuständig. Aber er konnte auch als Windgott Ehecatl oder als Morgensterngottheit Tlahuizcalpantecuhtli auftreten und stand in Beziehung zu seinem *Nahualli* bzw. »Alter Ego« Xolotl, dem hundeköpfigen, mit den Bereichen Unterwelt und Tod in Verbindung stehenden Gott, sowie mit seinem Gegenspieler Tezcatlipoca. In der Gestalt der gefiederten Schlange sind die zwei Bereiche der Erde und des Himmels verbunden: die Schlange steht für den Bereich der Erde, die Vogelfedern für den Himmel. Entsprechend ist die gefiederte Schlange mit der Landwirtschaft, der Erde und ihrer Früchte, vor allem mit dem Mais, aber auch mit der Unterwelt verbunden. Ebenso sind Wind, Kalender und Kosmos Bereiche der gefiederten Schlange.

In der klassischen Zeit in Teotihuacán treten erstmals Darstellungen der gefiederten Schlange auf, wie z. B. am Tempel des Quetzalcoatl und auf Wandmalereien. In der nachklassischen Zeit, in Xochicalco, Tula und Chichén Itzá, wurde Quetzalcoatl

134 Bernardino de Sahagún 1927, 253–258.

zum dominierenden Motiv auf Tempelreliefs, als Skulptur wie z. B. in Form der erwähnten Atlanten oder als Einrahmung für Tempelaufgänge. Dargestellt wird Quetzalcoatl oft als gefiederte Schlange und bei den Tolteken in Tula in der nachklassischen Zeit erstmals auch in menschlicher Gestalt. Auch die aztekischen Codices zeigen ihn als Mensch mit einer konischen, hutartigen Kopfbedeckung. In anderen Codices (z. B. *Codex Florentino* und *Magliabechiano*) wird Quetzalcoatl dagegen mit Tierkopf oder als Ehecatl mit schnabelartigem Gesicht (z. B. *Codex Vaticano A*, *Codex Botonico* oder *Codex Vienna*) dargestellt. Es sind viele aztekische Skulpturen aus Stein erhalten, die eine zusammengerollte, Quetzalcoatl symbolisierende Klapperschlange mit gefiedertem Körper sowie geöffnetem Maul darstellen. Bei einigen dieser Skulpturen erscheint das menschliche Gesicht des Gottes aus dem Maul der Schlange.

Tezcatlipoca (= »rauchender Spiegel«, »Spiegelrauch«), benannt nach seinem Attribut, einem Spiegel, mit dem er als Gott des Schicksals, als Gott der Herrscher, Zauberer und Krieger, in die Zukunft schaut. Dargestellt wird er meist mit einem Opfermesser aus Obsidian, bekleidet mit einem Jaguarfell, einem Spiegel auf der Brust und mit einem Schlangenfuß. Denn nach einem bestimmten Schöpfungsmythos hatte Tezcatlipoca seinen Fuß im Kampf mit dem Erdungeheuer verloren. Das ihm zugeordnete Tier war der Jaguar und entsprechend war er der Patron des Tageszeichens *Eins Jaguar*. Er war der Gott des ersten Weltzeitalters, *Vier Jaguar*, der von Quetzalcoatl, dem Gott der zweiten Sonne des Wassers, besiegt wurde und von ihm in einen Jaguar verwandelt wurde. Tezcatlipoca wiederum konnte Quetzalcoatl besiegen und das zweite Zeitalter beenden. Dieser Dualismus und Kampf zwischen Tezcatlipoca und Quetzalcoatl schlägt sich auch in den Mythen von Tula nieder. Letztlich ist dies die Polarität zwischen Erde und Wind bzw. Materie und Geist.[135]

Die Informanten Sahagúns berichteten über ihn: »Der Tetzcatlipoca genannte Gott, sagen sie, war Herr des Himmels und der Erde, diese alle schuf er (war imstande sie zu schaffen), und er gibt den Menschen alles, was die Menschen brauchen, wovon sie

135 So sehen es Mary Miller / Karl Traube 1993, 164 f.

leben (essen), wovon sie trinken, und dieser Tetzcatlipoca, sagen sie, war unsichtbar, wie Nacht und Wind. Wenn er bisweilen mit jemandem sprach, sprach er wie ein Schatten. Er kennt das Innere des Menschen, darum wurde er sehr angerufen. Man sprach zu ihm: ›O du Herr des Mit und Bei, durch dessen Gnade alles lebt, o Tetzcatlipoca, erbarme dich meiner, gib mir was ich brauche, wovon ich leben kann, wodurch ich erstarken kann, deine Süße, deine Freude. [...] Und Tetzcatlipoca, sagen sie, gab auch den Menschen Armut und Elend (Unglück) und fügte den Leuten etwas zu, bewarf sie mit Krankheiten, den großen gefährlichen: mit Aussatz, Syphilis, Knieverschleimung, Krebs, Hautkrankheiten, Geschwüren [...].Und wenn er den Leuten eine Krankheit anheftete, dann war er beleidigt, wenn einer sein Gelübde, sein Versprechen nicht erfüllt hatte und gegen das Fasten sich vergangen hatte; wenn ein Mann bei einer Frau geschlafen, oder eine Frau bei einem Mann geschlafen, oder in anderer Weise das Fasten gebrochen worden war.«[136]

»Er wohnte (wandelte) überall, in der Unterwelt, auf der Erde und im Himmel. Wenn er auf der Erde weilte (wandelte), erweckte er Misshelligkeiten und Zwietracht und brachte Unglück auf die Leute. [...] Alles Böse, was über die Menschen kam, schuf er, brachte es herab, ließ er ankommen, ließ er die Menschen empfangen. Er trieb sein Spiel mit den Leuten. Und bisweilen gab er den Leuten Reichtum und Habe, Kriegerrang, Häuptlingsrang, Fürstenrang, Königswürde, Prinzenrang, Ehrenstellung.«[137]

Xipe Totec (= »unser Herr, der Geschundene«) war wohl ursprünglich eine Gottheit der Zapoteken, der dann von den Azteken übernommen wurde. Er wurde meistens als Mensch dargestellt, der enganliegend die Haut eines Geopferten trägt – am Rücken mit einer Naht versehen mit Ausnahme der Hände, die wie lose Handschuhe an den Händen baumeln. An seinem Fest, dem »Menschenschinden«, trugen etliche ihm zu Ehren eine solche echte Menschenhaut. Diesem Gott war ein besonderer Tempel (*toteco*) im Tempelbezirk von Tenochtitlán geweiht.

136 Bernardino de Sahagún 1927, 264 f.
137 Ebd. 9.

»Als sein Amt galt […], dass er den Leuten anwarf, anhexte, ihnen gab die Pustelkrankheit (Beulenkrankheit), eiternde Wunde, Krätze, Augenkrankheit […]. Wenn auf einen von uns Männern eine dieser Krankheiten gefallen ist, gelobte er vor ihm (dem Gotte), dass er seine (des Gottes) Haut anziehen werde […], wenn sein Feste gefeiert werde, das man ›Menschenschinden‹ nennt. Sie laufen, sie verfolgen, in großer Zahl erscheinen sie am Platz. Alle tragen sie die Haut, triefend von Fett, rieselnd von Blut, über und über besudelt, dass die ihnen Folgenden darüber erschrecken. […] Aber die Abbilder Xipes gehen überall in die Häuser hinein, es wird gebettelt, man setzt sie auf Kissen von Zapoteblättern, macht ihnen eine Halskette von Maiskolben und Schultergirlanden von Blumen, bekränzt sie mit Blumen und gibt ihnen Wein zu trinken.«[138]

»Er schneidet ihm die Brust auf, reißt ihm das Herz heraus«[139] – Menschenopfer der Azteken

»Gleich nach ihrem Sieg schleppten die Mexikaner […] sämtliche Spanier, deren sie tot oder lebendig habhaft geworden waren, nach Tlatelolco, zogen ihnen angesichts ihrer Gefährten oben auf den Türmen der Tempel ihre Kleider aus und opferten sie, wobei sie die Brust öffneten und das blutende Herz herausrissen, um es ihren Götzen darzubieten. Die Spanier von Alvarados Lager konnten von ihrem Kampfplatz aus die nackten und weißen Körper der Opfer erblicken.«[140] Diese Beschreibung des Eroberers Cortés gilt als der erste europäische »Augenzeugenbericht« der aztekischen Menschenopfer. Díaz del Castillo berichtet darüber ausführlicher: »Entsetzlicher noch, was wir mit unsren eigenen Augen sehen mussten. Wir waren Zeugen, wie die Mexikaner unsere unglücklichen Kameraden ihren Götzen opferten. Wir sahen deutlich die Plattform, auf der die Kapellen mit den verfluchten Götzen standen, wir sahen, wie sie einigen der Spanier die Köpfe mit Federn schmückten, wir sahen, wie sie vor dem Kriegsgott tanzen

138 Bernardino de Sahagún 1927, 19 f.
139 Ebd. 71.
140 Hernán Cortés 1980, 212.

mussten, wir sahen, wie sie auf einen großen Stein gelegt wurden, wie man ihnen mit Obsidianmessern die Brust aufschlitzte, die noch zuckenden Herzen herausriss und sie den Götzen opferte. Das alles mussten wir mit ansehen. Wir sahen, wie sie die Leichen der unglücklichen Schlachtopfer bei den Füßen packten und die Stufen des Tempels hinunterwarfen, wie andere Henkersknechte sie unten in Empfang nahmen, Arme, Beine und Köpfe von den Leibern trennten, die Gesichtshäute zum Gerben abzogen, wie sie das übrige Fleisch abtrennten, um es später aufzufressen. Nur die Eingeweide wurden in die Menagerien gebracht und den Tigern, den Löwen, den Ottern und Schlangen vorgeworfen.«[141]

Fake News oder Wahrheit? Sind dies wirklich historisch korrekte Augenzeugenberichte? Daran ist mit Recht zu zweifeln, denn sowohl Cortés als auch Díaz del Castillo befanden sich zum Zeitpunkt der geschilderten Opferung, die im Tempelbezirk von Tlatelolco stattfand, am circa sieben Kilometer entfernten Ufer der Stadt (nahe dem heutigen Tacuba).[142] Es sind daher keine Augenzeugenberichte, sondern Beschreibungen, die durch die fantasievolle Vorstellungskraft der beiden Autoren geprägt sind und dazu dienten, die Azteken als grausame Barbaren darzustellen und somit die Eroberung zu rechtfertigen.

Jedenfalls sind es genau diese Berichte, die dafür sorgen, dass die aztekische Kultur bis heute vor allem durch ihre angeblich grausamen und blutigen Menschenopfer bekannt und populär ist. Die Azteken brachten ihren Gottheiten als Opfergaben ebenso Speisen, Blumen, Früchte, Rebhühner, Hunde oder auch Kopalharz dar. Aber im Fokus des Interesses sind und bleiben die Menschenopfer.

Um es gleich vorweg zu nehmen: Die Tatsache der Menschenopfer bei den Azteken ist sicher nicht anzuzweifeln, wohl aber die hohe Zahl derselben. So sollen anlässlich der Einweihung des Templo Mayor unter dem Aztekenherrscher Ahuitzotl 80 400 Menschen in vier Tagen geopfert worden sein: »In diesem (Jahre) [1487, Anm. d. Autorin] wurde feierlich eingeweiht in Tenochtitlán das Haus (der Tempel) Huitzilopochtli's. […]. Und die, mit denen

141 Bernal Díaz del Castillo 2017, 411 f.
142 Vgl. dazu ausführlich Peter Hassler 1992.

die Einweihung vollzogen wurde, waren (Kriegs-)gefangene, die starben (geopfert wurden). Hier werden aufgezählt alle die (betreffenden) Gemeinwesen:

Tzapoteca starben	2 x 8000	(= 16.000)
Tlappaneca starben	3 x 8000	(= 24.000)
Huexotzinca starben	2 x 8000	(= 16.000)
Tziuhcohuaca starben	3 x 8000	
	Und 400	(= 24.400)

Mit eingerechnet die, welche Leute von Cozcaquautenanco, Leute von Mictlanquauhtla waren […]. So zusammengezählt sind alle Gefangenen 10 x 8000 dazu 400 (= 80.400).«[143] Vor allem diese Stelle mit der Angabe einer übertrieben hohen Opferanzahl führte zu dem Klischee der vielen Menschenopfer in der aztekischen Kultur. Aber es ist offensichtlich, dass dies nur eine formale und entsprechend extrem übertriebene Zahlenangabe ist. Reeller ist es, wenn man bei diesen Angaben einige Nullen streicht. Dafür nennt der Altamerikanist Wolfgang Haberland mehrere Gründe: Zunächst hätte die hohe Zahl von Opfern eine beträchtliche Reduzierung der Bevölkerung der beherrschten Gebiete und somit auch einen Ausfall von Tributen für die Azteken bedeutet. Zum anderen wäre die Gefangennahme einer solchen Unmenge von Kriegern und deren Opferung ein logistisches Problem gewesen. Wenn man für die Opferung eines Gefangenen zwei Minuten ansetzt, dann wären es in einer Stunde 30 Opfer und in 12 Stunden bzw. an einem Tag 360 Opfer. Selbst bei einer Minute pro Opfer, also dem Doppelten, käme man »nur« auf 720 Opfer pro Tag – in vier Tagen auf 2180. Um die unwahrscheinliche Zahl in vier Tagen zu erreichen, hätten pro Minute 28 Menschen geopfert werden müssen und es hätten 37 Gruppen mit jeweils fünf Priestern in

143 Walter Lehmann [2]1974, 277. Schon Lehmann selbst weist darauf hin, dass diese Zahlen »unzweifelhaft außerordentlich übertrieben« sind. »Erscheint es schon an und für sich ganz unmöglich, aus den oben genannten Ortschaften über 80000 Menschen gefangen zu nehmen, da die Zahl der Soldaten in Kriegen eine weit niedrigere war, so ist gar das Schlachten so ungeheuer vieler Menschenopfer bei beschränkter Priesterzahl vollends ausgeschlossen. Ein Opferoberpriester hätte bei ununterbrochener Abschlachtung von über 80000 Menschen – jede Minute ein Opfer gerechnet – fast 56 Tage gebraucht. Wenn man die Opferdauer erhöht, wächst die Zahl der erforderlichen Tage in immer Unwahrscheinlicheres an.« (Ebd. Anm. 2)

Aktion sein müssen. Die maßlose Übertreibung bei der Angabe der Opferzahlen ist mit Polemik und Propaganda der Spanier zu erklären: Die spanischen Eroberer versuchten, die extreme Grausamkeit der Azteken zu veranschaulichen und zu belegen, um sich eine plausible Begründung und Rechtfertigung für ihre Eroberung und ein rücksichtsloses Vorgehen gegen die Indios zu verschaffen.

Menschenopfer sind weltweit und vor allem in Hochkulturen kein seltenes Phänomen in der Religionsgeschichte und insofern keine Besonderheit der aztekischen Religion. So wird in Indien noch heute vereinzelt und insgeheim die Witwenverbrennung (*Sati*) praktiziert, bei der die Witwe ihrem verstorbenen Mann in den Tod folgt – auch wenn diese Art von Menschenopfer seit 1830 offiziell verboten ist. Selbst im Alten Testament wird berichtet, dass es im alten Israel Menschenopfer gab. Am bekanntesten ist die Geschichte von Abraham, der bereit ist auf Anweisung Gottes seinen Sohn Isaak zu opfern. Dies wird im letzten Moment verhindert und Abraham opfert stattdessen eine Ziege (vgl. Gen 22). Die Gründe und Anlässe für die Menschenopfer als universales Phänomen in der Religionsgeschichte sind verschieden: z. B. als Bitt- oder Dankopfer, zur Sicherung der Ernte bis hin zum Erhalt von Gesellschaft und Kosmos wie im Fall der Azteken oder als Grabbeigaben. Und zwischen der aztekischen Idee, dass die Götter sich selber opfern, damit die Welt entsteht und erhalten wird und der christlichen Vorstellung vom Opfertod Christi zwecks Erlösung der Welt sowie vor allem dem Märtyrertod als ehren- und verdienstvoller Nachfolge des Kreuzesleidens Christi gibt es auf symbolischer und phänomenologischer Ebene eine gewisse Nähe und Vergleichbarkeit – trotz aller sonstigen Unterschiede des kulturellen und religiösen Kontextes. Dasselbe gilt auch für die Idee, die hinter der christlichen Eucharistiefeier und dem rituellen Verzehr[144] des die Gottheit repräsentierenden Geopferten bei den Azteken steht: die symbolische Aufnahme der Gottheit und die dadurch ermöglichte Teilhabe an ihrer Präsenz und Kraft durch ein kultisches Mahl. Auch in der Geschichte der

144 Vgl. die im Mittelalter aufkommende christliche Vorstellung von der konsekrierten Hostie als essbarem Leib Gottes, s. Anselm Schubert: Gott essen: Eine kulinarische Geschichte des Abendmahles, München 2018.

christlichen Kultur folgten zudem aus Missionierung, Inquisition, Kreuzzügen und Hexenverfolgungen ein nicht unerheblicher Tribut an »Menschenopfern«. Als Fazit ist bei der Bewertung der aztekischen Menschenopfer festzuhalten, dass man stets den religiösen Gesamtzusammenhang berücksichtigen und über den Horizont blicken sollte.

Neben Dank und Bitte als Ziel und Zweck des Menschenopfers kommt bei den Azteken noch ein sehr spezifischer Aspekt hinzu: Die Götter erschufen die Welt, indem sie sich selbst opferten und so die Erschaffung des fünften Weltzeitalters ermöglichten. Aufgabe des Menschen war es, diesem Beispiel der Götter zu folgen und ebenfalls Opfer darzubringen durch Selbstkasteiung und Menschenopfer, um nicht nur die Gottheiten und Menschheit, sondern auch die Welt und das jetzige Zeitalter »am Leben« zu erhalten. Das Blut des Menschen garantierte als das wertvollste Opfer, als *Chalchíuhatl* (= köstliche Flüssigkeit) und vitale Energie, vor allem den Erhalt des Kosmos, konkret der Sonne und der Welt. Man erhoffte sich mit dem Blut geopferter Menschen außerdem Regen, Fruchtbarkeit und generell das Wohlergehen des Menschen und des Volkes. Blut und Herzen waren die Symbole schlechthin für Leben. Entsprechend wurde jeden Morgen ein Mensch (an Festtagen mehr) geopfert, um den Sonnenaufgang zu garantieren.

Bernardino de Sahagún beschreibt ein solches Menschenopfer beim Fest des »Menschenschindens«: Die Krieger übergeben den Priestern die Gefangenen, die sie gemacht haben. »Und wenn ein Gefangener ohnmächtig wird und die Besinnung verliert, so wird er geschleift, so schleppen sie ihn hinauf. Aber wenn einer stark ist, sich nicht als Weib kundgibt, als Mann dasteht, als Mann sich erhebt […] freiwillig kommt er und spricht: ›Ich gehe jetzt dahin, ihr aber sollt von mir in meiner Heimat sprechen.‹ Und nachdem man sie in dieser Weise hinaufgebracht hat vor das Angesicht Huitzilopochtlis, legt man sie, einen nach dem andern, auf den Opferstein, übergibt sie den Priestern, sechsen derselben übergibt man sie. Die legen sie mit der Brust nach oben und schneiden ihnen die Brust auf mit einem dicken breiten Feuersteinmesser. Und das Herz der Gefangenen nennt man Adlerfrucht, Edelstein. Sie heben es weihend zur Sonne empor […], geben es ihr, nähren sie damit. Und nachdem es dargebracht worden ist, legt man es in die Adlerschale nieder. [...]. Und die Gefangenen, die geopfert worden, nennt man ›die aus dem Adlerlande‹ (oder die Adlerleute). Danach rollt man sie herab, stürzt sie die Stufen des Tempels herab. Sie klappern, kugeln gleich Kürbissen herab, schlagen auf, wälzen sich um und um, bis sie unten auf dem Apetlac (der Vorterasse am Fuße der Stufenreihe) ankommen. Und dort nimmt man sie auf und übergibt sie den alten Männern [...], den Alten des Gemeindehauses. Die bringen sie ins Gemeindehause [...] Dort holt man es (das Fleisch) und bringt es nach Hause, um es zu verzehren. Dort zerteilt, zerschneidet, zerlegt man es. Zuvörderst gibt man seinen Anteil Moctezuma. Einen Schenkel bekommt er, den bringt man ihm. Und dem, der den Gefangenen gemacht hat, beklebt man den Kopf mit Daunenfedern und beschenkt ihn. Und er lädt seine Verwandten, versammelt sie zum Verzehren der Menschen, in seinem Haus, er, der den Gefangenen gemacht hat.«[145]

Dieses Verzehren des Fleisches des Geopferten ist natürlich nicht als ein einfaches, sondern als ein besonderes, als sakrales bzw. heiliges Mahl und Teil des Ritus zu verstehen, bei dem man die Energie und Kraft des Geopferten aufnahm.

Viele der als Opfer für eine Gottheit auserwählten Kandidaten verkörperten diese, lebten ein Jahr lang buchstäblich wie diese Gottheit und wurden durch das Opfer eins mit ihr. So berichtet Sahagún vom Fest Toxcatl anlässlich der Geburt des Gottes Tezcatlipoca, das »in dieser Zeit geopfert wurde sein Abbild, das ein Jahr lang (als solches) gelebt hatte, und weil dann gleich ein anderes Abbild von ihm aufgestellt (öffentlich bekannt gemacht) wurde, das ein anderes Jahr (als solches) zu leben bestimmt ist. [...] Sie wurden ausgewählt, wenn man die Gefangenen brachte, dann wurden sie ausgelesen; Wenn einer durchaus von gutem Aussehen war, von guter Leibesbeschaffenheit war, dann wurde er abgesondert. [...] Wer zum Abbild auserwählt wurde, an dem durfte kein Tadel sein.«[146] Es folgt eine lange Aufzählung der körperlichen oder auch geistigen Eigenschaften, die ein auserwähltes

145 Bernardino de Sahagún 1927, 63 f.
146 Ebd. 91 f.

Opfer nicht haben durfte, wie z. B. eine krumme oder schiefe Nase, gelbe, stinkende oder kranke Zähne.

Vor allem beim Fest für den Gott Xipe Totec wurden die Geopferten auch gehäutet: »Und an diesem Fest zogen sie allen Opfern die Haut ab: darum hieß es Menschenschinden,«[147] wie Sahagún vermerkt. Das festgebundene Opfer musste sich zunächst mit einer Keule mit Federn gegen Krieger mit Obsidiankeulen verteidigen. Danach wurde der Geopferte gehäutet und die Priester trugen die Haut des Opfers für die nächsten 20 Tage während des Rituals: »Und die Haut, die man ihnen abgezogen hatte, zogen sich gewisse Leute an und tanzten darin zwanzig Tage; in dieser Zeit wurden die Häute heraus (auf die Straße gebracht), das heißt, alles Volk kam heraus, kam zu schauen.«[148] Zu diesen »gewissen Leuten« zählten nicht nur die Priester, sondern auch die Goldschmiede, denn Xipe Totec war ihr Schutzpatron.

Von den Geopferten fertigte man auch Abbilder der Gottheiten bzw. Idole an, wie Sahagún vom Fest der »kurzen Wache« berichtet: »Danach errichtet er auf dem Hofe den Baum des Menschenschindens der Fänger. Damit zeigt er an, dass er einem Gefangenen die Haut abgezogen hat. Und zur selben Zeit hing er oben daran (eine Trophäe) auf. Er entfernte das noch anhaftende Fleisch von einem Hüftknochen des Gefangenen und (nahm) eine aus Bindfaden gestricktem Wams, an dem ein kleiner Reiherfederbusch hing. Und den Hüftknochen umwickelte er mit Papier und machte ihm ein Gesicht (oder: versah ihn mit einer Maske). Und das nannte man den Gefangenenfetisch (den aus dem Knochen des geopferten Gefangenen gefertigten Gott). Und wenn er die Trophäe aufhängte, lud er Gäste ein, man aß, man trank […].«[149]

Im Zusammenhang mit den Menschenopfern steht das Schädelgerüst, ein Gerüst im Tempelbezirk, auf dem man die abgeschnittenen Köpfe der Geopferten aufreihte, wie Sahagún es anlässlich des Festes der Berge beschreibt: Nachdem die Geopferten vom Tempel hinuntergeworfen worden waren, »brachte man sie an den Platz des Schädelgerüste. Und nachdem man sie dorthin gebracht hatte, schnitt man ihnen den Kopf ab; dort reihen sie

147 Ebd. 63.
148 Ebd. 61.
149 Bernardino de Sahagún 1927, 81.

ihre Köpfe (auf Querstangen). Und nachdem sie den Kopf abgeschnitten hatten, brachten sie den Rumpf nach den verschiedenen Gemeindehäusern (-tempeln).«[150] Über diese Schädelgerüste sind wir durch entsprechende Nachbildungen in Stein informiert. Auch im Maya-Gebiet gab es solche Schädelgerüste, am bekanntesten ist das von Chichén Itzá.

Neben dem Opfer von Menschenherzen, kam es auch vor, dass die Opfer enthauptet (meist bei Frauen angewandt), mit Pfeilen erschossen, von einer Höhe hinuntergestürzt oder für den Regengott ertränkt wurden. Nicht tödlich, aber dafür sehr schmerzhaft war das Opfer des eigenen Blutes, die Selbstkasteiung, die ebenso in ganz Mesoamerika verbreitet war. Dabei opferten die Azteken das Blut aus dem Ohr, dem Schienbein oder auch dem Penis. Schon bei kleinen Kindern vollzog man dies, wie Sahagún vom Quecholli-Fest schreibt: »Und die kleinen Knaben lässt man den Tempel ersteigen (trägt man hinauf). Dort bliesen sie (die Muschelhörner) und zerstachen sich, machten sich Einschnitte in die Ohren, drückten sich das Blut heraus und salbten sich damit ihre Schläfe; das nannte man ›für die Hirsche sich Blut entziehen‹. Sie fasten für die Hirsche, damit (Hirsche) gejagt werden können.«[151] Ebenso brachte dieses Blutopfer jeder bei der Feier zum Beginn eines neuen 52-Jahrzyklus dar.[152]

Ballspiel – ein Spiel auf Leben und Tod

Das Ballspiel war in allen mesoamerikanischen Kulturen bekannt. Es war allerdings keine Sportart, sondern ein religiöser Ritus. In ganz Mesoamerika hat man insgesamt rund 1500 Ballspielplätze bzw. deren Reste an 1250 Orten, sogar in New Mexico und Arizona entdeckt. Jede bedeutende Stadt bzw. Kultanlage hatte einen oder auch mehrere Ballspielplätze, wie Monte Albán, El Tajín, Tula sowie die Maya-Städte wie z. B. Tikal, Copan oder Chichén Itzá – um nur einige zu nennen. Der größte Ballspielplatz ist der von Chichén Itzá, der 166 m lang und 68 m breit ist.

---

150 Ebd. 193.
151 Ebd. 195.
152 s. S. 175 f.

Lange Zeit gab es wenig archäologische Zeugnisse eines aztekischen Ballspielplatzes. 2016 entdeckte man aber im Tempelbezirk von Mexiko-Stadt Reste eines Ballspielplatzes. Der *Codex Magliabechiano* zeigt eine Abbildung von zwei nur mit Lendenschurz (und nicht der üblichen Spielerausrüstung mit Kopf-, Arm- und Knieschutz) bekleidete Azteken beim Ballspiel auf einem T-förmigen Spielplatz. Die darin abgebildeten Totenschädel weisen darauf hin, dass das Ballspiel ein wichtiger Bestandteil des Kultes war, also ein religiöser Akt: Im Zusammenhang mit dem Ballspiel wurden vermutlich Spieler durch Enthauptung geopfert, sehr wahrscheinlich die Spieler der Verlierermannschaft. Gleichzeitig hatte das Ballspiel auch wirtschaftliche und politische Bedeutung.

Das Ballspiel wurde von den Göttern ausgeübt und war im menschlichen Bereich nur der Oberschicht, den Herrschern oder Priestern vorbehalten. Beim Spiel standen sich zwei Mannschaften gegenüber, deren Spielerzahl von einem bis zu sieben variieren konnte. Gespielt wurde mit einem Vollgummiball aus Kautschuk von unterschiedlicher Größe, den man mit Hüfte, Brust, Rücken, Gesäß oder Ellenbogen spielte. Der Ball durfte nicht mit Hand, Knie oder Kopf berührt werden. Ziel war es wohl, den Ball so lange wie möglich »in Bewegung« zu halten und nicht den Boden berühren zu lassen. Ansonsten wissen wir aber kaum etwas über die Regeln, z. B. wer wann und wie siegte. Die Spieler trugen einen Ledergürtel, Arm- und Knieschutz und Handschuhe. Es wird vermutet, dass die Spielregeln von Region zu Region und zu verschiedenen Zeiten variierten. In der Regel hat ein Ballspielplatz einen rechteckigen Grundriss, meist in der Form eines I oder T. Die Plätze waren in der Regel an beiden Langseiten von Steinwänden eingegrenzt und an den Schmalseiten offen.

Für das Ballspiel gibt es verschiedene Deutungen, die es z. B. als Fruchtbarkeitsritus oder als Kriegszeremonie interpretieren. Wollte man den in einer Schlacht gefangenen Gegnern ein ehrenvolles Ende im Ballspiel ermöglichen? Oder war es ein Fruchtbarkeitsritus, der den Kreislauf der Jahreszeiten, des Lebens und der Natur, Leben und Tod, Tod und Wiedergeburt und den Verlauf der Himmelsgestirne (Sonne, Mond, Venus) darstellte? Bislang gibt es keine eindeutige Interpretation des Ballspiels.

Während in den meisten Religionen der Lebenswandel im Diesseits für das Schicksal im Jenseits entscheidend ist, war für die Azteken die Todesart bzw. wie man starb, entscheidend. So war Tlacocán, das Reich des Regengottes Tlaloc, für die bestimmt, die ertrunken, vom Blitz erschlagen oder an Krankheiten wie Syphilis, Krätze oder Wassersucht gestorben waren. Es war eine Art Paradies und Schlaraffenland: »Und in Tlacocán war man sehr reich und glücklich, litt niemals Not. Niemals fehlen die grünen Maiskolben, die Kürbisse […],«[153] heißt es bei Sahagún.

Die im Kampf gefallenen Krieger sowie die geopferten Kriegsgefangenen und die im Kindbett gestorbenen Frauen kamen in das paradiesartige Reich des Sonnengottes, Tonatihilhuiac, das im Osten lag. Sahagún beschreibt diesen Jenseitsort so: »da gibt es wilde Agaven, Dorngewächse und Haine von Akazien. Und alle Opfergaben, die man ihnen bringt, das kann er sehen, das kann zu ihm dringen. Und nachdem sie vier Jahre so verbracht haben, verwandeln sie sich in Vögel von glänzendem Gefieder […]«[154] und kehren als Kolibris oder Schmetterlinge in die diesseitige Welt zurück.

Die meisten Verstorbenen aber kamen in das Totenreich Mictlán im Westen, das der Totengott Mictlantecuhtli und seine Frau Mictecaciuatl beherrschten. »Dorthin gehen alle, die auf der Erde sterben, die an Krankheiten sterben, die Könige und die Gemeinen.«[155] Es war die neunte Unterwelt, trostlos, nicht erstrebenswert, denn in ihr »herrscht große Armut und Not.«[156] Auf dem Weg nach Mictlán musste der Tote in vier Jahren auf seinem Weg Schwierigkeiten und Gefahren wie hohe Berge, von Schlangen bewachte Straßen, einen Wind mit umherfliegenden, spitzen Obsidianklingen oder den Fluss Chiconahuapan überwinden. Deshalb wird der Tote bei der Trauerfeier mit Opfergaben versehen und folgenderweise angesprochen: »Damit wirst du an die Stelle kommen, wo die Berge zusammenstoßen, und

153 Bernardino de Sahagún 1927, 300.
154 Ebd. 302.
155 Ebd. 293.
156 Ebd. 303.

damit wirst du durchkommen an der Stelle, wo die Schlange den Weg bewacht. […] Und damit wirst du gelangen an den Ort des Obsidianwindes (der wie ein Obsidianmesser schneidet). Und an diesem Ort, am Orte der scharfen Winde, sagt man leidet man große Not; lauter Steinmesser dort und Steingrus [sic!] werden vom Winde umhergetrieben. […] Und nachdem vier Jahre zu Ende sind, kommt (der Tote) in die neunfache (tiefste) Unterwelt. Dort ist ein breites Wasser, Hunde sind dort die Fährleute. Sie sagen, wenn einer kommt, so schaut der Hund nach ihm aus, und wenn er seinen Herrn erkannt hat, so stürzt er sich ins Wasser, um seinen Herrn überzusetzen. Deswegen züchten die Eingeborenen sehr viel die Hunde. […] Und in der neunfachen (tiefsten) Unterwelt geht alles zugrunde (ist alles aus).«[157]

Die Priester

Die Priesterschaft der Azteken war hierarchisch gegliedert. An der Spitze stand ein Oberpriester. Die höchste Stelle in Tenochtitlán nahmen die beiden Priester des Templo Mayor ein, die beide den Ehrentitel »Quetzalcoatl« trugen – obwohl die beiden Tempel Huitzilopochtli und Tlaloc geweiht waren. Jeder Gott bzw. Tempel hatte seine bestimmten Priester. Die Priesterkandidaten wurden in einer besonderen Schule (*calmecac*), der Schule für die adlige Oberschicht, von Priestern ausgebildet.

Sahagún beschreibt 38 Priester der verschiedenen Gottheiten[158], die alle unter Führung des Oberpriesters standen. Viele von ihnen trugen als Titel den Namen der Gottheit, der sie dienten. Jeder dieser Priester war für den Tempel und den Kult einer bestimmten Gottheit zuständig wie z. B. für die Ausstattung des Kultbildes mit Kleidung, für die Opfer oder für Durchführung der Feste. Der Oberpriester übte eine nicht zu unterschätzende Macht aus, nicht nur im religiösen, sondern auch im gesellschaftlich-politischen Bereich, wie Sahagún es beschreibt: »So war der Oberpriester von Mexiko angetan: mit seiner Jacke, seiner Räucherpfanne und

157 Ebd. 296–298.
158 Bernardino de Sahagún 1952, 83–93.

seinem (Kopal-)Beutel, so erwies er dem Teufel Ehre. Dazu nahm er sich der Frage an, was er denn von Denen [sic!] in den Priesterwohnungen zu halten habe, wie denn Deren [sic!] Lehrtätigkeit beschaffen sei. Zu denen kamen ja allenthalben und allesamt die Söhne (der Vornehmen), auf dass man sie erzöge, dass man sie so gut mit Ermahnungen großziehe, dass sie einst ein gutes Leben führten und entweder zu Macht oder zu Reichtum kämen oder zu Führern der Leute würden, an leitender Stelle stünden. All das gehörte zum Amt des Oberpriesters von Mexiko. Dazu schickte er überallhin zu den Priestern in den Tempeln und ließ ihnen sagen, was sie zu tun hätten. Über jeden aber, der etwa dagegen verstieß, wusste der Oberpriester von Mexiko Bescheid.«[159]

Der Priesterdienst war vor allem durch Opfer und strenges Fasten geprägt, zu dem der Verzicht auf Nahrung, Geschlechtsverkehr und Baden gehörte. Dementsprechend hatten die Priester oft ein ungepflegtes Äußeres, z. B. ungekämmte Haare. Díaz del Castillo beschreibt die Priester folgendermaßen: »die Opferpriester trugen überall lange schwarze Mäntel mit Kapuzen wie unsere Dominikaner; sie hatten alle durchbohrte Ohren und lange, struppige, mit Blut verklebte Haare. Sie wohnten in Häusern um den großen Tempel. Dort standen auch Gebäude, in denen die Töchter der Eingeborenen, ähnlich wie unsere Nonnen, bis zu ihrer Verheiratung in Klausur lebten. Sie hatten ihre eigenen weiblichen Götzen, die man um gute Männer bitten musste.«[160] Priester konnten andererseits aber durchaus am alltäglichen Leben teilnehmen (Heirat, Krieg etc.) und man kannte auch den Tempeldienst von Frauen.

Vor allem für die Religion der einfachen Bevölkerung bzw. den Volksglauben waren Heiler und Zauberer bzw. Schamanen von großer Bedeutung. Während die Religion der Oberschicht mit ihren Priestern die spanische Eroberung nicht überlebte, haben sich Glaubensvorstellungen und Rituale des Volksglaubens bis heute erhalten, dies gilt vor allem für den Bereich der Heilung. So ist das Bild der Zauberer, Heiler und der Medizin, das uns Sahagún überliefert, durchaus heute noch auf indianische

159 Ebd. 83.
160 Bernal Díaz del Castillo 2017, 221 f.

Gemeinden zutreffend, wenn auch vermischt mit christlichen Vorstellungen und meist als Schamanismus bekannt. Sahagún beschreibt den Zauberer und seine Tätigkeit so: »Der Zauberer ist ein wohlunterrichteter, wohlüberlegter Mann, er kennt Geheimnisse, er hat keine Freude daran, dass er ein Eulenmensch ist. Er ist geachtet, angesehen; er ist voll Ernst, ist kein Spötter, ist gegen jede Anmaßung gefeit. Der gute (Zauberer) ist ein Hüter und behutsam, ist ein Wächter und wachsam; er wacht und hütet und hilft, nichts (Böses) führt er im Schild. Der üble Zauberer hat Macht über alle Kreatur, er behext die Menschen, die Blumen sind in seiner Macht. Er ist ein Verführer, ein übler Berater. Er tut den Menschen mit Unheilsrufen Leid an, er wirft ihnen den bösen Blick zu, ja, er behext die Menschen und gibt ihnen schlimmen Rat. Er treibt mit ihnen seinen Eulenmenschen-Spuk, hält sie zum Narren und bringt sie außer Fassung.«[161]

Vor allem für Frauen war die Heilkunst und Medizin eine Möglichkeit der beruflichen Tätigkeit. Und auch über die verschiedenen Arten von Heilmitteln informiert Sahagún: »Der Heilmittelverkäufer ist ein Kräuterkenner, ein Wurzelkenner, ein Arzt. Alle Heilmittel verkauft er, Kräuter, Hölzer, Steine, milchige Flüssigkeiten, Alaun, Salzpflanzen, Beutelrattenschwänze; hat viele Schwänze in seinem Besitz, zähflüssige Medizin, rote Medizin; Mittel gegen gebrochene Glieder, das Muschelkraut ›die weiße Medizin‹, das Kaulquappenmittel, das Raupen-Heilmittel, den Erdkakao, Chichipilli, Kopf-Pflaster, Chichimatiwurzel. Was er verkauft, liegt alles auf einer Matte. Er verkauft Gekochtes und den Auswurf des Stinktiers.«[162]

161 Bernardino de Sahagún 1952, 78 f.
162 Ebd. 155.

Blume und Gesang: Kunst und Wissenschaft

Tonalpohualli: Schrift und Kalender

In Mesoamerika entwickelten sich das Schrift-, Zahlen- und Kalendersystem sowie Astronomie oder Philosophie wie in der Alten Welt innerhalb des Bereiches der Religion bzw. hatten diese eine religiöse Funktion. Es war die Oberschicht, vor allem die Priester, aber auch die Herrscher oder Adligen, die der Schrift, Zahlen und des Kalenders kundig waren. Die Priester waren *die* Kalender- und Schriftkundigen schlechthin. Vor allem der Mondkalender (*tonalpohualli*) spielte im Alltag der Azteken eine entscheidende Rolle. In den Codices ging es vor allem um religiöse Inhalte wie z. B. Kalender, Feste, Mythen, Gottheiten oder kultische Gesänge. Selbst historische Ereignisse, die schriftlich festgehalten wurden, sah man in einem religiösen Zusammenhalt. Allerdings hatten Schrift und Codices darüber hinaus auch eine Funktion im politischen, wirtschaftlichen und administrativen Bereich, was z. B. die Festsetzung von Tributen betrifft.

Die Zeichen einer Schrift können z. B. Buchstaben (Alphabetschrift), Silben oder Worte (logosyllabische Schrift) oder Piktogramme und Symbole (piktographische bzw. ideographische Schrift) sein. Bei den mesoamerikanischen Schriften handelt es sich sowohl um logosyllabische sowie auch piktographische und ideographische Schriften. Entsprechend ist zu unterscheiden zwischen Schriftsystemen, die einerseits einen Sprachcode wiedergeben wie die Alphabetschriften oder die logosyllabischen Schriften und andererseits Schriftsystemen, die nicht an eine bestimmte Sprache gebunden sind und daher auch über Sprachgrenzen hinweg verstanden werden, wie die piktographischen Schriften oder Symbolschriften. Lange Zeit bestand das Vorurteil, dass nur die Schriften, die auf einem Sprachcode basieren, Schriften im eigentlichen Sinne seien und nicht die Bilder- oder Symbolschriften. So ging man davon aus, dass die mesoamerikanischen Kulturen darum Kulturen ohne Schriften seien.

Die erste nachweisbare Schrift einer mesoamerikanischen Kultur ist die der Olmeken in der vorklassischen Zeit. Die Schriftzeichen finden sich auf Keramik und Steinmonumenten, vor allem auf Stelen und enthalten meistens kalendarische Informationen. Die ersten Funde sind die Stelen von Tres Zapotes (mit Datumsangabe 01.09. (oder 03.09.) 32 n. Chr.), La Mojarra (09.05.143 n Chr.) und Tuxtla (mit Datumsangabe 12.03.162 n. Chr.). Allem Anschein nach handelt es sich dabei um eine Bilder- bzw. Symbolschrift. Schon die kulturellen Nachfolger, die Epi-Olmeken, besaßen wahrscheinlich eine logosyllabische, also eine auf einem Sprachcode basierende Schrift.

Die Schrift der Olmeken hatte entscheidenden Einfluss auf die spätere Entwicklung der Schriftsysteme bei den Zapoteken, Mixteken, Maya und Azteken. Die frühe Schrift der Zapoteken von Monte Albán war eine logosyllabische Schrift, die aber in der Zeit der frühen Klassik wieder zu einer Bildschrift wurde. Auch die Maya-Schrift wird als logosyllabisch bezeichnet, bei der ein Schriftzeichen entweder für ein ganzes Wort oder nur für eine Silbe stehen kann. Die Azteken dagegen hatten mit einer pikto-ideographischen Schrift ein einfacheres Schriftsystem: Es bestand zum einen aus Piktogrammen, Bildzeichen, die das darstellten, was konkret gemeint war. So stellte das Bildzeichen für Jaguar einen Jaguar dar, das für Tempel ein Tempel etc. Zum anderen bestand die Schrift aus Ideogrammen, Zeichen mit symbolischer oder übertragener Bedeutung, die abstrakte Phänomene benannten. Das Zeichen für »Eroberung« war ein brennender Tempel, das Zeichen für »Rede« war eine Sprechblase vor dem Mund des Redners, das für »Tod« ein Mumienbündel etc. Die Orts- und Personennamen setzten sich in der Regel aus einzelnen Bildzeichen zusammen: Die Namensglyphe des Aztekenherrschers Chimalpopoca (*chimalli* = Schild, *popoca* = rauchen, also »Rauchender Schild«) wurde durch einen Schild und eine Rauchwolke darüber dargestellt. Das Zeichen des Ortsnamens Coatepec (*coatl* = Schlange, *tepec* = Berg) bzw. »Schlangenberg« war eine Schlange auf einem Berg. Auch Aktionen konnten bildlich dargestellt werden: Fußstapfen oder auch eine wandernde Person stellte Wandern, Gehen oder Reisen dar. Allerdings kannte die aztekische Schrift darüber hinaus – vor allem bei Personen- und Ortsbezeichnungen – auch Phonogramme, d. h. Lautzeichen.

Aztekische Schriftzeichen aus der vorspanischen Zeit sind auf Steinmonumenten wie Skulpturen oder Reliefs erhalten, aber auch in den vorspanischen Codices. Meist handelt es sich hierbei um

Kalenderangaben. Aus der Zeit nach der spanischen Eroberung haben wir Bilderhandschriften, deren Schriftzeichen sich von denen auf den Steinmonumenten sehr unterscheiden. So enthalten diese wesentlich mehr Namenszeichen und – wie in modernen Comics – erzählende Szenen. Die Azteken verwendeten die Schrift hauptsächlich dafür, Orts- und Personennamen, Kalenderangaben sowie Tribute (Warenart, -menge) festzuhalten. Dies erfolgte weitgehend durch Standardzeichen, während es ansonsten keine verbindlich festgelegte Schreibweise gab.

Das Zahlensystem der Azteken war wie in allen mesoamerikanischen Kulturen ein Vigesimalsystem, während unseres ein Dezimalsystem ist. Während in unserem Dezimal- bzw. Zehnersystem die Zahl 10 die Basis ist und deren Potenzwerte wie 100 oder 1000 die maßgebenden Einheiten darstellen, bilden im Vigesimal- bzw. Zwanzigersystem die Zahl 20 die Basis und deren Potenzwerte wie 400 oder 160 000 die entscheidenden Maßeinheiten. Die Azteken stellten die Zahlen mit Punkten dar, manchmal auch mit Symbolen wie zum Beispiel einer Fahne für die Zahl 20.

Lesen und Schreiben lernten die Söhne der Oberschicht in den speziellen Schulen für Adlige (*calmecac*): »[...] man unterrichtete sie in sakralem Gesang, der auf Papier in Hieroglyphen aufbewahrt wurde (man lehrte sie auch diese Schriftmalerei). Ebenso lernten [die Schüler] die Zeit zu messen, die Kunst das Schicksal zu deuten und jenen Teil der Astrologie, der eine Antwort auf zukünftige Dinge und ferne Geschehnisse vorauszusagen ermöglicht.«[163] Es gab zwar auch Gelehrte und Priester, die selbst als Schreiber Codices verfassten, aber in der Regel bildeten die Schreiber bzw. Maler der Codices eine eigene Berufsklasse und hatten einen eigenen Gott als Schutzpatron, den affenartigen Ozomatli. Wurde man unter dem Kalenderzeichen *Eins Affe* (*ce ocumatli*) geboren, war einem der Beruf des Schreibers vorherbestimmt. Nach Sahagún übten diesen Beruf nur Männer aus, der *Codex Telleriano-Remensis* zeigt allerdings auch Schreiberinnen. In der spanischen Kolonialzeit hielten die indianischen Schreiber zum einen mit die Geschichte und Kultur ihres Volkes fest, zum anderen waren sie in der Kommunalverwaltung mit dem Niederschreiben

163 Francisco Hernández: Antigüedades de la Nueva España (1570), zit. in: Carmen Arellano Hoffmann/Peer Schmidt (Hg.) 1997, 188.

von Gesetzen oder Tributlisten beschäftigt. Die Tributlisten der vorspanischen Codices dienten auch den Spaniern als Grundlage, um die Tributerhebung in den neu eroberten Gebieten fortzuführen und diese zu verwalten. Die Schreibutensilien der Schreiber waren Pinsel aus Kaninchenhaaren und Farben, die aus Pflanzen oder Mineralien hergestellt wurden.

Wie heute noch bestimmte Orte und Dörfer in Mexiko für ein bestimmtes Kunsthandwerk bekannt sind, so gab es in vorspanischer Zeit auch Orte, die auf die Herstellung und das Schreiben von Bilderhandschriften spezialisiert waren. Dies zeigt sich nicht selten in Ortsnamen wie z. B. Tlaxcala (= »Ort der Schreiber bzw. Maler«). Es gab mehrere Orte mit Bibliotheken. Die größte befand sich in Texcoco, aber auch in Cholula oder Tenochtitlán gab es Bibliotheken.

Astronomie als Astrologie: Mond- und Sonnenkalender

Die Azteken besaßen wie die anderen mesoamerikanischen Kulturen hervorragende astronomische Kenntnisse vom Verlauf der Gestirne wie Sonne, Mond oder Venus. So war ihnen bekannt, dass es sich bei dem Morgen- und Abendstern um dasselbe Gestirn handelte, was man in Europa erst später erkannte. Man nutzte diese Kenntnisse allerdings im astrologischen Sinne. Während Astronomie die Wissenschaft von den Gestirnen ist, ist das Anliegen der Astrologie die Deutung von Zusammenhängen zwischen den Gestirnen, ihrer Position oder Bewegung auf der einen und den irdischen Vorgängen auf der anderen Seite. So deutet die Astrologie zum Beispiel die Zukunft anhand der Gestirnskonstellation. Und zu diesem, einem religiösen bzw. astrologischen Zweck, dienten also den Azteken die astronomischen Kenntnisse der Gestirne. Deshalb waren die Beobachtung des Verlaufs von Sonne, Mond, Venus oder Mars sowie deren religiöse Deutung und die Erstellung von Kalendern wichtige Aufgaben der Priester. Ziel und Zweck der astronomischen Beobachtungen und Kalenderberechnungen war die Bestimmung des günstigsten Zeitpunktes z. B. für Aussaat, Ernte, Feste oder Opfer. Sonne, Mond und Sterne verbrauchen zur Verrichtung ihres täglichen und nächtlichen Laufs aus aztekischer Weltsicht sozusagen Energie, die ihnen der Mensch durch Menschenopfer zuführt.

Die Azteken hatten wie die Maya einen Sonnenkalender mit 365 Tagen und einen Mondkalender mit 260 Tagen. Während wir allerdings eine lineare Zeitrechnung haben, die von einem Null-Datum bzw. von Christi Geburt ausgeht, war die Zeitrechnung der Azteken auf der Basis ihrer Sonnen- und Mondkalender zyklisch. Mit der zyklischen Zeitrechnung war die Vorstellung verbunden, dass sich alle Ereignisse der Vergangenheit in Gegenwart bzw. Zukunft wiederholen.

Der Sonnenkalender (*xihuitl*) bestand aus 18 Monaten mit jeweils 20 Tagen, also insgesamt 360 Tagen. Da man noch fünf zusätzliche Tage (*nemontemi*), die als unglücksbringend galten, hinzuzählte, kam man auf einen Kalender mit 365 Tagen.

Der Mondkalender (*tonalpohualli*) war für die religiösen Angelegenheiten und den Kult besonders wichtig und wird deshalb auch als Ritual- oder Wahrsagekalender bezeichnet. Er bestand einerseits aus 20 Einheiten, die ein Tier, Naturphänomen oder ähnliches symbolisierten und andererseits aus den Zahlen von 1 bis 13, die mit diesen 20 Symbolen verbunden wurden. Der rituelle Kalender bestand also aus insgesamt 260 Tagen (13 × 20 = 260 Tage). Die Benennung der ersten Tage im Mondkalender begann mit *Eins Krokodil* (1 *cipactli*), *Zwei Wind* (2 *hecatl*) usw. und die erste Einheit endete mit *Dreizehn Schilfrohr* (13 *acatl*). Nun begann die zweite Einheit wieder mit 1 und den fortlaufenden Symbolen, mit *Eins Jaguar* (1 *ocelotl*), *Zwei Adler* (2 *quauhtli*) usw. So ergaben sich bis zum Ende des Jahres immer wieder verschiedene Zusammensetzungen von Zahlen und Symbolen – bis der erste Tag des folgenden Jahres wieder mit *Eins Krokodil* begann und sich die Tagesnamen in derselben Reihenfolge wiederholten. Die Zählung der Jahre funktionierte nach einem ähnlichen System, wobei die Zahlen von 1 bis 13 dabei aber nur mit vier Symbolen, nämlich Haus, Kaninchen, Rohr und Feuerstein, verbunden wurden.

Der Ritualkalender war durch seine primäre Funktion als Wahrsagekalender wichtiger als der Sonnenkalender. Die dort festgelegten Tage waren schicksalsentscheidend für alle Ereignisse und Unternehmungen im alltäglichen bis hin zum politisch-staatlichen Bereich: für die Namensgebung der Kinder, für die Heirat, für die Traumdeutung, für Krankheiten und ihre Behandlung (entscheidend war hierbei der erste Krankheitstag), für die Einsetzung des Herrschers, für die Kriegsführung sowie für die Bestimmung wichtiger Daten von Jahresfesten, Aussaat und Ernte oder Opfern. Menschen und Gottheiten wurden nach dem Tageszeichen ihrer Geburt benannt, wie z. B. *Eins Schilfrohr* für den Gott Quetzalcoatl – vergleichbar dem katholischen – oft heute noch in Mexiko üblichen – Brauch, das Neugeborene nach dem Heiligen, an dessen Tag es geboren wurde zu benennen. Man trickste manchmal dabei ein bisschen: Wurde das Kind an einem Unglück verheißenden Tag wie z. B. am Tag *Eins Schilfrohr* geboren, verschob man die Taufe auf den glücklicheren Tag *Drei Krokodil* und nannte das Kind auch nach diesem Tag. Die Kalendernamen hatten damit eine schicksalhafte, religiöse Bedeutung. Der Kalendername einer Person wurde durch einen zweiten Namen – meist nach einem Tier, einer Pflanze oder einem Naturphänomen – ergänzt. Dieser bestand entweder aus zwei Substantiven wie z. B. »Edelstein-Papagei« oder aus einem durch ein Adjektiv oder Adverb ergänzten Substantiv wie z. B. »fallender Adler«. Als Männernamen waren Adler, Kojote oder Jaguar beliebt, als Frauennamen Quetzal, Blume oder Papagei.

Wichtige historische Ereignisse wurden oft in einem symbolischen, mythisch-rituellen Zusammenhang gesehen. So symbolisierte das Jahr *Eins Feuerstein*[164] gleichzeitig Mythos und Geschichte sowie Ursprung und Herrschaft der Azteken. Denn im Jahr *Eins Feuerstein* waren die Azteken von ihrer sagenhaften Heimat Aztlan aufgebrochen, um ins Hochtal von Mexiko einzuwandern. 1428, als die Azteken ihre Unabhängigkeit von der Herrschaft der Tepaneken erlangten, war auch ein Jahr namens *Eins Feuerstein*. Dies war schließlich auch der Kalendername des Gottes Huitzilopochtli, der die Azteken aus ihrer Heimat Aztlan geleitet und siegreich gegen die Tepaneken geführt hatte. Der Auszug der Azteken aus Aztlan gehört in den mythischen Bereich, ist also historisch nicht genau zu datieren. Da dies für sie aber ein reelles Datum war, ist zu vermuten, dass sie den Aufstand gegen die Tepaneken ganz bewusst im Jahr *Eins Feuerstein* durchführten, weil man sich davon einen glücklichen Ausgang versprach. Auch das Jahr *Eins Kaninchen* war ein wichtiges Jahr, denn es

164 So die Übersetzung, gemeint ist das Messer aus Feuerstein.

war das erste Jahr im 52-Jahr-Zyklus und es war das erste Jahr der »Fünften Sonne«, des jetzigen Zeitalters bzw. der Gegenwart. Der 52-Jahr-Zyklus ergibt sich dadurch, dass sich zum einen nach 52 Jahren die Zusammensetzung der Symbol- und Zahleneinheiten des Mondkalenders wiederholten bzw. ein neuer Zyklus des Mondkalenders begann und zum anderen der Sonnen- und Mondkalender in ihrem Verlauf am selben Tag zusammen trafen.

Jede Stunde, jeder Tag, jeder Monat und jedes Jahr wurde von bestimmten Gottheiten und Mächten regiert. Wie dies erfolgte und funktionierte, wurde von den Priestern mithilfe eines uns heute kompliziert erscheinenden kalendarisch-theologischen Systems aufgezeigt. Im Folgenden soll dem Leser anhand von vereinfachenden Tabellen ein Eindruck vermittelt werden.[165]

Die 20 Tageszeichen[166]

Tag	Symbol (Nahuatl)	Symbol (deutsche Übersetzung)
1	Cipactli	Krokodil
2	Hecatl	Wind
3	Calli	Haus
4	Cuetzpalli	Eidechse
5	Coatl	Schlange
6	Miquiztli	Tod
7	Mazatl	Hirsch
8	Tochtli	Kaninchen
9	Atl	Wasser
10	Itzcuintli	Hund
11	Ozomatli	Affe
12	Malinalli	Strick
13	Acatl	Schilfrohr
14	Ocelotl	Jaguar
15	Cuauhtli	Adler
16	Cozcacuauhtli	Geier
17	Ollin	Bewegung
18	Tecpatl	Feuerstein (Messer)
19	Quiauitl	Regen
20	Xochitl	Blume

165 In etlichen Fällen gibt es in den Quellen unterschiedliche Angaben, angefangen von den Tageszeichen bis hin zu den 13 Herren des Tages und den neun Herren der Nacht. Hier wird, um den Leser nicht noch mehr zu verwirren, jeweils nur eine Version angeführt.

166 Bernardino de Sahagún 1950, 97.

Die Kalenderrechnung und -deutung war insofern noch komplizierter, als den Stunden des Tages und der Nacht bestimmte Gottheiten als Patrone zugeordnet waren. Es gab 13 Herren bzw. Gottheiten des Tages und Neun Herren bzw. Gottheiten der Nacht, wahrscheinlich entsprechend der 13 Himmel und der neun Unterwelten. Den Herren des Tages waren nochmals 13 Vögel bzw. genauer Flügelwesen – da auch der Schmetterling angeführt wird – als Symbol zugeordnet.

Die dreizehn Herren des Tages[167]

	Herren des Tages	**Zuständigkeitsbereich**	**Vogel**
1	Xiutecuhtli	Gott des Feuers	Blauer Kolibri
2	Tlaltecuhtli	Gott der Erde	Grüner Kolibri
3	Chalchiutlicue	Göttin des Wassers	Habicht
4	Tonatiuh	Sonnengott	Wachtel
5	Tlazolteotl	Göttin der Liebe	Adler
6	Mictantecutli	Gott der Unterwelt und des Todes	Schreieule
7	Cinteotl	Gott des Maises	Schmetterling
8	Tlaloc	Gott des Regens	Adler
9	Quetzalcoatl	Gott des Windes	Truthahn
10	Tezcatlipoca	Gott des Schicksals	Uhu
11	Chalmecatecuhtli	Gott des Opfers	Ara
12	Tlahuizcalpantecuhtli	Gott der Morgendämmerung	Quetzal
13	Citlalinicue	Göttin des Himmels und der Milchstraße	Papagei

Die neun Herren der Nacht

	Herren der Nacht	**Zuständigkeitsbereich**
1	Xiutecuhtli	Gott des Feuers
2	Itzli oder Tecpatl	Gott des Obsidians oder Gott des Feuersteins
3	Piltzintecuhtli	Gott der Prinzen, der Kinder und der Sonne
4	Cinteotl	Gott des Maises
5	Miclantecuhtli	Gott der Unterwelt und des Todes
6	Chalchiutlicue	Göttin des Wassers
7	Tlazolteotl	Göttin der Liebe
8	Tepeyolothli	Jaguargottheit
9	Tlaloc	Gott des Regens

167 Zu diesen und den folgenden Tabellen vgl. Alfonso Caso, Caldendrical System of Central Mexico, in: Gordon. F. Ekholm/Ignacio Bernal 1971, 333–348.

Auch jedes Tageszeichen hatte einen Patron bzw. eine Gottheit, unter deren »Herrschaft« es stand:

Patrone bzw. Gottheiten der Tageszeichen

Tageszeichen		**Gottheit**	
Cipactli	Krokodil	Tonacatecuhtli	Schöpfer- und Fruchtbarkeitsgott
Ehecatl	Wind	Quetzalcoatl	Gott des Windes
Calli	Haus	Tepeyollotl	Gott der Erdbeben
Cuetzpalli	Eidechse	Huehuecoyotl	Gott des Tanzes und Gesangs
Coatl	Schlange	Chalchiutlicue	Göttin des Wassers
Miquiztli	Tod	Tecciztecatl	Mondgott
Maçatl	Hirsch	Tlaloc	Gott des Regens
Tochtli	Kaninchen	Mayahuel	Göttin des Maises
Atl	Wasser	Xiutecuhtli	Gott des Feuers
Itzcuintli	Hund	Mictlantecuhtli	Gott der Unterwelt und des Todes
Ozomatli	Affe	Xochipilli	Fruchtbarkeitsgott
Malinalli	Strick	Patecatl	Gott der Fruchtbarkeit und Heilkunst
Acatl	Schilfrohr	Tezcatlipoca	Gott des Schicksals
Ocelotl	Jaguar	Tlazolteotl	Göttin der Wollust
Cuauhtli	Adler	Xipe Totec	Fruchtbarkeitsgott
Cozcacuauhtli	Geier	Itzpapalotl	Gottheit des Krieges
Ollin	Bewegung	Xolotl	Gott der Missgeburten und Krankheiten
Tecpatl	Feuerstein (Messer)	Chalchiuhtotolin	Gott der Krankheiten
Quiauitl	Regen	Tonatiuh	Sonnengott
Xochitl	Blume	Xochiquetzal	Göttin des Mondes, der Erde und der Liebe

In ähnlicher Weise hatte wiederum jede Gruppe von dreizehn Tagen, die sogenannte *Trecena,* einen Patron, die hier aber nicht angeführt werden.

Und um das Ganze noch etwas schwieriger zu machen, ordnete man den vier Jahreszeichen im Mondkalender jeweils eine Himmelsrichtung, eine Farbe, Gottheiten und ein Tier zu, wie die folgende Tabelle zeigt.

Himmelsrichtung	Farbe	Gottheiten	Tier	Jahr
Osten	Gelb	Tonatiuh und Xipe-Tlatlauqui Tezcatlipoca	Adler	Schilfrohr
Norden	Rot	Schwarzer Tezcatlipoca	Jaguar	Feuerstein
Westen	Weiß	Quetzalcoatl, Gelber oder Weißer Tezcatlipoca	Schlange	Haus
Süden	Blau	Huitzilopochtli, Blauer Tezcatlipoca	Kaninchen	Kaninchen

Der Sonnenkalender mit 18 Monaten zu je 20 Tagen bzw. insgesamt 360 Tagen plus fünf zusätzlichen Tagen (*nemontemi*) bestimmte die Feste im Jahreskreis, wie die folgende Tabelle zeigt:

Die Monate und Feste nach dem Sonnenkalender[168]

	Name	Übersetzung	Datum	Gottheit, für die das Fest gefeiert wird
1	Izcalli	Wachstum	24.01.–12.02.	Xiuhtecuhtli (Gott des Feuers)
2	Atlcahualo	Wasserrückgang	13.02.–4.03.	Wassergottheiten
3	Tlacaxipe-hualiztli	Menschenschin-den	05.–24.03.	Xipe (Gott des Frühlings)
4	Tozoztontli	kurze Wache	25.03.–13.04.	Tlaloc, die Erd-göttin und Xipe (Fruchtbarkeitsgott)
5	Hueytozoztli	lange Wache	14.04.–03.05.	Maisgottheiten
6	Toxcatl	Trockenheit	04.–23.05.	Tezcatlipoca (Gott des Schicksals)
7	Etzalcualiztli	Mais- und Bohnenmahlzeit	24.05.–12.06.	Tlaloc (Fruchtbarkeitsgott)
8	Tecuilhui-tontli	kleines Fest der Herren	13.06.–02.07.	Huixtocihuatl (Gott des Salzes)
9	Hueytecuíl-hutil	großes Fest der Herren	03.–22.07.	Xilonen (Göttin des neuen Korns)
10	Miccailhui-tontli	kleines Totenfest	23.07.–11.08.	Huitzilopochtli (Stam-mes- und Kriegsgott)
11	Hueymic-caihuitl	großes Totenfest	12.–31.08.	Huehueteotl (Gott des Feuers)
12	Ochpaniztli	Säuberung	01.–20.09.	Tlazolteotl (Erdgöttin)
13	Teotleco	Ankunft der Götter	21.9–10.10.	Xiuhtecuhtli

168 Nach Alfonso Caso 1971, 339 ff. Diese Daten galten für das Jahr 1521 und verschoben sich jedes Jahr ein wenig.

14	Tepeihuitl	Fest der Berge	11.–30.10.	Tlaloc und Berggottheiten
15	Quecholli	Flamingo	31.10.–19.11.	Mixcoatl (Jagdgottheit)
16	Panquetzaliztli	Hissen der Fahnen	20.11.–09.12.	Huitzilopochtli
17	Atemoztli	das Wasser fällt	10.–29.12.	Tlaloc und andere Wassergottheiten
18	Tititl	Schrumpfen	30.12.–18.01.	Ilamatecuhtli (Erdgöttin)
	Nemontemi	unglückliche, wertlose Tage	19.–23.01.	

Nach 52 Jahren kam es wie erwähnt zu einer zyklischen Wiederholung der Bezeichnungen des Mondkalenders und der Sonnen- und Mondkalender trafen am selben Tag zusammen. Somit kehrte im Mondkalender jeder Tagesname nach 260 Tagen wieder und die Jahresnamen wiederholten sich nach 52 Jahren. Dies galt als Neuanfang, als eine unserem »Jahrhundert« vergleichbare Zeiteinheit, die (damals) einem Menschenleben entsprach und wurde bei den Azteken symbolisch durch das Bild eines Bündels von Schilfrohren dargestellt, dem sogenannten Jahresbündel. Die Datierung historischer Ereignisse z. B. in der Geschichte der Azteken ist nicht immer einfach, da sich sowohl Tages- als auch Jahreszeichen wiederholen und man bei einem bestimmten Ereignis nicht sicher sein kann, in welchem 52-Jahrzyklus (»Jahrhundert«) es sich ereignet hat.

Jedes dieser »Jahrhunderte« der Azteken begann mit dem Jahr *Eins Kaninchen* und endete mit dem Jahr *Dreizehn Haus*. Jeweils 13 Jahre bildeten eine Jahresgruppe (4 × 13 = 52), die von den vier Zeichen Kaninchen, Schilfrohr, Steinmesser und Haus bestimmt wurde und sich jeweils an einer der vier Himmelsrichtungen orientierte. Sahagún dazu: »›Eins Kaninchen‹ nennt sich die südliche Jahresgruppe oder Summe von Jahren. Dreizehn Jahre nimmt (dieses Zeichen) mit sich, lässt sie verstreichen, regiert sie als ihr Beschützer immerdar während der Dauer eines jeden Jahres. Und es schreitet ganz voran, es führt, es leitet den Anfang der Folge ein, es gibt den Jahresgruppen, so viele ihrer sind, den Ursprung: Dem ›Rohr‹[169], dem ›Steinmesser‹[170] und dem ›Haus‹«[171]. War dieser Zyklus vollendet, begann wieder ein neues Jahrhundert, in dem

169 = Schilfrohr
170 = »Feuerstein«, s. S. 169.
171 Bernardino de Sahagún 1950, S. 68.

sich die Jahreszeichen wiederholten. Im Folgenden wird dies tabellarisch aufgezeigt:

Das »Jahrhundert« von 52 Jahren (*xiuhmolpilli*)[172]

	SÜDEN: Kaninchen		**NORDEN: Steinmesser**
1	Eins Kaninchen	**27**	Eins Steinmesser
2	Zwei Rohr	**28**	Zwei Haus
3	Drei Steinmesser	**29**	Drei Kaninchen
4	Vier Haus	**30**	Vier Rohr
5	Fünf Kaninchen	**31**	Fünf Steinmesser
6	Sechs Rohr	**32**	Sechs Haus
7	Sieben Steinmesser	**33**	Sieben Kaninchen
8	Acht Haus	**34**	Acht Rohr
9	Neun Kaninchen	**35**	Neun Steinmesser
10	Zehn Rohr	**36**	Zehn Haus
11	Elf Steinmesser	**37**	Elf Kaninchen
12	Zwölf Haus	**38**	Zwölf Rohr
13	Dreizehn Kaninchen	**39**	Dreizehn Steinmesser
	OSTEN: Rohr		**WESTEN: Haus**
14	Eins Rohr	**40**	Eins Haus
15	Zwei Steinmesser	**41**	Zwei Kaninchen
16	Drei Haus	**42**	Drei Rohr
17	Vier Kaninchen	**43**	Vier Steinmesser
18	Fünf Rohr	**44**	Fünf Haus
19	Sechs Steinmesser	**45**	Sechs Kaninchen
20	Sieben Haus	**46**	Sieben Rohr
21	Acht Kaninchen	**47**	Acht Steinmesser
22	Neun Rohr	**48**	Neun Haus
23	Zehn Steinmesser	**49**	Zehn Kaninchen
24	Elf Haus	**50**	Elf Rohr
25	Zwölf Kaninchen	**51**	Zwölf Steinmesser
26	Dreizehn Rohr	**52**	Dreizehn Haus

Das Jahr *Eins Kaninchen* selbst galt aber als Unglücks- und Hungerjahr, wie Sahagún schreibt: »Man erwartete, man war darauf gefasst, dass nun um seinetwillen [des Jahres *Eins Kaninchen*, Anm. d. Autorin] eine Hungersnot anbrechen würde, die man ›das von Eins-Kaninchen‹ nannte. Über alle Maßen erregte es Schrecken, wurde es gefürchtet, wenn ›Eins Kaninchen‹ an der

172 Vgl. dazu ebd. 80 f.

Reihe war […] Und noch ehe das Jahr ›Eins Kaninchen‹ anbrach, zuvor schon war man klug: Man versteckte für sich und häufte viel an, kratzte den Lebensunterhalt zusammen und tat ihn in den Brotkasten.«[173] Nicht nur das, man fürchtete dieses erste Jahr des neuen Jahrhunderts so sehr, dass man sogar die Feier des neuen Zeitalters erst ein Jahr später im Jahr Zwei Schilfrohr beging. Dies zeigt sich auch in dem beide Jahre zusammenfassenden Ausdruck *Eins Kaninchen Schilfrohr* (*cetochtliacatl*).[174]

Der Beginn des neuen Zeitalters von 52 Jahren war ein absoluter Neubeginn, den man mit dem Entzünden des »Feuerbohrers« (*mamalhuatztli*) feierte. Mit diesem Namen belegten die Azteken ein Sternbild, das heute nicht mehr genau zu lokalisieren ist – wahrscheinlich waren es die Sterne, die den Gürtel des Orion bilden.[175] Und das Feuer dieser Sterne, so die aztekische Vorstellung, nahmen die Priester in Empfang und entzündeten damit auf der Erde alle Feuer nach 52 Jahren neu, damit die Sonne weiterhin aufgehen und ihren täglichen Verlauf nehmen konnte. Bei dieser Neujahrsfeier löschte man zunächst alle Feuer, entsorgte die Kleidung und das ganze Inventar in den Häusern und den Tempeln. Die Priester entzündeten zu diesem Anlass nachts auf einem Berg ein Feuer in der Brust eines extra dafür geopferten Kriegsgefangenen. Die Bevölkerung war jedesmal in Furcht, dass das Entfachen des neuen Feuers vielleicht nicht gelingen könnte, denn dies hätte zur Folge gehabt, dass die Sonne am Morgen nicht mehr aufgegangen und die Welt untergegangen wäre. Wenn es aber gelang, waren alle erleichtert, opferten Blut von ihren angeritzten Ohren und erneuerten Hausrat, Kleidung und Tempelinventar wie Idole. Sahagún beschreibt diese »Neujahrsfeier« so: »Wenn dieser Termin nun da war, wurde zuvor allerorten das Feuer gelöscht und erkaltete völlig. Und alles was aufbewahrt worden war in den Hütten der Leute, die Götzenbilder, […] alle wurden sie ins Wasser geworfen […] Und wenn der Feuerbohrer herabfiel, kam er dort auf dem […]

173 Ebd. 69. Sahagún gibt den Beginn bzw. die Reihenfolge der Tages- und Jahresnamen unterschiedlich an. So gibt es auch Tages- und Jahresreihen, die mit *Eins Kaninchen* oder *Eins Hund* beginnen.

174 So Leonhard Schultze-Jena 1950, 82, der damit den Widerspruch bei Sahagún aufklärt, der einerseits angibt, das neue Zeitalter beginne mit dem Jahr *Eins Kaninchen* und an anderer Stelle, es beginne mit *Zwei Schilfrohr*.

175 s. dazu ausführlicher Ulrich Köhler 2009, 182–187.

Gipfel des Berges Vixachtlan, um Mitternacht herab, genau wenn die Nacht sich mitten teilte. Auf die Brust eines Kriegsgefangenen, der eines Hochadligen Sohn war, fiel er herab, auf seiner Brust bohrte man die Feuerhölzer an. Und wenn sie eben herabgefallen waren und Feuer gefangen hatten, schnitten sie dem Gefangenen nunmehr flink die Brust auf, nahmen ihm das Herz heraus und warfen es sofort ins Feuer, um es dem Feuer zu fressen zu geben, ihm als Speise zu verabreichen. […].

Schon dunkelte es, wenn dorthin die Mexikaner [die Priester und Gefolge, Anm. d. Autorin] aufbrachen. Alle Brandopferpriester stellten sich ordnungsgemäß auf, schmückten und kleideten sich mit den Gewändern der Götter. Ein jeglicher stellte eine Persönlichkeit von ihnen dar; sie spielten die Rollen entweder von Quetzalcoatl oder die von Tlaloc […]«[176]

Während die Priester zum Entfachen des neuen Feuers auf den Berg zogen, wartete die Bevölkerung in Angst und Schrecken, denn »wenn der Feuerbohrer nicht glücklich herabfiele, dann würde man völlig zugrunde gehe, würde man am Ende sein, es würde ganz Nacht werden. Die Sonne würde nicht mehr aufgehen, so dass es nun völlig dunkel werde. Es würden Tzitzitzmi-Ungeheuer heruntergestürzt kommen und die Menschen fressen. So stieg denn jedermann auf sein flaches Dach […]. Niemand war, der auf dem Erdboden unten im Haus zurückgeblieben, der sitzen geblieben wäre. […]

Deshalb tat jedermann nur das eine, dachte nur an das eine: Immerzu hielt man nach diesem Gipfel Vixachtecatl Ausschau, blieb dauernd um dessentwillen wach […], von wo sie mit Bangen erwarteten und dem Augenblick entgegensahen, dass der Feuerbohrer herabfallen werde, in welchem Augenblick es aufstrahlen, aufglänzen werde.

Und wenn es im kleinsten Anfang geglückt war, wenn er Feuer gefangen hatte, wenn er heiß geworden war, nunmehr endlich große Flammen aussandte und es strahlte, überallhin es sichtbar wurde und man es vom weiten sah, dann schnitt sich jedermann schleunigst in die Ohren, und schnippte (das Blut) in Richtung auf das Feuer weg. Und auch (dem Kinde), obschon es noch in

176 Bernardino de Sahagún 1950, 73.

der Wiege lag, schnitten sie in die Ohren, entzogen ihm Blut und spritzten es gegen das Feuer. […]«[177]

Von den Oberpriestern, die das Feuer entfacht hatten, wurden Boten ausgeschickt, die das Feuer in die Tempel, die Priesterwohnungen, die Jünglingshäuser und schließlich in die Wohnviertel brachten.

»Alsdann erneuten sie sogleich alles in den Hütten: Kleidung, die Männerkleidung, die Frauenkleidung, die Matten, die Binsenmatten, die Lehnsessel zu Versammlungszwecken wurden alle erneut, auch die Kochtopf-Herdsteine und die Mörserstößel. Als dann zog man neue Mäntel an und band sie fest; die Frauen kleideten sich in neue Hüfttücher und Überhemden, weil, wie es hieß, das neue Jahr anfinge. Man hatte sein Vergnügen, man freute sich und sagte, dass nunmehr Elend und Hungersnot zu Ende und von uns gewichen sei.«[178]

Da man den rituellen Kalender, der vor allem von Sahagún ausführlich beschrieben wird, als eine Art »Katechismus«[179] ansehen kann, gibt er wichtige und wesentliche Informationen über die aztekische Religion, ihr Weltbild, ihre Götter und vor allem Ethik und Moral. Ähnlich wie bei den christlichen zehn Geboten – nur sehr viel ausführlicher – wird hier die Ethik der Azteken beschrieben. Er gibt Auskunft über das, was als gut oder böse, als Ideal und Tugend, oder als Laster und Untugend angesehen wurde, was man sich wünschte, ablehnte oder fürchtete.

Die Tage waren für die Azteken mehr als bloße Kalenderzeichen, sie wurden als individuell und lebendig mit menschlichen Eigenschaften wie »gut« (*qualli*) oder feindselig bzw. »schlecht« (*amo qualli*) beschrieben. Die Tage folgen eigenen, von den Menschen unabhängigen Gesetzen und bestimmen deren Schicksal. Diese haben zwar nicht die Macht, die Gesetze zu verändern, wohl aber sie durch Beobachtung der Gestirne zu erkennen und in gewissen Fällen – wenn auch in eingeschränkter Weise – der Vorherbestimmung auszuweichen. Deshalb wurde z. B., wie bereits erwähnt, die »Taufe« eines Kindes auf einen glücklicheren Tag verschoben. Auch wenn ein guter oder schlechter

177 Ebd. 75.
178 Ebd. 77.
179 So Leonhard Schultze-Jena in: Bernardino de Sahagún 1950, 241.

Tag nicht automatisch Glück oder Unglück brachte, sondern nur die Tendenz dazu verhieß, führte man Unternehmungen verschiedenster Art an Erfolg versprechenden Tagen durch. Es kam auch auf den Lebenswandel des Menschen an. So konnte ein unter einem guten Tageszeichen Geborener durch einen schlechten Lebenswandel das Glück verscherzen und umgekehrt jemand, der unter einem schlechten Tageszeichen geboren war, durch einen vorbildhaften Lebenswandel das verheißene Unheil abwenden: »So ist auch *5 Wasser* übel; wie man ja sagt, dass durchgehend die Tage, die eine Fünf im Namen führen, alle übel seien. Diejenigen, die an einem von ihnen geboren werden, sind von schlechter Gemütsart, nicht freundlich, sondern bösartig. Außerdem aber sagt man, dass diese Tage, mögen sie auch eine Fünf im Namen haben, doch zur Hälfte als gut gälten: Insofern zur Hälfte gut: wenn jemandem ein Tageszeichen mit einer Fünf zuteil wurde, und er dann reifer wurde, in sich ging und infolgedessen ein tüchtiger Mann wurde, dann widerfuhr ihm, was es damit auf sich habe, doch nicht das Schicksal, das Los, dem zufolge er ein schlechtes Menschenkind werden müsste. Ganz im Gegenteil, was er nicht zu hoffen wagte, dass es ihm zuteil werde, traf ein. Irgendwie gehoben gewann er nunmehr Ruhm, kam er zu Ehren, so war, hieß es sein Leben. […] Er hatte sich dadurch Gutes erwiesen, dass er in jungen Jahren die Ermahnungen der Alten angenommen, ihnen Gehör geschenkt hatte und dadurch klug geworden war.«[180]

Sahagún geht ausführlich auf die Glück und Unglück verheißenden Tage ein: »Und derjenige, der am Tage ›1 Steinmesser‹ geboren wurde, von dem hieß es, er werde mannhaft, tapfer und werde geehrt werden und in Überfluss leben. So auch wenn es eine Frau ist: Sie wird ein Glückskind sein, vom Schicksal bevorzugt und begünstigt. Gut gerät, was immer sie mit der Hand arbeitet; da sein wird, was sie trinken, was sie essen will, sie wird eine Esserin doppelter Portionen sein. In Überfluss wird sie leben und reich sein.«[181] Gleiches gilt für die, die im Tageszeichen *Zwei Regen, Drei Blume, Vier Krokodil, Fünf Wind, Sechs Haus, Sieben Eidechse,*

180 Bernardino de Sahagún 1950, 173.

181 Ebd. 179.

Acht Schlange, Neun Tod, Zehn Hirsch, Elf Kaninchen, Zwölf Wasser oder *Dreizehn Hund* geboren sind.

Der Tag *Zwei Hirsch* war »ein übler Tag, nur Unglück brachte er den Leuten. Wer an ihm geboren wurde, dem wurde keine Schicksalsgunst zuteil, sondern er lebte dauernd in Armut. Er gehört zu denen, die voller Angst sind, sehr ängstlich ist er, überängstlich, berghochängstlich, bekannt als einer, der vor Angst pisst, ein Angstherz.«[182]

Aufgabe der Priester war es, die guten und die schlechten Tage nach der Berechnung des Kalenders zu prognostizieren. Aber es gab auch eine eigene Berufsklasse für diese Tätigkeit: der »Tageszähler ist der, der einem das Schicksal aus dem Kalender berechnet, der die Rechnung immer wieder überprüft und der ein gutes Gedächtnis hat«[183].

Die Azteken berechneten nicht nur den Umlauf von Sonne und Mond, sondern auch von Mars und Venus. Zwischen Sonnen- und Mondkalender auf der einen und der Umlaufzeit von Mars und Venus andererseits gab es entsprechende Korrelationen: Die synodische Umlaufzeit des Mars beträgt 780 Tage, was wiederum der Tageszahl von drei Jahren nach dem Mondkalender (*tonalpohualli*) entspricht. Die synodische Umlaufzeit der Venus beträgt 584 Tage, und fünf synodische Umlaufzeiten der Venus entsprechen der Tageszahl von acht Jahren nach dem Sonnenkalender (*xihuitl*), $5 \times 584 = 365 \times 8\ (-0{,}5)$.

Die aztekischen Kalendersysteme entsprachen dem tropischen Kalender genauer als unser gregorianischer Kalender. Eine Korrelation zwischen christlichem und aztekischem Kalender ist uns heute möglich, weil wir ein festes Ausgangsdatum haben, nämlich den 13. August 1521, der Tag, an dem Tenochtitlán definitiv von den Spaniern erobert wurde. Mehrere Quellen bestätigen, dass dieses Datum dem aztekischen Tag *Eins Schlange* (*1 coatl*) und dem Jahr *Drei Haus* (*3 calli*) entsprach. Bei der Zuordnung von historischen Ereignissen ergibt sich dann allerdings das Problem, welcher 52-Jahrzyklus zutreffend ist. Hinzu kommen ungenaue Überlieferung oder Abschreibfehler.

182 Ebd. 135.
183 Ebd. 79.

»Diese Sachen sind alle so kostbar gewesen« – Kunst und Handwerk

Diese Sachen sind alle so kostbar gewesen, dass man sie auf hunderttausend Gulden werth schätzt. Ich aber hab' all' mein Lebtag' nichts gesehen, das mein Herz so erfreut hat wie diese Dinge. Denn ich sah wundervolle kunstvolle Sachen und verwunderte mich über die Ingenia der Menschen in fremden Landen.[184]

Diese Worte schrieb 1522 einer der ersten Bewunderer der aztekischen Kunst, Albrecht Dürer, in seinem Tagebuch. Schon in den Jahren 1519 und 1520 fand eine Ausstellung aztekischer Kunstwerke statt, zu deren Besuchern auch Dürer gehörte: Hernán Cortés übersandte 1519 an die 160 indianische Objekte dem spanischen König, von denen die meisten Geschenke von Moctezuma an Cortés waren, darunter die Gewänder der Priester von Quetzalcoatl und Tezcatlipoca und ein Federkopfschmuck. Die Sammlung konnte in Städten wie Veracruz, Sevilla, Valladolid und Brüssel bewundert werden.

Kunst und Kunsthandwerk schufen die aztekischen Künstler nicht aus rein ästhetischen Gründen und Motiven, sondern für religiöse Zwecke. Die Kunst der Azteken ist deshalb in diesem Kontext zu sehen: Jedes noch so kleine Zeichen beinhaltete eine religiöse Botschaft. Obwohl dem heutigen Betrachter diese Botschaften nicht mehr ohne weiteres zugänglich sind und dadurch das Verständnis der aztekischen Kunstwerke erschwert wird, haben die hervorragenden Leistungen vor allem im Bereich der Architektur und Plastik über die Jahrhunderte ihre faszinierende Ausstrahlung behalten. Auch bezüglich Kunst und Handwerk gilt, dass die Azteken die Erben der Vorgängerkulturen, vor allem der der Tolteken waren. Wie zuvor behandelt, waren die Azteken von den Tolteken so begeistert, dass sie deren Kunstwerke von Tula nach Tenochtitlán überführten oder diese kopierten. Beispiele

184 Albrecht Dürer, Niederländisches Tagebuch, in: Dürer's Briefe, Tagebücher und Reime, Wien 1872, 114.

dafür sind die Chacmool-Figur und einige Kriegerskulpturen im Haupttempel von Tenochtitlán.

Plastik und Relief der Azteken zeigen sowohl naturalistische wie abstrakte Darstellungen von Miniatur- bis Monumentalgröße. Dabei überwiegen die Kunstwerke aus Stein, meist harter Basaltstein, der durch Meißeln und Polieren mühsam bearbeitet werden musste. Die Figuren der verschiedenen Gottheiten werden sitzend oder stehend dargestellt. Die einzelnen Gottheiten sind an ihren Attributen unterscheidbar. Im Folgenden sollen die berühmtesten Steinskulpturen kurz vorgestellt werden.

Nicht nur von der Größe beeindruckend ist die fast drei Meter hohe Monumentalplastik der Göttin Coatlicue (»die mit dem Schlangenrock«, im MNA), die zwar in der aufrechtstehenden Gestalt an einen Menschen erinnert, ansonsten aber überhaupt keine menschlichen Merkmale aufweist: Statt eines Kopfes treten aus dem Rumpf zwei Schlangen hervor, statt Händen und Füßen hat sie Jaguarpfoten und die Kleidung besteht, wie der Name sagt, aus einem Rock von sich umeinander windenden Schlangen. Sie trägt eine Halskette mit Menschenherzen und -händen und an ihrem Gürtel zwei Totenschädel. Neben dieser Großplastik gibt es eine weitere etwas kleinere Darstellung der Coatlicue, allerdings in diesem Fall mit einem Totenschädel als Kopf. Diese trägt ebenfalls einen Schlangenrock und hat die Hände wie zum Gebet erhoben. Auch die Kopfdarstellung der Göttin Coyolxauhqui (beide im MNA) mit einer mützenartigen Kopfbedeckung, Ohrgehänge, Nasen- und Wangenschmuck ist zu erwähnen. Von Mictlantecuhtli gibt es eine Keramikplastik, die den Gott stehend mit erhobenen Händen und halb als Skelett zeigt (im Museo del Templo Mayor). Eine hervorragende Arbeit ist auch die mit gekreuzten Beinen auf einem Podest sitzende Figur des Gottes Xochipilli (im MNA), der eine Gesichtsmaske trägt.

Neben den Gottheiten wurden auch einfache Menschen dargestellt, wie die Skulptur eines *macehual* zeigt, der nur mit einem Lendenschurz bekleidet ist. Ein Pendant dazu ist die Holzfigur einer Frau (beide im MNA). Menschen wurden bei den Azteken fast ausschließlich in dieser Form der Steinskulptur dargestellt, im Unterschied zu den vorangegangenen Kulturen kaum als Tonfiguren.

Meisterwerke der aztekischen Kunst sind die äußerst realistischen Tierplastiken aus Stein wie von Jaguaren und vor allem von sehr vielen, meist zusammengerollten Schlangen. Daneben gibt es auch eine Reihe mythischer Tierwesen, wie z. B. gefiederte Schlangen.

Ebensolche Meisterwerke sind die unterschiedlichen Altäre, in der Literatur auch als Opfersteine und von den Azteken als Adlerschalen (*quauhxicalli*) bezeichnet. So gibt es zum einen liegende Adler- oder Jaguarfiguren, die auf dem Rücken eine runde Vertiefung für die geopferten Herzen haben. Im Tempel der Adlerkrieger in Malinalco ist heute noch ein solcher Altar in Form eines auf dem Boden liegenden Adlers mit ausgebreiteten Flügeln und einer entsprechenden Vertiefung im Rücken an Ort und Stelle zu sehen. Die berühmtesten Steinwerke dieser Art sind der sogenannte Sonnenstein und der Stein des Tizoc.

Der sogenannte Sonnenstein ist ein Monolith aus Basalt mit einem Durchmesser von 3,6 m und ist 1,22 m dick sowie 24 Tonnen schwer. Er hat die Form einer Scheibe, die reliefartig in der Mitte das Gesicht einer Gottheit zeigt, nach verbreiteter und bisheriger Deutung das des Sonnengottes (*tonatiuh*). Kreisförmig drumherum sind vorwiegend kalendarische Zeichen dargestellt. Nach der Eroberung Tenochtitláns verschwunden, wurde der Monolith am 17.12.1790 auf dem Zócalo in Mexiko-Stadt südlich der Kathedrale entdeckt. Der Vizekönig ließ den riesigen Stein am Westturm der Kathedrale anbringen und er erhielt vom Volk den Namen »Moctezumas Uhr«. 1885 kam er in das alte MNA und ist heute der Mittelpunkt des Azteken-Saales im neuen Museum. Der Sonnengott (*tonatiuh*), der das fünfte Weltzeitalter regiert, bildet das Zentrum des auch nach ihm benannten Sonnensteins. Dargestellt ist sein Gesicht mit offenem Mund und herausgestreckter Zunge als Hinweis darauf, dass er Menschenopfer als Nahrung benötigt. Neuerdings gibt es die Deutung, dass es sich nicht um den Sonnengott, sondern um die Erdgöttin Tlaltecuhtli[185] handelt, eine Interpretation, die sich aber nicht eindeutig durchsetzen kann. Um das Gesicht herum sind die Zeichen der vier vorhergegangenen Weltzeitalter bzw. Sonnen gruppiert: *Vier Jaguar* als

185 So z. B. Ulrich Köhler 2009, 126–134.

erste Sonne, *Vier Wind* als zweite Sonne, *Vier Regen* als dritte und *Vier Wasser* als vierte Sonne.[186] Das Gesicht des Sonnengottes und die Zeichen der vier Weltzeitalter werden von drei Ringen mit kalendarischen Zeichen eingerahmt. Der erste Ring zeigt – entgegen dem Uhrzeigersinn – die 20 Tageszeichen des Kalenders. Im zweiten Ring sind die Strahlen der Sonne in Form dreieckiger Spitzen, ferner Schmuck und Kennzeichen der Sonne wie Federn oder Jade und die Symbole für Universum, Wärme und Blut zu sehen. Der dritte und letzte Ring wird von zwei Feuerschlangen (*xiuhcóatl*) gebildet, die den gesamten Sonnenstein einrahmen. Ihre beiden Köpfe befinden sich in der unteren, die Schwanzenden in der oberen Bildhälfte. Der Körper der Schlangen ist mit Flammensymbolen verziert. Im offenen Maul einer Schlange ist der Kopf des Erdgottes Xiuhtecuhtli, in dem der anderen der des Sonnengottes Tonatiuh zu sehen. Die Schwanzenden der beiden Schlangen oben werden durch das Kalenderzeichen *Dreizehn Schilfrohr* verbunden.

Der Stein war ursprünglich in den Farben Rot und Ocker bemalt, wie eine Untersuchung der Farbreste im Zusammenhang mit einer umfangreichen Säuberung des Steines im Jahre 2000 nachwies. Seit der ersten wissenschaftlichen Studie von Antonio León y Gama über den Sonnenstein (1792) bis heute diskutieren die Wissenschaftler kontrovers nicht nur über die ursprüngliche Position des Monoliths, sondern auch über die Funktion und die Darstellungen. Zur Frage, wie der Stein ursprünglich aufgestellt worden war, ob horizontal oder vertikal, gibt die Modelldarstellung einer Tempelpyramide in Form eines ein Meter hohen Monolithen Auskunft: Dargestellt ist eine Pyramide mit ihren Treppen und oben befindet sich statt des Tempels eine dem Sonnenstein ähnliche Scheibe. Rechts und links neben dieser Scheibe zeigen Reliefs die Götter Huitzilopochtli und Tezcatlipoca. Diese Darstellung könnte ein Hinweis dafür sein, dass der Sonnenstein ursprünglich ähnlich vertikal aufgestellt worden war.

Ein weiterer bekannter Monolith ist der sogenannte Stein des Tizoc (im MNA). Dieser hatte wie der Sonnenstein die Funktion eines Opfersteins und ist mit ca. 2,70 m Durchmesser etwas kleiner, dafür aber mit einem Gewicht von 26 Tonnen schwerer. Wie der

186 Vgl. dazu S. 133 f.

Name sagt, beauftragte Tizoc die Herstellung des Steines nicht nur als Opferstein, sondern auch gleichzeitig zur Darstellung seiner Eroberungen, vergleichbar mit der berühmten Trajanssäule im Alten Rom, die die Siege des Kaisers Trajan zeigt: Ein fast ein Meter hoher umlaufender Fries zeigt Tizoc in der Kleidung des Gottes Huitzilopochtli zusammen mit dem Gott Tezcatlipoca, der mehrere Schutzgötter der eroberten Städte am Haarschopf festhält. Ein weiterer beeindruckender Monolith dieser Art ist der Stein der Coyolxauhqui.[187]

Zu erwähnen sind ferner die aus Stein hergestellten Kisten mit Deckel, sogenannte Deckelkisten, von den Azteken »steinernes Mattenhaus« (*tepetlacalli*) genannt. Diese mit Reliefs reich verzierten Kisten dienten zur Aufbewahrung der bei der Bestattung von Herrschern oder auch Adligen verwendeten Kultgeräte, der Kleidung des Verstorbenen und anderem.

Die Künstler, die Gold, Federn oder Edelsteine be- und verarbeiteten und daraus die Luxusartikel für die adlige Oberschicht herstellten, waren gesellschaftlich hoch angesehen. Für die Federarbeiten wurden die Federn exotischer Vögel verwendet wie die des Kolibri, Quetzal, Löffelreihers, Ara sowie anderer Papageien, der Trupiale (*Icterus gularis*) oder der Türkisblauen Kotinga (*Cotinga cayana*). Aus den Federn wurden Körper- oder Kopfschmuck, Mäntel, Fächer, Standarten oder Schutzschilde hergestellt und Panzer der Krieger damit ausgestattet. Dabei wurden die Federkiele während des Webens in Stoffe hinein geflochten und auf einem mit Bambusstäbchen stabilisierten Netz aus Faserschnüren angebracht oder auf Agavepapier aufgeklebt.

Nicht nur in Hinblick auf Steinskulpturen, sondern auch bezüglich der Federarbeiten vollbrachten die Azteken wahre Kunstwerke. Verwiesen sei nur auf den sogenannten Kopfschmuck bzw. die Federkrone des Moctezuma II., der sich heute im Weltmuseum in Wien befindet. Es ist ein halbkreis- oder fächerförmiger Federkopfschmuck mit einer Höhe von 1,16 m und einer Länge von ca. 1,75 m, der mit verschiedenen, in konzentrischen Kreisen angeordneten exotischen Vogelfedern

187 s. S. 126 f., 145 f.

und Goldplättchen ausgestattet ist. Von den kleinsten Kreisen ausgehend sind es die Federn der Türkisblauen Kotinga, des Löffelreihers, des Quetzal und rötliche Federn der Trupiale und schließlich insgesamt 450 der fast einen halben Meter langen grün-türkisfarben schimmernden Schwanzfedern des Quetzal. Wenn man bedenkt, dass ein Quetzal-Vogel in der Regel nur zwei Schwanzfedern hat, dann waren es an die 225 Quetzal-Vögel, die für diesen Kopfschmuck ihre Federn lassen mussten. Befestigt sind die Federn an einem durch Bambusstäbchen stabilisierten Netz aus Faserschnüren, eine Art Kappe aus Lederbändern diente zum Aufsetzen auf den Kopf. Erstmals eindeutig erwähnt wird dieser Kopfschmuck 1596 in dem Inventar der Kuriositätensammlung von Erzherzog Ferdinand von Tirol im Schloss Ambras bei Innsbruck. Im 19. Jh. gelangte er ins Weltmuseum Wien. Nach einem Schädlingsbefall musste er 1898 restauriert werden. Dies ist nicht der Federkopfschmuck, den Hernán Cortés von Moctezuma erhielt und den er 1519 dem spanischen König übersandte. Aber es ist der einzig erhaltene aztekische Federkopfschmuck, von dem eine Kopie im MNA zu sehen ist. Bis heute ist der mexikanische Staat an einer Rückführung dieses Stückes an seinen Ursprungsort interessiert. Dies fordern auch indigenistische Gruppen, denen der Federschmuck als Symbol der indianischen Vergangenheit gilt, allen voran der von Xokonoschtletl Gomora zu diesem Zweck gegründete Verein Yankuikanahuak. Allerdings würde nach wissenschaftlichen Untersuchungen das Exponat einen Transport nicht unbeschädigt überstehen und so wird es wohl auch in Zukunft in Wien und nicht in Mexiko-Stadt zu besichtigen sein.

In der Kolonialzeit lebte die Federkunst in anderer Form weiter: Indianische Künstler stellten für die Kirche Altarbilder in Form von Federmosaiken her.

Die wie Gemälde erscheinenden Federmosaiken stellte man mit Hilfe vorgezeichneter Schablonen her. Zunächst klebte man die Federn nach Farben sortiert jeweils auf einzelne Agavepapierstücke. Diese Papierstücke wurden mit Hilfe der Schablonen ausgeschnitten und dann damit Teil für Teil das Federmosaik zusammengesetzt, dessen Unterlage man zuvor schon mit gewöhnlichen Federn beklebt hatte. Es sind einige wenige Federmosaiken als

Kopfschmuck oder auf Schutzschilden der Krieger erhalten. Von den Schutzschilden gibt es Beispiele im Weltmuseum Wien und im Stuttgarter Landesmuseum Württemberg. Das Wiener Exponat hat einen Durchmesser von 70 cm und zeigt ein hundeartiges Tier, einen Kojoten oder das Fabelwesen Ahuitzotl. Der Körper ist aus Federn des Türkisblauen Kotinga hergestellt, die Konturen des Kojotenfelles sind mit schmalen Goldblechstreifen betont. Der Hintergrund wird durch die hellrosa Federn des Löffelreihers gebildet. Eines der Stuttgarter Schilde ist mit einem Durchmesser von 75 cm fast so groß wie das Wiener. Es ist in zwei gleich große Hälften unterteilt, die von einem getreppten Mäandermuster durchzogen werden. Die obere Hälfte wird durch die rosa Federn des Löffelreihers, die untere Hälfte durch die goldfarbenen Federn des Trupials gebildet. Die untere Hälfte zeigt zudem eine Darstellung der Sonne in Form mehrerer vielfarbiger konzentrischer Kreise. Ein zweites Schild zeigt eine ähnliche Darstellung eines getreppten Mäandermusters. Eine weitere bekannte Federmosaikarbeit in Form einer Schürze, wie sie die Priester beim Gottesdienst trugen, befand sich in Berlin, verbrannte aber 1945.

Die aztekischen Künste der Buchmalerei[188] und der Mosaikarbeiten und die Goldschmiedekunst sind stark von den Mixteken beeinflusst, die in diesen Bereichen Meister waren. Die Azteken zogen nicht nur mixtekische Kunstwerke als Tribut ein, sondern engagierten auch mixtekische Künstler und siedelten sie in Tenochtitlán an. So sind die in der aztekischen Hauptstadt gefundenen Mosaik- und Goldarbeiten nicht von den mixtekischen zu unterscheiden bzw. haben letztlich den gleichen Ursprung.

Aus Gold und Silber stellte man vor allem Schmuck und Opfergaben her. Gold und Silber galten den Azteken als »Götterkot« (*teocuitlatl*) des Sonnen- und des Mondgottes und hatten keine Rolle als Geldmittel im Handel, sondern höchstens als Geschenke, mit denen Herrscher und Fürsten bestimmte Leute auszeichneten. Silber war dabei wertvoller als Gold, weil es, wie Sahagún vermerkte, seltener war.[189] Für die Spanier hatten zunächst die Goldminen eine größere Bedeutung. Aber ab Mitte des 16. Jh.s wurde

188 s. dazu S. 32.
189 Bernardino de Sahagún 1927, 372.

im Norden Mexikos mithilfe von Sklavenarbeit intensiv Silber abgebaut. Die Stadt Guanajuato hatte die reichsten Silberminen. Nach Peru war Mexiko der zweitgrößte Silberlieferant Spaniens, heute ist es der weltweit größte Produzent von Silber.

Die Technik der Goldverarbeitung wurde wohl aus Südamerika (Ecuador, Kolumbien) und Panama übernommen. In Südamerika datieren die ältesten Goldfunde aus der Zeit um 600 v. Chr., in Mexiko um 900 n. Chr. Die aztekischen bzw. mixtekischen Goldschmiede verwendeten zum einen Goldblech, das sie durch Schmieden herstellten und dann aushämmerten und damit andere Materialien überzogen. Die andere Form der Goldverarbeitung war der Guss in verlorener Form. Dabei stellte man zunächst ein Modell aus einem Gemisch von Kohle und Ton her, das glatt poliert und mit Wachs überzogen wurde. Das Ganze ummantelte man daraufhin erneut mit dem Kohle-Ton-Gemisch und erhitzte es dann im Feuer. Das Wachs wurde flüssig, trat aus einer kleinen dafür angebrachten Gussröhre heraus. So entstand ein Hohlraum, den man mit dem verflüssigten Gold auffüllte. Danach entfernte man den Ton und badete die entstandene Figur in Alaun, glättete sie und besserte eventuelle Risse aus.

Eine hochentwickelte Kunsttechnik war die Inkrustation (von lat. *incrustatio*, »Überkrustung«, »Einlage«). Darunter versteht man das Einlegen oder Überziehen von Figuren, Masken oder Schmucksachen mit bestimmten Materialien wie Edelsteinen, Knochen, Muscheln oder Koralle. Auch diese Technik hatten die Azteken von den Mixteken übernommen und die entsprechenden Kunstwerke oft von diesen anfertigen lassen. Dabei setzten die Künstler bei Skulpturen von Menschen, Gottheiten oder Tieren als Augen Obsidian oder Edelsteine oder als Zähne z. B. Korallen ein. Vor allem Masken, Messergriffe, Helme und Schilde der Krieger, Schmuck wie Ohrpflöcke oder Pektorale oder menschliche Schädel wurden meist mit Türkis, aber auch Jade, Malachit, Obsidian oder Muschelschalen überzogen. Das Material der Masken, Schilde oder Messergriffe, das mit Jade inkrustiert wurde, bestand meistens aus Holz. Die Masken stellten vorwiegend Gottheiten wie Quetzalcoatl oder Tlaloc dar und wurden von den Priestern bei den entsprechenden Festen und Riten getragen oder dienten als Opfergaben.

Erwähnenswert sind auch die Opfermesser, die im Durchschnitt ca. 30 cm lang waren und kunstvoll verarbeitete, ca. 10–15 cm lange Messergriffe besaßen. Die Klinge besteht vorwiegend aus Obsidian, manchmal auch aus anderen Steinen wie z. B. Chalcedon, der Griff aus Holz. Der Letztere ist dabei meist als liegende Figur gearbeitet, die z. B. einen Krieger darstellt, der die Messerklinge mit beiden Händen hält. Körper und Kleidung der Figur wurden dabei mit verschiedenartigen Steinen inkrustiert. Beliebt waren auch Opfermesser ohne Griffe, die mit eingesetzten Augen und Zähnen ein Gesicht darstellten. Menschliche Schädel wurden zum einen ganz mit Türkis oder ähnlichen Materialien inkrustiert oder man setzte ihnen nur Muscheln oder Steine als Augen und Obsidianmesser als Nase und Zunge ein.

Von den Textilien sind wenige erhalten, wir sind darüber besser durch entsprechende Abbildungen informiert. Der einfache Bürger trug wie bereits erwähnt Kleidung aus Fasern der Agave- oder Yucca-Pflanze, der Adel Kleidung aus importierter Baumwolle. Aus Baumwolle webte man Decken, Umhänge oder Gürtel. Beliebt waren geometrische oder blumenartige Muster. Das Weben war in der Regel Aufgabe der Frau. Meistens verwendete man den bis heute gebräuchlichen, am Gürtel des Webers befestigten Webstuhl. Hergestellt wurden neben einfachen gewebten Stoffen auch samt- und brokatähnliche Stoffe und sogar Imitationen von Tierfellen.

Als Keramik der Azteken für den alltäglichen Gebrauch sind Teller, Krüge, Mörser mit geometrischem schwarzen Dekor oder Pflanzen- und Tierdarstellungen sowie große einfarbige Gefäße zur Aufbewahrung von Lebensmitteln zu nennen. Bei der Oberschicht waren rötlich glasierte Keramikgefäße beliebt, die aus Cholula importiert waren oder von mixtekischen Künstlern hergestellte, bunt bemalte Keramik.

Über die Architektur der Palastanlagen der Herrscher und Adligen sind wir weniger informiert als über die der Tempel und Sakralbauten der Azteken. Die eigentlichen, meist aus Holz errichteten Tempel sind heute, mit Ausnahme des Tempels von Malinalco, nicht mehr erhalten. Was sich jeweils erhalten hat, ist der pyramidenförmige Unterbau bzw. die Basis, auf dem der Tempel stand. Der Bau der Tempel wurde genau nach astronomischen Begebenheiten und Berechnungen (z. B. Sonnenaufgang zur Tag- und Nachtgleiche im März und September) ausgerichtet. Erscheinen heute die Reste der Pyramiden und Tempel in einem sehr »einfarbigen« Äußeren, so waren die Fassaden früher mit einer mehrfarbig bemalten Stuckschicht versehen, meist in den Farben Weiß, Rot und Blau. Die Tempel wurden oft in mehreren Bauphasen überbaut oder »übermantelt«, sodass eine Pyramide mehrere Vorgängertempelbauten in sich bergen kann. Die Azteken stellten sich den Himmel als einen Berg vor. Entsprechend symbolisierte der Tempelbau einen Berg und dieser wiederum den Himmel. Deshalb haben die Tempelpyramiden oft 13 Stufen, von denen jede einen der 13 Himmel darstellte. Beim Haupttempel von Tenochtitlán sind es zwar weniger Stufen, aber der Tempel symbolisierte ebenfalls den Himmel und den mythischen Berg Coatepec, wo Huitzilopochtli geboren wurde und seine Schwester im Kampf besiegte.

»Wohin soll ich gehen?« – Philosophie der Azteken

Wohin soll ich gehen?
Oh, wohin soll ich gehen?
Der Weg des Gottes der Zweiheit,
ist dein Reich am Ort der Toten?
Im Innern der Himmel?
Oder ist nur hier auf Erden
Der Sitz der Toten?[190]

Woher kommen wir? Wer sind wir? Wohin gehen wir? Dies sind nicht nur in der Alten Welt die Grundfragen in Religion und Philosophie, auch in der Neuen Welt und vor allem bei den Azteken spielten sie eine ebenso große Rolle. Aztekische Philosophie? Die Vorstellung mag manchen befremden, der die aztekische Kultur eher mit Krieg und Menschenopfer verbindet. Wir orientieren uns in unserer Vorstellung von Philosophie weitgehend an der altweltlichen, vor allem der griechisch-römischen und der in ihrer Nachfolge stehenden europäisch-westlichen Philosophie.

190 *Cantares Mexicanos*, fol. 35v., zit. in: Miguel León-Portilla 2003, 70.

Aber wenn man den Blickwinkel erweitert und Philosophie als ein universales, auf der ganzen Welt vorkommendes Phänomen auffasst, kann man mit voller Berechtigung auch von aztekischer Philosophie sprechen. Der mögliche Einwand der Verbindung aztekischer Philosophie mit Religion kann mit dem Hinweis entkräftet werden, dass sich die Religionsphilosophie der Alten Welt auch mit Fragen der Religion beschäftigt, handele es sich dabei nun um »jüdische«, »christliche« oder »islamische« Philosophie. In der aztekischen Philosophie wird – wie im Folgenden zu zeigen ist – vor allem auch die kritische Frage nach dem Wesen des Göttlichen und nach der Wahrheit der Aussagen der religiösen Tradition gestellt.

Kenner der aztekischen Kultur schätzten schon sehr früh die aztekische Weisheit und Dichtung und sprachen dementsprechend von aztekischer Philosophie – in einer Zeit, als die meisten Primärquellen noch gar nicht vorlagen. So übersetzte Sahagún das Nahuatl-Wort *Tlamatini* (= »der etwas weiß«) mit »Weiser«[191] bzw. »Philosoph«[192]: »Der Weise ist eine Leuchte, eine Fackel, eine starke Fackel, ein klarer Spiegel, ein großer, beiderseits polierter Spiegel. Er ist in Besitz von Bilderschriften, hat Bücher, nennt sie sein eigen. Er ist den Menschen ein Vorbild, er ist der Weg, er ist der Führer, der antreibt; er ist ihr Begleiter, ist Leiter, der ihnen vorangeht. Der wahre Weise ist wie ein Arzt, ein Hüter, der wohl unterrichtet ist, ein Mann, zu dem man Vertrauen hat und der des Vertrauens würdig und wert ist, dass man ihm glaube. Ein Lehrer der Wahrheit, ein Mahner, ein Erzieher, der das gute Beispiel gibt; der einem die Augen öffnet, die Ohren öffnet, der einen aufklärt, einem die Richtung weist, der einem den Weg abkürzt, einen immer begleitet. […] Er erleuchtet die Welt über uns und weiß über das Land der Toten Bescheid. Er ist kein Spötter, kein Täuscher: Auf ihn stützt man sich, auf ihn beruft man sich, auf ihn hofft man sehnlichst, auf ihn vertraut man, ihm schließt man sich eng an. Er gibt den Herzen der Menschen Sicherheit und Stütze, ist Arzt und heilt sie.«[193]

191 So die Übersetzung von Schultze-Jena in Bernardino de Sahagún 1952, 75 ff.
192 So Miguel León-Portilla 1983, 66.
193 Bernardino de Sahagún 1952, 75 ff.

Aus diesem Text von Sahagún geht hervor, dass der »Weise« bzw. Philosoph auch als Pädagoge und Psychologe fungierte. Vom Priester unterscheidet er sich durch seine Zweifel und Kritik z. B. am Leben nach dem Tod. Insofern ist er auch als Wissenschaftler anzusehen, wie Fernando de Alva Ixtlilxóchitl betont: »Und schließlich, die Philosophen und Weisen, die es unter ihnen gibt, es ist ihre Aufgabe, alle Wissenschaften, die sie beherrschen, darzustellen und alle Gesänge auswendig zu lernen, die ihre Wissenschaften und Geschichte beinhalten; alles das, was die Zeit änderte mit dem Fall der Könige und Fürsten und mit den Arbeiten und Verfolgungen ihrer Nachkommen […]«[194]

Ein einziger Gott statt der Vielheit der Gottheiten? Auch diese Vorstellungen gab es bei den Azteken. Denn das Weltbild der *Tlamatini* bzw. Philosophen unterschied sich vom Volksglauben vor allem durch die Vorstellung von einer einzigen Gottheit namens Ometéotl und den vier Kräften bzw. Söhnen, in die sich Ometéotl aufgeteilt hat: Es sind dies die vier Elemente Erde, Luft, Feuer und Wasser, die in die vier Richtungen des Universums hineinwirken. Ometéotl ist der »Gott der Dualität«, der Schöpfer und als solcher das oberste, kosmische Prinzip. Sein Ort ist Omeyocan (»Ort der Dualität«). Die Dualität wurde verdeutlicht durch das Bild eines göttlichen Paares, das gleichzeitig Dualität und Einheit der Gegensätze symbolisiert und in den Quellen unter anderem beschrieben wird als Herr und Herrin der Zweiheit (*Ometecuhtli, Omecíhuatl*), Herr und Herrin unseres Lebensunterhaltes (*Tonacatecuhtli, Tonacacíhuatl*) oder Mutter und Vater der Götter, (*in teteu inan, in teteu ita*).[195]

Die verschiedenen Gottheiten sind letztlich nur die Erscheinungsformen von Ometéotl, des göttlichen Einen bzw. des Absoluten, ähnlich wie im Hinduismus die vielen Gottheiten Manifestationen des Brahman, des Absoluten bzw. der Weltenseele, sind.

Auch in den *Cantares Mexicanos* ist die Rede von einer höchsten Gottheit, die *Ipalnemoa* (= »Der, durch den man lebt«) oder *Yn*

194 Ixtlilxóchitl, Fernando de Alva, Obras Historicas Bd. II, 18. (dt. Übersetzung U. P.)

195 Vgl. dazu Miguel León-Portilla 1983, 162 f.

Ipaltinemi (= »Der, kraft dessen wir leben«)[196] genannt wird und mit Tezcatlipoca gleichgesetzt wird.[197] Auch eine höchste Gottheit namens *Tloque Nahuaque* (= »Herr des Bei und Mit«, freier »Allgegenwärtiger«, »Allumfasser«)[198] wird erwähnt. Ein Beispiel eines Bekenners zum Glauben an eine Gottheit ist Nezahualcóyotl. Ein christlicher Einfluss ist bei diesem Gedankengut nicht anzunehmen, denn gerade die *Cantares Mexicanos* enthalten vorwiegend vorchristliche Traditionen. Es ist hier von einem Henotheismus auszugehen, bei dem die Existenz anderer Gottheiten nicht geleugnet wird, die Verehrung sich aber auf eine einzige Gottheit konzentriert – ähnlich wie im alten Ägypten im Fall von Echnaton bzw. Amenophis IV. (reg. 1353–1336 v. Chr.). Gerade in einem polytheistischen Kontext sind henotheistische Tendenzen nicht selten und kommen wie oben dargelegt auch bei den Azteken vor.

Der Volksglauben kannte verschiedene Orte der Toten wie z. B. Mictlan, Tlalocán oder Tonatihilhuiac[199] und ging somit von einer Existenz nach dem Tod aus. Die aztekische Philosophie zweifelte jedoch daran oder lehnte ein Weiterleben nach dem Tod ganz ab. Daneben existierte aber auch bei den Philosophen die Vorstellung von Omeyocan als Ort des Glücks. Entsprechend dem Zweifel oder der Ablehnung eines Lebens nach dem Tod galt den Philosophen das Ziel, das jetzige Leben zu genießen.

»Lebt man wirklich hier auf Erden?« – Aztekische Dichtung

Themen der aztekischen Dichtung sind, neben der Vergänglichkeit des Lebens und der Allgegenwärtigkeit des Todes, der hohe Wert der Kunst und des Krieges. Vor allem bei den Dichtern aus Tenochtitlán steht der Krieg thematisch im Vordergrund. Die aztekische Literatur umfasst »eine Reihe von Subgenres: Blumengesänge (*xochicuicatl*), Frühlingslieder (*xopancuicatl*), Kriegsgesänge

196 So die Übersetzung von Leonhard Schultze-Jena 1957.
197 Ebd., XII.
198 Ebd.
199 s. S. 159 f.

(*yaocuicatl*) und Lieder der Waisenschaft (*icnocuicatl*).«[200] Meistens handelt es sich um Gesänge, die bei festlichen Veranstaltungen von Sängern, Musikern und Tänzern vorgetragen wurden.[201]

Ein Paradebeispiel und Höhepunkt aztekischer Philosophie und Dichtung ist die Sammlung der *Cantares Mexicanos*, der »altmexikanischen« bzw. aztekischen Gesänge, die zwischen 1430 und 1519 niedergeschrieben wurden, deren Inhalt größtenteils aber auf vorspanische Zeit zurückgeht. Es handelt sich um eine Sammlung von 41 aztekischen Gesängen philosophischen Inhaltes, deren Autoren bis auf ganz wenige nicht genannt werden bzw. anonym sind. Die älteste erhaltene Handschrift der *Cantares Mexicanos* wird in die Mitte des 16. Jh. datiert und befindet sich heute in der Nationalbibliothek von Mexiko. Von den 41 Gesängen der *Cantares* weisen nur fünf christlichen Einfluss auf.[202] Sie zeigen nicht nur christliche Ideen, sondern sind auch eher in einem europäischen Stil geschrieben und haben zudem Angaben von Autoren und Entstehungsdaten, die in der Zeit zwischen 1556 und 1565 liegen, während solche Angaben bei den anderen Gesängen fehlen. Dies ist ein Indiz dafür, dass die Mehrheit der Gesänge ihren Ursprung wohl in vorspanischer Zeit hat. Auch wenn manchmal Christus, Maria oder gewisse Heilige erwähnt werden, ist dies eher auf die spätere redaktionelle Bearbeitung zwecks Anpassung an eine christliche Leserschaft zurückzuführen.

Die Gedichte zeigen die Suche nach einer rationalen – im Gegensatz zu einer mythisch-religiösen – Erklärung der Welt und Sicht auf das Leben. Es zeigt sich darin deutlicher Zweifel an Mythos und Religion. Thema sind Ursprung und Wesen der Welt, des Menschen, des Jenseits und des Göttlichen. Genauso wie bei den griechischen Philosophen Platon und Aristoteles fungiert der Mythos als symbolischer Hintergrund. Das Weltbild der aztekischen Philosophen unterschied klar zwischen der »wahren«, d. h. realen bzw. wissenschaftlichen, und der magisch-religiösen Erklärung. Auffallend sind die häufig als Fragen formulierten

200 Miguel León-Portilla in: DuMont-Verlag (Hg.), Azteken 2003, 68.
201 s. S. 198 f.
202 So Leonhard Schultze-Jena 1957, XI f., und zwar die Gesänge Nr. XXIX, XXXVII, XXXX und XXXXI

Sätze im Fragestil des Sokrates[203], bei denen es thematisch um die Aufklärung des menschlichen Daseins, des Todes und des allgegenwärtigen Gottes Tloque Nahuaque oder Ipalnemo geht. Die Fragen drücken vor allem Skepsis und den Zweifel am Leben nach dem Tod aus oder negieren dieses ganz. Der häufig erwähnte Ausdruck »Blume und Gesang« (*in xochitl in cuicatl*) als »das einzige Wahre auf dieser Welt« gilt als Symbol der Poesie und Philosophie und somit als Mittel zur Erkenntnis der Wahrheit.

Im Folgenden sollen einige Gesänge der *Cantares Mexicanos* exemplarisch angeführt werden. Ein Beispiel für einen sog. Frühlingsgesang ist ein Lied von Tecayehuatzin, dem Herrscher von Huexotzinco, das gleichzeitig den Wert der Freundschaft betont:

»*Nun, o Freude,*
lauscht den Worten eines Traums,
jeder Frühling bringt uns neues Leben,
das goldene Korn erquickt uns,
das rosa Korn wird zum Gewinde.
Endlich wissen wir,
die Herzen unserer Freunde sind treu.«[204]

Die Vergänglichkeit und den Tod als Kennzeichen des Lebens betont das folgende Lied:

»*Eines Tages müssen wir gehen,*
eines Nachts müssen wir hinabsteigen
ins Reich des Mysteriums.
Hier erst lernen wir uns wahrhaft kennen;
Nur im Schwinden sind wir auf Erden.«[205]

Ganz im Sinne Epikurs und des lateinischen Sprichwortes »Carpe diem« (»Genieße den Tag«) wird im selben Lied daraus der Schluss gezogen, dass das Leben genutzt und genossen werden muss:

---

203 Miguel León-Portilla 1983, 62.

204 *Cantares Mexicanos*, fol. 11v., zit. in: León-Portilla, Miguel: *Aztekische Codices, Literatur und Philosophie*, in: DuMont-Verlag (Hg.), Azteken 2003, 68.

205 *Cantares Mexicanos*, fol. 26r., ebd. 69.

»Verbringen wir unser Leben
in Frieden und Freuden.
Kommt, lasst es uns wohl ergehen!
Zorn ist nichts für uns,
die Erde ist ja so groß!
Könnte diese für immer leben,
bräuchten wir doch nie zu sterben.«[206]

Mit der für die *Cantares Mexicanos* typischen metaphorischen Sprache beschreibt auch der folgende, oft zitierte Gesang die Vergänglichkeit des menschlichen Lebens:

»Lebt man wirklich hier auf Erden?
Nicht für immer sind wir auf Erden, nur ein wenig.
Auch Jade spaltet sich,
auch Gold zerbricht,
auch Quetzal-Federn zerreißen.
Nicht für immer sind wir auf Erden, nur ein wenig.«[207]

Die Frage nach dem Sinn des Lebens und nach dem, was den Menschen nach dem Leben im Jenseits erwartet, wird häufig gestellt in den *Cantares Mexicanos*:

»Wohin gehen wir?
Nur um geboren zu werden kommen wir,
denn dort ist unser Zuhause,
wo der Ort der Toten ist.«[208]

Skepsis und Zweifel an den Antworten der traditionellen Religion und eine Distanz zur Religion als deutlichen Beleg für die Entwicklung einer eigenständigen Philosophie zeigt das folgende Lied:

---

206 Ebd.

207 *Cantares Mexicanos*, fol. 17r. in der Übersetzung von Miguel León-Portilla 1983, 60 (dt. Übersetzung U. P.).

208 *Cantares Mexicanos*, fol. 3r., ebd. 59 (dt. Übersetzung U. P.), mit dem »Ort der Toten« ist Ximoayan gemeint.

»Bringt man die Blumen zur Region des Todes?
Sind wir dort Tote oder leben wir noch?
Wo ist der Ort des Lichtes, den der Schöpfer verdunkelt?«[209]

Die Wirklichkeit all dessen, was der Mensch auf Erden wahrnimmt, wird infrage gestellt:

»Sprechen wir hier etwas Wahres, Schöpfer?
Wir träumen nur, wir erwachen nur vom Traum.
Es ist nur ein Traum …
Niemand spricht wirklich hier …«[210]

Auch das zuletzt zitierte Lied stellt die Fragen nach der Wahrheit und der Vergänglichkeit, die für den Autor offensichtlich nicht mehr von der traditionellen Religion beantwortet werden:

»Besitzt der Mensch irgendeine Wahrheit?
Wo nicht, ist unser Lied nicht länger wahr.
Ist irgendetwas fest und dauerhaft?
Was erreicht sein Ziel?«[211]

Ebenso in diesem Gesang:

»So werde ich also gehen müssen,
wie die Blumen verwelken?
Nichts wird übrigbleiben von meinem Namen?
Bleibt keine Erinnerung an mich auf dieser Erde?
Wenigstens Blumen, wenigstens Gesang!«[212]

209 *Cantares Mexicanos*, fol. 62r., ebd. (dt. Übersetzung U. P.).
210 *Cantares Mexicanos*, fol. 5v. / fol. 13r., ebd. 60 (dt. Übersetzung U. P.).
211 *Cantares Mexicanos*, fol. 10v., zit. in: Miguel León-Portilla: *Aztekische Codices, Literatur und Philosophie*, in: DuMont-Verlag (Hg.), Azteken 2003, 70.
212 *Cantares Mexicanos* 9v., in der Übersetzung von Miguel León-Portilla 1986, 154 (dt. Übersetzung U. P.).

Aztekische Dichter

Die Autoren der meisten aztekischen Gedichte sind anonym und nur von einigen sind Name und auch mehr oder weniger biografische Daten erhalten, darunter auch Herrscher wie Nezahualcóyotl sowie dessen Sohn Nezahualpilli und Enkel Cacama oder Axayácatl, der Herrscher von Tenochtitlán. Es ist bekannt, dass auch Ahuitzotl oder Moctezuma II. Lieder verfasst haben, die allerdings nicht mehr erhalten sind. Erwähnt werden sollte auch, dass es eine Reihe von Dichterinnen gab, wie z. B. die sogenannte »Dame von Tula«[213], mit der Nezahualpilli ein Verhältnis hatte, oder Macuilxochitzin.

Als hervorragender Dichter soll hier Nezahualcóyotl (1402–1472) beispielhaft näher betrachtet werden. Dieser zog sich in den letzten Lebensjahren in seine Sommerresidenz in der Nähe von Texcoco zurück und fastete 40 Tage, um dabei über den Sinn des Lebens nachzudenken und Buße zu tun. Nach dieser Fasten- und Bußzeit beschäftigte sich Nezahualcóyotl als Philosoph und Theologe mit den Fragen nach dem Tod, nach dem wirklich Wahren und nach Gott. Ein immer wiederkehrendes Motiv der Philosophie von Nezahualcóyotl ist auch der Wandel und die Vergänglichkeit (*cáhuitl*, »was dabei ist, uns zu verlassen«). Im Vordergrund stand für ihn ebenso die Verehrung einer Gottheit, die er in seinen Gedichten Ipalnemoani (»der, durch den wir leben«) nennt (bekannt auch als Ometecuhtli). Er ließ einen Tempel für den Gott der Nähe und Verbundenheit (*Tloque nahuaque*), des Unsichtbaren, errichten – ohne irgendein Kultbild. Dieser galt ihm als Lebensspender. Er musste aber feststellen: »Niemand kann ein Freund des Lebensspenders sein«[214] So heißt es in der *Historia Tolteca Chichimeca*: »Er hielt alle die Götter für falsch, die sie auf dieser Erde verehrten, er meinte, dass sie nur Statuen feindlicher Dämonen des menschlichen Geschlechts seien; denn er war sehr weise in ethischen Dingen und er war der, der am meisten zauderte, er suchte nach Licht, um sich des wahren Gottes und Schöpfers aller Dinge zu vergewissern, wie

213 s. S. 77.

214 *Cantares Mexicanos*, fol 13v., in der Übersetzung von Miguel León-Portilla 1983, 103. (dt. Übersetung U. P.)

man es in der Abhandlung über seine Geschichte gesehen hat, und wovon seine Gesänge Zeugnis abgeben, die er in diesem Sinne komponierte. Wie die Aussage lautet, dass es nur einen (Gott) gäbe, und dass jener der Schöpfer des Himmels und der Erde wäre, und er unterhielt alles durch ihn (selbst) Erschaffene und Gezeugte, dass er dort wäre, wo es über den neun Himmeln bis zu denen er hingelangte, keinen anderen gäbe; dass man niemals in menschlicher Gestalt gesehen habe, noch in anderer Form.«[215]

Blieb Texcoco unter Nezahualcóyotls Sohn Nezahualpilli (1472–1515) noch unabhängig von Tenochtitlán, so änderte sich dies, als Moctezuma II. Herrscher von Tenochtitlán wurde. Auch Nezahualpilli wurde als Philosoph, Dichter, Architekt und Astronom bekannt, auch für ihn standen wie bei seinem Vater die Verehrung einer Gottheit und pazifistische Ideen im Vordergrund. Aber nach dem Verlust der Unabhängigkeit von Tenochtitlán konnte sich diese philosophische Strömung nicht durchsetzen. Das Talent zur Dichtung vererbte sich im Herrscherhaus von Texcoco weiter, auch auf Cacama, den Sohn von Nezahualpilli und Enkel von Nezahualcóyotl.

Als dichtender Herrscher in Tenochtitlán, von dem sich einige Lieder erhalten haben, ist Axayácatl (ca. 1449–1481) zu nennen. Seine Lieder thematisieren die Vergänglichkeit. Zum anderen verfasste er auch ein mit »Altenlied« betiteltes Gedicht über seinen gescheiterten Feldzug nach Michoacán. Auch von einer Frau namens Macuilxochitzin (Mitte 15. Jh.) sind Lieder überliefert. Sie war die Tochter des Tlacaélel und verfasste ein Gedicht, das den Kampf des Herrschers Axayácatl gegen die Matlazinken im Tal von Toluca zum Thema hat.

Die aztekische Dichtung bestand vorwiegend aus Liedern, die bei entsprechenden festlichen Veranstaltungen von Sängern vorgetragen wurden, begleitet von Musikern mit Fellpauken und Klangbüchsen sowie Tänzern und unter Beteiligung des Volkes. Der Sänger war je nach Bedarf auch als Komponist, Lehrer oder als Chorleiter tätig. Zusammen mit den Tänzern hatten sie nahe dem Palast des Herrschers ein gemeinsames Haus, das »Haus der

215 Ixtlilxóchitl, Fernando de Alva: *Obras Completas II*, 243, zit. in: König, Viola: *Schrift und Literatur*, in: Eggebrecht, Eva und Arne 1994, 146.

Wolkenschlange«. Die Sänger und vor allem die Tänzer hatten dabei ihre prunkvollen Trachten mit Goldschmuck und Federschmuck an. Diese Aufführungen mussten fehlerfrei ablaufen, ansonsten drohten dem dafür Verantwortlichen strenge Strafen bis hin zur Todesstrafe. Noch heute kann der Tourist in Mexiko auf öffentlichen Plätzen verschiedene diesem Vorbild nachempfundene Aufführungen von Tänzen erleben, professionell auch regelmäßig dargeboten im Theaterpalast Bellas Artes in Mexiko-Stadt.

Die Zeit der weissen Götter: Von der Eroberung bis zur Gegenwart

Erste Erkundungs- und Entdeckungsfahrten

Es ist unser Fürst Quetzalcoatl, der gekommen ist. Denn so war sein Wille gewesen, dass er wiederkommen wird, dass er herkommt, seinen Thron wieder einnehmen wird, weil er dorthin (nach Osten) gegangen war, als er fortzog. […] denn er (der Gott) ist in seiner Heimat, in Mexiko angekommen.[216]

So berichten die indianischen Informanten des Sahagún von Moctezuma II., der bei der Ankunft der Spanier in seinem Lande dachte, dass der nach Osten verschwundene Quetzalcoatl mit seinem Gefolge zurückgekehrt sei. In dieser Annahme soll er ihnen Geschenke überbracht haben, unter anderem die Tracht des Quetzalcoatl, des Tezcatlipoca und des Tlaloc. Wie bereits erwähnt, stammt diese populäre Legende aber aus spanischer, nicht aus vorspanischer Zeit.

Die für die Indios keineswegs bessere Zeit der »weißen Götter« begann am 14.10.1492, als Christoph Kolumbus Amerika entdeckte. Auf seinen vier Schiffsreisen in den Jahren zwischen 1492 und 1504 landete er auf Kuba und Hispaniola (Haiti und Dominkanische Republik) und machte Erkundungsfahrten an den Küsten von Mittel- und Südamerika. 1493, schon ein Jahr nach der Entdeckung des Kolumbus und noch vor der eigentlichen Landnahme bzw. Eroberung, ohne Kenntnisse der Ausmaße des neuen Kontinents, teilte Papst Alexander VI. mit der Bulle »Inter ceterae« die ganze noch unentdeckte Welt in zwei Teile durch eine Linie im Atlantik auf: in eine Westhälfte, die er den Spaniern zusprach, und eine Osthälfte, die er den Portugiesen übergab. Legitimiert war diese päpstliche Übertragung unentdeckter Gebiete mit einem Missionsauftrag, den er der spanischen und portugiesischen Krone erteilte. Verbunden war damit sozusagen ein Freibrief zur Eroberung und Inbesitznahme der neu entdeckten Länder.

216 Bernardino de Sahagún 1927, 460–463.

Reichtum durch Gold und die Missionierung im Namen des Christentums waren die Hauptmotive der spanischen Eroberung Amerikas. Vor allem die Namen zweier Konquistadoren gingen in die Weltgeschichte ein: Hernán Cortés, der 1519–21 das Reich der Azteken eroberte und Francisco Pizarro, der 1532 das Inka-Reich in Südamerika eroberte. Der Erfolg und Ruhm des Cortés hatte sich schnell verbreitet und veranlasste Pizarro, der ein entfernter Verwandter von ihm war, daraufhin ein zweites Goldland im Süden zu suchen.

Schon 1502 traf Kolumbus auf ein Boot mit Maya-Indianern. 1511 erlitt ein Spanier namens Valdivia mit seiner Mannschaft Schiffbruch vor der Küste Jamaikas. Zwei Wochen lang trieben die zwölf Überlebenden in einem Rettungsboot umher, bis sie an der Küste Yucatáns landeten. Sie fielen in die Hände eines Maya-Herrschers, der einen Teil von ihnen direkt opferte und den Rest zunächst leben ließ, um sie für ein zukünftiges Opfer zu mästen. Aber diesem Rest gelang die Flucht und die Spanier kamen zu einem Herrscher, der sie zwar am Leben ließ, aber zu Sklaven machte. Die meisten starben aufgrund von Krankheiten, nur zwei überlebten: Gerónimo de Aguilar und Gonzalo Guerrero. Der Geistliche Aguilar sollte den Harem seines neuen Herrn leiten, lehnte dies aber ab. Stattdessen übernahm er die Verwaltung am Hof des Herrschers. Acht Jahre später traf er auf Cortés, schloss sich ihm an und leistete ihm als Dolmetscher wertvolle Dienste bei der Eroberung Mexikos. Guerrero dagegen lehnte das Angebot des Cortés ab, zu den Spaniern zurückzukehren und starb später im Kampf gegen die Spanier auf der Seite der Maya.

1517 umschiffte Francisco Hernández de Córdoba die Küste von Yucatán. Er starb in einem Kampf mit den Maya, aber dennoch verbreitete sich das Gerücht von einem neuen, an Gold reichen Land. Diego de Velázquez, Gouverneur von Kuba, veranlasste eine erneute Erkundungsfahrt, die sein Neffe Juan de Grijalva (1490–1527) durchführte. Er sollte der erste Europäer sein, der das Land der Azteken betrat. Zu seiner Expedition gehörte auch Pedro de Alvarado (1486–1541), der mit seinen fünf Brüdern nach Amerika gekommen war und schon an der Eroberung von Kuba teilgenommen hatte. Ein Vetter von ihm, Alonso de Alvarado, nahm später an der Eroberung des Inka-Reiches teil und er selbst sollte bei der Eroberung Mexikos eine wichtige Rolle spielen. Grijalva landete am 05.05.1518 zunächst auf der Insel Cozumel und fuhr dann die Golfküste und den später nach dem Eroberer benannten Río Grijalva entlang bis San Juan de Ulúa, wo er landete. Dieser Ort liegt in der Nähe der heutigen Stadt Veracruz und ist auf dem Gebiet der Totonaken. Von diesen wurden die Spanier freundlich empfangen und man tauschte Geschenke aus. Dann kehrten die Spanier nach Kuba zurück.

Der Aufbruch des Cortés nach Mexiko und der Marsch nach Tenochtitlán

Hernán Cortés (1485–1547) wurde im spanischen Medellín (Extremadura) als Sohn des Offiziers Martín Cortés de Monroy und der Catalina Pizarro Altamirano geboren. Sein Vater gehörte als Hidalgo dem niederen Adel an. Schon mit 14 Jahren begann Cortés ein Studium der Rechtswissenschaft an der Universität Salamanca, das er aber nach zwei Jahren abbrach. 1504 erreichte er die westindische Insel Hispaniola, wo er zunächst im Dienst des mit ihm verwandten Statthalters Nicolás de Ovando tätig war. Als Diego de Velázquez (1465–1524) im Jahre 1511 eine Expedition nach Kuba unternahm und der dortige Gouverneur wurde, war Cortés einer der Teilnehmer und wurde sein Sekretär. Er erhielt von Velázquez ein Repartimiento[217] und kam so durch Landwirtschaft, Goldfunde und seine Tätigkeit als Notar zu einem gewissen Reichtum. Dies war aber nur ein kurzes Intermezzo im Leben von Cortés. Als die Hauptstadt Kubas von Baracoa nach Santiago verlegt wurde, wurde Cortés Alkalde (Bürgermeister) der neuen Hauptstadt. Zwischen Velázquez und Cortés entwickelte sich eine persönliche Freundschaft, die aber nicht immer ungetrübt war. So hatte Cortés einer Frau namens Catalina Suárez die Ehe versprochen, wollte sie aber dann doch nicht heiraten. Erst auf Druck von Velázquez, der Cortés deswegen sogar ins Gefängnis warf, kam es zur Heirat. Die Ehe blieb hingegen kinderlos.

Als 1518 die Nachrichten von Grijalvas Reisen in Yucatán nach Kuba gelangten, plante Velázquez die Fortsetzung dieser

217 Landbesitz verbunden mit indianischen Arbeitskräften, s. S. 223.

Entdeckungen und Eroberungen und ernannte Cortés zum »Generalkapitän« dieses Projektes. Auf eigene Kosten begann Cortés mit der Ausrüstung einer Flotte. Diese war noch nicht ganz abgeschlossen, als Velázquez gegenüber Cortés misstrauisch wurde und sich entschloss, ihm den Oberbefehl über das Unternehmen zu entziehen und jemand anderen damit zu beauftragen. Daraufhin verschwand Cortés mit seiner Flotte heimlich bei Nacht und Nebel und segelte am 18.02.1519 in Richtung Mexiko ab. Die Flotte bestand aus 11 Schiffen, 116 Seeleuten, 553 Soldaten und 32 Indianern, 10 schweren Geschützen und 16 Pferden. Zu den bekannten Teilnehmern und späteren Eroberern gehören Pedro de Alvarado, Cristóbal de Olid, Alonso de Ávila, Juan Velázquez de León, Alonso Hernández de Puertocarrero, Gonzalo de Sandoval und Bernal Díaz del Castillo[218], der spätere Chronist.

Die Expedition Cortés' erreichte zunächst die Insel Cozumel, wo sie den bereits erwähnten Spanier Gerónimo de Aguilar aus der Gefangenschaft der Maya befreien. Die nächste Station der Expedition war Tabasco, wo die Spanier am 14.03.1519 die Maya in der Schlacht von Centla besiegten. Der Herrscher Tabscoob übergab Cortés 20 Sklaven als Geschenk, darunter auch Malinche (Malintzin). Die Spanier gaben ihr nach der Taufe den Namen Doña Marina. Ihre Dienste als Dolmetscherin und Beraterin des Cortés sowie als Vermittlerin zwischen Spaniern und Indianern während der Eroberung sind nicht hoch genug einzuschätzen. Bei den Zusammentreffen zwischen Spaniern und Azteken während der Eroberung übersetzte Gerónimo de Aguilar die Reden des Cortés in die Maya-Sprache und Malinche übersetzte sie wiederum vom Maya ins Aztekische.

Malinche (um 1505–1529) wurde an der Golfküste in der Nähe von Coatzacoalcos als Tochter eines indianischen Häuptlings geboren. Ihr Vater starb aber früh und die Mutter heiratete daraufhin wieder und gebar einen Sohn. Wohl um Probleme der Vorrechte und Erbfolge zu vermeiden, wurde Malinche als Sklavin an einen Maya-Stamm und von diesem wiederum nach Tabasco weiter verkauft. Sie war nicht nur Dolmetscherin, sondern wurde auch die Geliebte des Cortés. Aus dieser Beziehung stammte der

218 s. S. 38 f.

wohl um 1523 geborene Sohn Martín. Cortés heiratete sie aber nicht, sondern verheiratete sie stattdessen 1524 mit Juan Jamarillo de Salvatierra.

Am 21.04.1519 landete Cortés in San Juan de Ulúa an der Golfküste im Gebiet der bis heute dort lebenden Totonaken, wo schon Grijalva gelandet war. Er gründete wenig später Veracruz (Villa Rica de la Vera Cruz) als erste spanische Stadt auf mexikanischem Boden und wurde zum Generalkapitän gewählt. Die Stadtgründung erfolgte zwar im Namen des spanischen Königs, aber gleichzeitig wollte Cortés sich damit unabhängig von Velázquez machen. Moctezuma war schnell über die Invasion der Fremden informiert. Es wird berichtet, dass er eine Reihe unheilvoller Vorzeichen erlebt habe, so den Brand eines Tempels, eine Sturmflut auf dem Texcoco-See und anderes mehr. Auch falls die Indianer, wie oben erwähnt, die Spanier im ersten Augenblick vielleicht für Götter gehalten haben mögen, erkannten sie doch sehr schnell die Menschlichkeit dieser Fremden. Jedenfalls deuten die Legenden der negativen Vorzeichen auf die Unschlüssigkeit Moctezumas hin, wie er auf das Erscheinen der Fremden reagieren sollte, ob er sie direkt angreifen oder sie mit Geschenken zur Rückkehr bewegen sollte. Er beriet sich mit den Herrschern der Nachbarstädte. Cuitláhuac von Tlatelolco war dafür, die Spanier von Anfang an abzuwehren und ihr Vordringen nach Tenochtitlán zu verhindern. Cacama, der Herrscher von Texcoco, sprach sich für einen Empfang und Kontakt mit den Spaniern aus, um mehr über sie zu erfahren. Notfalls sei man stark genug, sich gegen die Spanier durchzusetzen, meinte er. Moctezuma entschied sich weder für die eine oder andere Option, sondern wollte die Spanier mit der Übersendung von kostbaren Geschenken aus Gold, Edelsteinen und Federschmuck zum Rückzug bewegen. Er erreichte das Gegenteil damit, da die wertvollen Geschenke die Gier der Spanier nach mehr Gold verstärkten und Hernán Cortés sich erst recht auf den Weg nach Tenochtitlán machte. So wird berichtet, dass der aztekische Provinzverwalter Tendile so fasziniert war von dem vergoldeten Helm eines spanischen Soldaten, dass er Cortés bat, diesen seinem Herrscher Moctezuma schicken zu dürfen. Cortés übergab ihm den Helm, aber nicht ohne ihm auch zu verstehen zu geben, dass er ihn mit Gold gefüllt zurück erwarte und mit den Worten, »ich und meine Gefährten leiden an einer Herzkrankheit, eine Krankheit, die durch [Gold, Anm. d. Autorin] geheilt wird.«[219]

Unter den Leuten des Cortés machte sich bald Unzufriedenheit breit, denn ein Teil wollte nach Kuba zurückkehren. Geschickt ging Cortés scheinbar auf diesen Wunsch ein, um die Unzufriedenen dann doch letztendlich von seinen eigenen Plänen zu überzeugen. Cortés wurde zum Oberbefehlshaber gewählt, der in dieser Position nur gegenüber der spanischen Krone verantwortlich war und somit nun für seine Handlungen freie Hand hatte.

Die Spanier zogen weiter nach Quiauitzlan, wo sie in Kontakt mit dem Häuptling namens »El Gordo« (»der Dicke«) kamen. Dabei zeigte Cortés seine hervorragenden taktischen Fähigkeiten. El Gordo berichtete den Spaniern, dass er dem aztekischen Herrscher tributpflichtig sei und Cortés verstand es schnell und geschickt, die Differenzen der Indianer untereinander für seine Zwecke auszunutzen. Die Gelegenheit dazu ergab sich schon bald, als aztekische Tributeintreiber[220] auftauchten und von den Totonaken Tribut forderten. Cortés befahl den Totonaken, die Azteken gefangen zu nehmen. In der Nacht ließ Cortés die Azteken heimlich befreien, äußerte sein Bedauern über die Gefangennahme und bat sie, ihrem Herrscher von ihrer Befreiung durch die Spanier zu berichten. Gleichzeitig forderte er die Totonaken auf, den Azteken den Tribut zu verweigern und diese entschlossen sich nun, sich auf die Seite und unter den Schutz der Spanier zu stellen.

Über Cempoala, wo die Spanier einen Tempel zerstörten, kehrten sie nach Veracruz zurück. Als einige von ihnen dort unzufrieden wurden und sich heimlich nach Kuba absetzen wollten, schuf Cortés vollendete Tatsachen: Er vernichtete bis auf ein einziges Schiff die ganze Flotte, weil sie angeblich nicht mehr seetauglich seien. Ein Wahnsinnsakt, denn nun war Cortés auf den Erfolg seines Unternehmens angewiesen. Ohne einen solchen Erfolg war ihnen nun jegliche Fluchtmöglichkeit vor den Azteken genommen worden.

Am 16.08.1519 brach Cortés von Veracruz ins Landesinnere in Richtung Aztekenhauptstadt auf, mit 400 Fußsoldaten, 15 Reitern, 7 Geschützen und 13 000 indianischen Kriegern. In Veracruz blieb

219 Bernal Díaz del Castillo, 2017, 87; Francisco Lopez de Gomara 1987, 85 (dt. Übersetzung U. P.).

220 s. S. 102 f.

nur eine kleine Gruppe von Spaniern zurück. Auf dem Weg bis Tlaxcala gewann Cortés aus den Orten, durch die die Spanier zogen, noch ca. 3000 weitere indianische Krieger hinzu. Die Einwohner von Tlaxcala empfingen die Spanier zunächst mit einem Angriff. In den Kämpfen vom 02.–05.09.1519 siegten schließlich die Spanier, die nur wenig Tote zu beklagen hatten. Ein Sieg, den die Spanier nicht zuletzt der Uneinigkeit des Feindes zu verdanken hatten: Ein tlaxcaltekischer Häuptling fühlte sich von Xicotencatl, dem obersten Häuptling der Tlaxcalteken, beleidigt und zog sich mit seiner großen Truppe vom Kampf zurück. Wäre dies nicht passiert und hätte der Kampf länger gedauert, wären die Spanier für einen Sieg zu schwach gewesen. Auch einen letzten Angriff der Tlaxcalteken wehrten die Spanier erfolgreich ab. Nachdem Cortés tlaxcaltekische Gesandte durch Verstümmelung bestraft hatte, zog er am 23.09.1519 siegreich in die Stadt ein und schloss mit den Tlaxcalteken Frieden. Sie wurden nun zu den wichtigsten Verbündeten der Spanier bei der Eroberung Mexikos. Cortés wollte als Erstes die Tlaxcalteken zum Christentum bekehren. Aber der in dieser Beziehung klügere Pater Olmedo konnte ihn zurückhalten und mahnte ihn, nichts zu überstürzen.

Das nächste Etappenziel, einen Monat später im Oktober 1519, war Cholula, ein indianischer Wallfahrtsort mit einem großen Tempel. Traurige Berühmtheit erlangte die Stadt nach dem Einzug der Spanier aufgrund des Massakers, das diese in Cholula anrichteten, indem sie die wehrlosen und unvorbereiteten Indianer überraschend überfielen. Angeblich hätten die Einwohner von Cholula, angestiftet durch Moctezuma, eine Verschwörung bzw. einen heimlichen Angriff auf die Spanier geplant – so die spätere Begründung und Entschuldigung.

Die Spanier in Tenochtitlán

Im November 1519 erfolgte der Weitermarsch nach Tenochtitlán. Es war völlig unklar, wie die Azteken die Spanier empfangen würden. Aber der Marsch entlang des heute »Paso de Cortés« genannten Weges zwischen den beiden Vulkanen Iztaccíhuatl und Popocatépetl und dann hinunter in das Hochtal von Mexiko verlief ohne Zwischenfälle. Die Spanier passierten die Vorstädte von Tenochtitlán und wurden von den Einwohnern und den Herrschern dieser Städte ehrenvoll empfangen. Es war der 08.11.1519, als die Spanier von Iztapalapa am Ufer des Sees über die große Dammstraße nach Tenochtitlán einzogen und mit dem aztekischen Herrscher Moctezuma II. zusammentrafen. Bernal Díaz del Castillo schreibt, dass die große Dammstraße nicht ausreichte, »um die Menschenmenge aufzunehmen, die aus der Stadt kam und die in die Stadt zog, um uns zu sehen und zu begleiten. Auf allen Türmen und Tempeln standen Zuschauer, der ganze See war dicht bedeckt mit überfüllten Fahrzeugen. Aber was Wunder? Diese Leute hatten ja noch nie Menschen unserer Art und Pferde gesehen.

Wir marschierten wie im Traum durch diese Herrlichkeiten. Neue Städte tauchten auf. Sie lagen an den Ufern und mitten im See. Wir zogen weiter über große Brücken, bis sich schließlich vor uns die Hauptstadt Mexiko ausbreitete in all ihrer Pracht. Unser kleiner Haufen von vierhundertfünfzig Mann zog mitten durch dichte Menschenmassen, den Kopf noch voll von den Warnungen unserer vielen indianischen Freunde. […]

Als wir die Straße nach Coyoacan kreuzten, kamen uns zahlreiche Kaziken und andere Vornehme in prächtigen Galakleidern entgegen. Es waren so viele, dass sie die ganze Straße füllten. Moctezuma hatte sie gesandt, uns zu empfangen. Sie begrüßten uns in seinem Namen, berührten zum Zeichen des Friedens den Boden mit der Hand und küssten die Erde. Wir hielten kurz an, während die Fürsten von Texcoco, Iztapalapa, Tacuba (Tlacopan) und Coyoacan dem großen Moctezuma entgegeneilten. Er saß auf einem überaus komfortablen Tragsessel, umgeben von anderen Großen seines Reiches, und kam langsam auf uns zu. Als wir die ersten Türme der eigentlichen Stadt Mexiko erreichten, stieg er von seinem Sessel, die vornehmsten Kaziken fassten ihn unter dem Arm und führten ihn unter einen prächtigen Thronhimmel, der mit grünen Federn, feinem goldenen und silbernen Schnitzwerk, mit Perlen und Edelsteinen reich geschmückt war. […] Moctezuma selbst war sehr kostbar gekleidet. Er trug eine Art Halbstiefel, die mit Juwelen besetzt waren und goldene Sohlen hatten. Auch die vier Großen, die ihn führten, waren jetzt ausnehmend prächtig gekleidet. […] Zahlreiche andere Große umgaben den Herrscher, breiteten vor ihm kostbare Tücher auf den Boden, damit sein Fuß nicht die nackte Erde berühren müsse und trugen seinen Thronhimmel. Niemand wagte es, ihm ins Gesicht zu sehen. Alle senkten ihre Augen ehrfurchtsvoll. Nur die vier fürstlichen Vettern und Neffen, die ihn führten, wagten es, ihn anzublicken.

Als man Cortes meldete, dass Moctezuma selbst in der Nähe sei, stieg er vom Pferd und ging ihm zu Fuß entgegen. Nun gab es von beiden Seiten große Begrüßungszeremonien. Moctezuma hieß Cortes willkommen, und der Generalkapitän antwortete durch Marina, er wünsche, dass Moctezuma sich wohl befinde. Wenn ich mich recht erinnere, bot Cortes Moctezuma seine rechte Hand. Der Fürst wies sie aber zurück und breitete zum Gruß seine Arme aus. Ich weiß aber gewiss, dass Cortes dann Moctezuma eine prächtige Kette um den Hals legte. Sie bestand aus schönen vielfarbigen Steinen, die auf goldene Schnüre gezogen und mit Moschus parfümiert waren. Als Cortes den Herrscher umarmen wollte, hielten ihn die Fürsten davon ab; denn sie sahen in dieser Bewegung einen Mangel an Ehrerbietung. Er musste sich damit begnügen, Moctezuma zu sagen, wie sehr es ihn ehre und erfreue, dass er ihm persönlich entgegenkomme.«[221] Moctezuma II. empfing und behandelte die Spanier als Gäste, wies ihnen ein Quartier im Palast des früheren Herrschers Axayácatl zu und übergab ihnen großzügige Geschenke wie z. B. »Goldarbeiten und außergewöhnlich schöne Stoffe«[222]. Aber schon bald wurde den Spaniern klar, dass sie in einer Falle saßen, sollte es zum Kampf mit den Azteken kommen. Zu ersten Differenzen zwischen Cortés und Moctezuma kam es, als Cortés bei einem Besuch im Templo Mayor den Wunsch äußerte, dort ein Marienbild aufzustellen, was Moctezuma ablehnte.

Eine ernste Gefahrensituation für die Spanier ergab sich recht bald: in Veracruz waren aztekische Tributeintreiber gegen die kleine dort zurückgebliebene Gruppe der Spanier vorgegangen, weil diese die Totonaken überredet hatten, die Tributzahlung zu verweigern. Sieben Spanier wurden getötet. Ein Soldat namens Arguello wurde geköpft und sein Kopf an Moctezuma übersandt. Cortés nahm daraufhin Moctezuma II. als Geisel, der ihn bat: »Malinche! Wenn du

221 Bernal Díaz del Castillo 2017, 200 ff.
222 Ebd. 209.

schon einmal kein Vertrauen zu mir hast, dann nimm meinen Sohn und meine beiden rechtmäßigen Töchter als Geiseln! Nur mute mir selbst diese Schmach nicht zu! Was sollen die Großen meines Reiches sagen, wenn sie sehen, dass ich als Gefangener in meiner eigenen Hauptstadt sitze.«[223] In seinem Quartier wurde er nun ständig bewacht, pflegte aber zu den Spaniern, die ihn bedienten, ein durchaus freundschaftliches Verhältnis, verteilte Goldsachen, Stoffe und auch Frauen als Geschenke an sie. Cortés übergab er seine Tochter Tecuichpoch, dem Spanier Juan Paez seine Tochter Leonor. Allerdings wurde Moctezuma gezwungen, in Fesseln die Bestrafung der aztekischen Tributeintreiber durch Cortés mit anzusehen. Ebenso wie Moctezuma wurden auch die Herrscher von Texcoco, Tlacopan, Coyoacan und Iztapalapa gefangen genommen.

Cortés hatte Gesandte nach Spanien geschickt, um sich der offiziellen Bestätigung seiner Eroberung durch die Krone zu versichern. Karl V. verschob jedoch eine Entscheidung in diesem Fall. Dies nutzte Velázquez in Kuba aus und sandte im März 1520 eine große Flotte unter Führung des Hidalgo Pánfilo de Narváez nach Mexiko, um weitere Aktivitäten und Alleingänge des Cortés zu verhindern. Die Flotte, bestehend aus 18 Schiffen, 900 Spaniern sowie 1000 Indianern, landete am 23.04.1520 in der Nähe von Veracruz. Moctezuma II. war drei Tage früher über diese Landung informiert als die Spanier. Diese dachten zunächst, Narváez wäre zu ihrer Unterstützung gekommen, aber das Gegenteil war der Fall. Narváez zog nach Cempoala und besetzte die Stadt. Das Versöhnungsangebot von Cortés lehnte er ab.

Daraufhin brach dieser mit 70 seiner zuverlässigsten Leute von Tenochtitlán nach Veracruz auf, um Narváez entgegenzutreten. Den Oberbefehl während seiner Abwesenheit übergab er Pedro de Alvarado, der mit 140 Spaniern und 6500 Tlaxcalteken zurückblieb. Als Cortés das Lager von Narváez erreichte, überraschte er diesen erfolgreich mit einem Angriff bei Nacht und konnte ihn schnell gefangen nehmen. Dessen Mannschaft versprach Cortés die Beteiligung an der Beute bei der Eroberung von Tenochtitlán und hatte sie damit schnell auf seiner Seite. Damit hatte Cortés im mehrfachen Sinne gewonnen. Nicht nur der Kampf mit Narváez entschied sich

223 Ebd. 230.

zu seinen Gunsten, er hatte nun auch eine stärkere Mannschaft und eine ganz andere Position als unabhängiger Führer.

Die »Traurige Nacht«

Sehr lange währte die Freude über diesen Sieg aber nicht, denn aus der Hauptstadt Tenochtitlán kam die schlechte Nachricht, dass es dort einen Aufstand der Azteken gegeben hatte. Die Azteken hatten Alvarado, den Stellvertreter des Cortés, gebeten, wie jedes Jahr im Mai das Fest zu Ehren ihres Stammesgottes Huitzilopochtli in seinem Tempel – in der Nähe des spanischen Quartiers – feiern zu dürfen. Alvarado sagte zu. Am Festtag versammelten sich (mindestens) 600 Azteken, meist Adlige und Priester, und begannen unter Bewachung der Spanier ihre Feier. Auf Befehl Alvarados fielen die Spanier plötzlich über die unbewaffneten Azteken her und massakrierten ausnahmslos alle. Kein einziger Teilnehmer der Feier überlebte, jede adlige Familie in Tenochtitlán hatte mindestens einen Toten zu beklagen. Alvarado verteidigte das Massaker als Abwehr einer Verschwörung der Azteken und als Bestrafung. In Wirklichkeit ging es ihm wohl nur um persönlichen Profit, wie spätere Chronisten vermuten. Die Folge war jedenfalls ein Aufruhr der ganzen Stadt und ein Angriff auf die Spanier, der erst durch Moctezuma beendet wurde. Aber nach wie vor belagerten die Azteken die Spanier und verhinderten einen Abzug. Cortés machte sich eilends auf den Weg nach Tenochtitlán und erhielt in Tlaxcala Verstärkung von 2000 Indianern. Insgesamt verfügte Cortés, als er in Tenochtitlán wieder mit Alvarado zusammentraf, über 1250 Spanier und 8000 indianische Krieger, vor allem aus Tlaxcala.

Der Palast des Axayácatl, das Quartier der Spanier, bot ihnen guten Schutz und die Angriffe der Indianer waren zunächst erfolglos, während die Spanier ganze Reihen von Indianern töten. Cortés ließ »turmartige Maschinen«[224] erbauen, unter denen jeweils 25 Mann Schutz fanden und sich, wenn auch mühsam, fortbewegen konnten. So drangen sie zum Templo Mayor vor und erstiegen diesen. Die Mexica hatten das dort aufgestellte Marienbild entfernt,

224 Ebd. 291.

die Spanier verbrannten nun ihrerseits die aztekischen Idole. Zurück in ihrem Quartier wurden die Spanier mit Brandpfeilen angegriffen. Zudem hatten die Spanier die Kampfenergie und die immer wieder nachrückenden Mengen der Azteken unterschätzt. Die Spanier zwangen Moctezuma II., vor sein Volk zu treten und es zur Aufgabe zu überreden. Dieser lehnte zunächst ab. »Schließlich war Moctezuma doch bereit, einen Versuch zu machen. Er trat unter starker Bedeckung an die Brüstung eines Söllers und forderte seine Untertanen auf, die Feindseligkeiten einzustellen, weil wir bereit seien, Mexiko sofort zu verlassen. Viele seiner Offiziere erkannten ihn. Sie geboten ihren Leuten Stille. Das Schießen wurde eingestellt. Vier von ihnen traten vor und sagten zu ihm mit Tränen in den Augen: ›Ach, gnädiger Herr! Euer Unglück und das Unglück Eurer Kinder und Verwandten geht uns sehr nahe. Wir wollen euch nicht verschweigen, dass wir inzwischen einen Eurer Vettern auf den Thron gehoben haben. Wir müssen diesen Krieg so beenden, wie wir ihn begonnen haben. Wir haben unseren Göttern geschworen, nicht eher Schluss zu machen, bis der letzte Spanier umgekommen ist. Wir haben täglich zu den Göttern gefleht, Euch zu befreien. Solltet Ihr frei werden, dann werden wir Euch noch mehr verehren als zuvor. Wir müssen Euch bitten, uns unser jetziges Verhalten zu verzeihen!‹

Unsere Leute hatten Moctezuma mit ihren Schilden gedeckt. Als der Angriff unterbrochen wurde, ließ ihre Aufmerksamkeit nach. Nach diesem Gespräch wurden die Feindseligkeiten aber überraschend schnell wieder eröffnet. Ehe man sich versah, war der Fürst viermal verwundet. Er wurde sofort in seine Gemächer gebracht, lehnte aber jede Stärkung und jede Versorgung der Wunden ab. Wider Erwarten kam bald darauf die Meldung, dass er verschieden sei. Cortes, seine Offiziere und wir alle weinten um diesen Fürsten. Es war für viele von uns, wie wenn wir einen Vater verloren hätten.«[225] So die Darstellung von Díaz del Castillo. Moctezumas Unsicherheit, wie er sich gegenüber den Spaniern verhalten sollte und sein fast unterwürfiges Verhalten ihnen gegenüber, das ihn als Marionette der Spanier erscheinen lässt, war sicher einer der Faktoren für den Erfolg der spanischen Conquista. Sein Volk

225 Ebd. 294 f.

stand nicht mehr geschlossen hinter ihm. Ein Zeichen dafür ist die Tatsache, dass die Azteken einen anderen Herrscher auf den Thron gesetzt hatten. Seine Todesumstände sind nicht ganz klar, denn in einer anderen Quelle heißt es, die Spanier hätten ihn ermordet, weil er ihnen nicht mehr von Nutzen war. Moctezuma II. starb am 30.06.1520 mit ca. 41 Jahren – ohne Christ geworden zu sein.

Den Spaniern wurde immer klarer, dass sie sich in einem Belagerungszustand befanden und von der Außenwelt abgeschnitten waren. Nahrungs- und Munitionsvorräte wurden immer knapper. Vor allem die Gruppe von Narváez war unzufrieden und forderte die Flucht aus der Stadt. Erfolglos versuchte Cortés einen weiteren Angriff, und wurde dabei am Knie verletzt, konnte aber mit seinen Leuten wie durch ein Wunder lebend entkommen. Nun aber bestand kein Zweifel mehr, dass der Rückzug aus Tenochtitlán für die Spanier die einzige Überlebenschance war.

Diese Flucht der Spanier in der Nacht zum 01.07.1520 ging als *Noche Triste*, als »Traurige Nacht« – natürlich vom spanischen Standpunkt aus gesehen – in die Geschichte ein. Sie konnten zunächst unbemerkt die große Straße nach Tlacopan (Tacuba) entlangziehen, die dann in den Dammweg einmündete. Zwischen Straße und Dammweg bestand eine Öffnung, die durch eine tragbare Brücke ausgeglichen wurde. Auf der Flucht vor den jetzt nachfolgenden Azteken wurde aber diese Brücke so festgetreten, dass man sie nicht mehr herausnehmen und für die nächste Dammöffnung verwenden konnte. Angesichts der aztekischen Übermacht gerieten die Spanier in Panik, jeder versuchte für sich so gut wie möglich durch das Seewasser die Dammöffnung zu überwinden. Cortés ließ den Gold- und Silberschatz verteilen, bis auf das Fünftel für den Kaiser, das er 80 Tlaxcatken als Last übergab. Für nicht wenige Spanier wurde das erbeutete Gold, dass sie mitschleppten, zum Verhängnis: Durch das Gewicht des Goldes wurden sie unter Wasser gezogen und ertranken. Díaz beschreibt die *Noche Triste* so: »Es war Mitternacht und ziemlich dunkel, als wir unseren Marsch antraten. Über der Stadt lag ein feiner Nebel. Dazu regnete es. Kaum war die Brücke zum erstenmal gelegt, da erhob sich plötzlich die wilde Kriegsmusik der Indianer. […] Im Nu war der See so dicht mit Kähnen bedeckt, dass wir nicht mehr weiterkamen, obwohl viele von uns die Brücke schon hinter sich hatten. Um den Besitz dieser

Brücke wurde besonders heftig gekämpft. Zwei unserer Pferde rutschten auf den nassen Brettern aus, wurden scheu und stürzten in den See. Dadurch kam die ganze Brücke aus dem Gleichgewicht und stürzte um. Die Mexikaner waren so zahlreich und griffen so heftig an, dass wir die Brücke nicht zurückerobern konnten. Dafür füllte sich der Kanal mit toten Pferden und ihren Reitern, die von den Nachdrängenden ins Wasser gestoßen wurden. Wer nicht schwimmen konnte, war verloren. Den Indianern fielen die Geschütze, viele Tlaxcateken und Dienstfrauen und der größte Teil des Gepäcks in die Hände. Es gab herzzerreißende Szenen, denn jeder einzelne wurde von einer ganzen Meute von Mexikanern gejagt, zwischen den Häusern, auf dem Wasser und auf den engen Straßendämmen. An die vorgesehene Marschordnung war nicht mehr zu denken. Wer jetzt nicht selbstständig handelte, war ein Tor. Cortes und seine Offiziere sprengten auch, ohne auf ihre Mannschaften zu achten, mit verhängten Zügeln über die Brücken weg und versuchten, so schnell wie möglich festes Land zu gewinnen. Die Reiter konnten in dieser Lage ohnehin nichts ausrichten. Sie wurden von allen Seiten mit Wurfspießen und Pfeilen beschossen, von den Söllern aus mit Steinen überschüttet und mussten durch einen Wald von Schwertern und Speeren. Nur sehr wenige Rosse und Reiter konnten diesen vielfachen Gefahren entrinnen. Die Musketen und die Armbrüste konnte man beim Kampf im Wasser nicht verwenden, denn sie waren nass. Dazu kam die Dunkelheit, die nur vorsichtige Bewegungen erlaubte, sosehr sie uns auf der anderen Seite nützte. Bei Tag wären unsere Verluste viel größer gewesen, ja wahrscheinlich hätte sich kaum einer retten können. Wir versuchten immer wieder, uns zu einer Kampftruppe zusammenzuschließen, und kamen in diesem gemeinsamen Einsatz auch immer wieder ein kleines Stück weiter. Letzten Endes wäre aber keiner von uns mit dem Leben davongekommen, wenn nicht jeder versucht hätte, seine Haut alleine zu retten.«[226]

Cortés musste sogar noch einmal zurückkehren, um den eingekesselten Alvarodo und seine Gruppe zu befreien – was ihm auch gelang. Die Azteken verfolgten die Spanier zunächst nicht weiter, da sie mit der Beute und der Säuberung der Straße von den Toten

226 Ebd. 298 f.

beschäftigt waren. Dies stellte sich im Nachhinein als großer Fehler heraus. Denn eine sofortige Verfolgung der erschöpften Spanier hätte ihre endgültige Vernichtung bedeutet. Insgesamt hatten die Spanier in den Kämpfen der *Noche Triste* schätzungsweise ein Drittel, ihre indianischen Verbündeten ein Viertel, ihrer Leute verloren. López de Gómaras, der geistliche Begleiter des Cortés, spricht von 450 gefallenen bzw. vermissten Spaniern und 4000 Toten bei den indianischen Verbündeten.

Die Spanier flohen nordwärts nach Teotihuacán. Im nahegelegenen Tal von Otumba wurden die Spanier am 08.07.1520 von Cuitláhuac, dem Nachfolger Moctezumas, mit einem riesigen Heer (nach spanischen Angaben 200 000 Mann) empfangen. Die zahlenmäßig weit unterlegenen Spanier hatten keine Rückzugsmöglichkeit. Aber im Verlauf des Kampfes gelang es den Spaniern, einen durch seine Aufmachung als hohen Würdenträger gekennzeichneten Kriegsführer zu töten. »Endlich lenkte der Allmächtige Cortes mit seinen besten Offizieren gegen die Gruppe der Feinde, in welcher der mexikanische Befehlshaber mit seiner Fahne und mit seinem Stab stand. Sie sprengten mitten in diese Gruppe. Cortes selbst ritt so heftig gegen den mexikanischen Heerführer an, dass er seine Fahne fallen ließ; die Offiziere verjagten die übrigen Leute des feindlichen Stabes. Als der Mexikaner seine Fahne aufheben und fliehen wollte, ritt ihm Juan de Salamanca nach, stieß ihn nieder, entriss ihm die Fahne und den reich geschmückten Federbusch und präsentierte alles Cortes. Nach dem Ausfall hielten die Mexikaner nicht mehr stand.«[227] Der Tod des Anführers führte bei den Indianern zu Verwirrung und Flucht. Die Spanier wurden – wieder wie durch ein Wunder – gerettet, denn ohne den Tod dieses Häuptlings hätte kein Spanier die Schlacht von Otumba überlebt. Die Spanier zogen nun nach Tlaxcala, wo sie von dem alten Herrscher Maxixcatzin freundlich aufgenommen werden. Er und die Mehrheit des Regierungsrates lehnten ein Bündnisangebot der Azteken ab und blieben den Spaniern treu ergeben. Als sich später auf dem Marsch nach Texcoco einer der Befehlshaber namens Xicotencatl absetzte, um gegen die Spanier zu kämpfen und in Tlaxcala die Herrschaft zu übernehmen, wurde dieser von seinem eigenen

227 Ebd. 303.

Vater Chichimecatecuhtli an die Spanier verraten und von Cortés gehenkt. Cortés veranlasste nun den Bau von Schiffen, worin er die einzige Möglichkeit zur Eroberung Tenochtitláns sah.

In Tenochtitlán war zudem eine Pockenepidemie ausgebrochen, die ein Sklave der Gruppe von Narváez eingeschleppt hatte und die massenhaft die indianische Bevölkerung dezimierte. Zu den ersten Opfern zählten Maxixcatzin, der alte Häuptling von Tlaxcala, und Cuitláhuac, der Nachfolger Moctezumas. Nachfolger Cuitláhuacs wurde im Februar 1521 als letzter unabhängiger aztekischer Herrscher Cuauhtémoc, ein Sohn von Ahuitzotl.

Inzwischen hatte Cortés weitere Verstärkung erhalten: Velázquez, der Gouverneur von Kuba, der nichts von dem Übertritt der Narváez-Leute auf die Seite des Cortés wusste, schickte zwei weitere Schiffe mit Proviant nach Veracruz. Wie im ersten Fall schlossen sich auch diese Spanier dem Unternehmen des Cortés an. Zusätzlich Unterstützung bekam er außerdem durch die Mannschaften zweier anderer an der mexikanischen Küste gelandeter Schiffe sowie von den Indianern aus Cholula und benachbarter Orte. Cortés verfügte nun über eine Truppe von 600 Spaniern einschließlich 40 Reitern, 80 Arkebusieren und Armbrustschützen sowie 9 Geschützen und über ein Heer von ca. 100 000 bis 150 000 indianischen Verbündeten aus Tlaxcala, Cholula, Tepeyacac und anderen Orten.

Die Eroberung von Tenochtitlán

Am 28.12.1920 zog Cortés von Tlaxcala in Richtung Tenochtitlán. Erstes Etappenziel war Texcoco. Nachdem der Herrscher Cacama als Gefangener der Spanier in der *Noche Triste* umgekommen war, hatte sich Coanaco, ein zweiter Sohn Nezahualpillis, als Herrscher von Texcoco durchgesetzt. Als Cortés erschien, war Texcoco fast leer, selbst Coanaco war geflohen. Die Spanier setzten seinen Bruder Ixtlilxóchitl als Herrscher ein. Als deren treu ergebener Vasall verhalf er den Spaniern mehr als alle anderen mexikanischen Herrscher zur erfolgreichen Eroberung Tenochtitláns. Texcoco eignete sich hervorragend als spanisches Hauptquartier, zum einen wegen der Nähe zu Tenochtitlán, zum anderen lag die Stadt nahe an der Grenze zum Gebiet von Tlaxcala. Die Spanier erkundeten zunächst das Umland von Tenochtitlán und konnten einige Ortschaften wie z. B. Tacuba, Cuernavaca, Chimalhuacán oder Oaxtepec erobern, andere traten freiwillig auf die Seite der Spanier über wie z. B. Chalco, Huexcinco oder Metztitlán, in der Hoffnung, so von den Azteken unabhängig werden zu können. Dass sie vom Regen in die Traufe kamen, ahnten sie noch nicht. Cuauhtémoc versuchte mehr oder weniger erfolglos mit Zuckerbrot und Peitsche, mit Versprechungen und Drohungen, unter den Nachbarstaaten Verbündete zu finden.

Die Spanier hatten wie erwähnt in Tlaxcala mit dem Bau von 13 Brigantinen begonnen, die angefertigten Einzelteile wurden von den Tlaxcalteken zum See von Texcoco gebracht und dort zusammengebaut. Mit der Einschiffung der neuen Flotte am 28.04.1521 begann die dreimonatige Belagerung von Tenochtitlán. Dabei wurde die Versorgung der Stadt mit Lebensmitteln verhindert und mit der Zerstörung des Aquädukts von Chapultepec nach Tenochtitlán wurde die Trinkwasserversorgung beendet. Die von den Azteken in den See gerammten Pfähle konnten die Weiterfahrt der spanischen Schiffe nicht verhindern.

Den Spaniern gelang es, den See und die Dammwege und somit die Zufahrten nach Tenochtitlán unter Kontrolle zu bekommen, aber sie konnten nicht in die Vorstädte eindringen. Die Azteken waren zunächst mit ihren Angriffen erfolgreich. Aber ihr Unglück war besiegelt, als sich die Städte der Umgebung nach und nach der aztekischen Herrschaft entzogen und zu den Spaniern übertraten, die dadurch sehr viele zusätzliche Krieger erhielten, nach Cortés' eigener Schätzung 150 000 Mann.

Außerdem wurden die Spanier von diesen Städten mit Lebensmitteln versorgt und konnten nun auch in die Vorstädte eindringen und zerstörten dort die Tempel und Paläste. Das Ende der belagerten Stadt Tenochtitlán war absehbar. Die Hungersnot wurde immer größer. Die Azteken aßen alles nur irgendwie Essbare: Ratten, Baumrinde, Gras und löschten ihren Durst mit dem brackigen Wasser des Salzsees. Die Toten lagen haufenweise in den Straßen oder füllten die Kanäle. Cortés schickte Gesandtschaften an Cuauhtémoc, dieser gab sich jedoch noch nicht geschlagen. Am 21.06.1521 gelang ihm auch noch einmal ein Coup, bei dem er die Spanier in die Stadt und dort in einen Hinterhalt locken konnte.

Die Azteken nahmen 62 Spanier gefangen, die sie ihren Göttern als Opfer darbrachten. Aber dieser Sieg des Cuauhtémoc war sein letzter. Denn die Spanier versuchten nun, mit drei Divisionen in die Stadt einzudringen: »Cortés befahl den drei Divisionen, ihre Angriffe zu forcieren und möglichst weit in die Stadt einzudringen, möglichst bis Tlatelolco und bis zum Haupttempel von Mexiko. In diesen Tempeln standen Balken, an denen die Köpfe der Kameraden hingen, die bis jetzt den Tod gefunden hatten. Ihre Haare und ihre Bärte waren länger als zu ihren Lebzeiten. [...] Drei meiner eigenen Kameraden erkannte ich wieder. [...]

Unsere Division drang unter der Führung von Alvarado bis zum Hauptplatz vor. Wir trafen dort auf eine solche Menge von Mexikanern, die sich in den Tempeln verschanzt hatten, dass wir etwa zwei Stunden brauchten, bis wir uns festsetzen konnten. [...]

Viele von uns wurden schwer verwundet. Aber wir ließen nicht ab, bis wir auch die oberste Plattform des Tempels genommen hatten. Dann pflanzten wir hoch oben unsere Fahnen auf und verbrannten die Götzen. Unten aber mussten wir uns bis in die Nacht mit dem übermächtigen Feind herumschlagen. Wir konnten ihn nicht vollends überwältigen.«[228]

Nach 93 Tagen der Belagerung, am 13.08. 1521, gelang es den Spaniern, Cuauhtémoc mit seiner Familie gefangen zu nehmen. Von der Gefangennahme des Herrschers berichtet Díaz del Castillo: »Als man Sandoval meldete, dass der König mit seinen Leuten die Flucht ergriffen habe, ließ er sofort die Abbrucharbeiten einstellen und gab den Brigantinen den Befehl, die Kähne zu verfolgen. [...]

Da fügte es Gott der Allmächtige, dass Garcia Holguin die großen Pirogen mit Cuauhtémoc und seinen Angehörigen einholte. Er erkannte den Kahn des Königs an dem kunstvollen Sonnendach und dem reichen Schmuck. Er gab den Pirogen durch Zeichen den Befehl zu halten. Als sie nicht gehorchten, drohte er ihnen mit Musketen und Armbrüsten. Da bekam Cuauhtémoc Angst um seine Leute und rief: ›Verbiete deinen Leuten zu schießen. Ich bin der König dieses Landes. Ich habe nur noch eine Bitte an dich: schone meine Gemahlin, meine Kinder und die anderen Frauen, und berühre nichts von dem, was ich bei mir habe. Dann führe

228 Ebd. 423 f.

mich allein zu Malinche[229]!‹ Holguins Freude war groß, als er diese Rede hörte. Er umarmte den König und half ihm sehr höflich, als er von seinem Kahn auf die Brigantine stieg. Die Königin und zwanzig Große des mexikanischen Reiches begleiteten ihn. Man machte aus Matratzen und Mänteln bequeme Sitze für die unfreiwilligen Gäste und bot ihnen von allen guten Dingen an, die an Bord waren. Die Kähne mit dem Gepäck wurden nicht berührt. Sie mussten aber der Brigantine folgen. [...]

Dann stellten Sandoval und Holguin ihren Gefangenen dem Generalkapitän vor. Cortes empfing den König unter Wahrung aller Ehrenbezeichnungen sehr vergnügt. [...] Da begann Cuauhtémoc zu sprechen. Er sagte: ›Malinche, was ich getan habe, das musste ich zur Verteidigung meiner Hauptstadt und für meine Untertanen tun. Meine Kräfte und meine Hilfsmittel sind jetzt erschöpft. Ich muss mich der Gewalt ergeben. So stehe ich jetzt als dein Gefangener vor dir. Nimm den Dolch, den du in deinem Gürtel trägst und stoße mich nieder.‹«[230] Damit war der Sieg der Spanier, nach erbitterter Verteidigung der Azteken, endgültig entschieden. Die Azteken stellten sofort alle Kämpfe ein. Tenochtitlán war verwüstet. »In den Häusern im See und auf dem Land, in den Kanälen und auf vielen Plätzen lagen überall Leichen und Totenköpfe. Durch manche Straßen und durch die Hallen und Höfe um den Hauptplatz von Tlatelolco konnte man kaum mehr gehen. [...] Die Luft in der Stadt war so verpestet, dass Cuauhtémoc darum bat, den Abzug sämtlicher Einwohner und sämtlicher auswärtiger Krieger zu gestatten. Drei Tage und drei Nächte waren die Ausfallstraßen und die Dämme mit langen Zügen von erbärmlichen Gestalten bedeckt. Männer, Weiber und Kinder schleppten ihre entkräfteten Körper aus der Stadt, ein jammervoller Leichenzug, der einen unglaublichen Gestank verbreitete. [...] Die Stadt sah wie ein frisch gepflügter Acker aus; denn die Einwohner hatten jede Wurzel gesucht, herausgerissen und verzehrt.«[231] Cortés befahl Cuauhtémoc, für die Wiederherstellung der Stadt zu sorgen.

Genaue Angaben über die Verluste der Azteken und Spanier sind nicht möglich. Aber die Spanier hatten relativ wenig Tote zu

229 Mit Malinche ist Cortés gemeint.
230 Ebd. 428 f.
231 Ebd. 431 f.

beklagen. Für die Zahl der überlebenden Azteken schwanken die Angaben zwischen 30 000 und 70 000. Die Erwartung der Spanier auf eine reiche Beute an Gold und Silber wurde enttäuscht. Der Ertrag war, rechnete man das Fünftel für die spanische Krone ab, verschwindend gering. Der Großteil der Schätze der aztekischen Herrscher war nicht mehr auffindbar, entweder ausgegeben oder versteckt. Cuauhtémoc sagte unter Folter, wobei Cortés ihm die Füße verbrennen ließ, nur aus, dass vieles von den Schätzen im See versenkt worden sei. Nur eine halbe Tonne Gold blieb den Spaniern letztlich übrig. Das Gold, was die Spanier in der *Noche Triste* verloren, dürfte 2½ Tonnen betragen haben, sodass die gesamte Goldbeute der Eroberung Mexikos letztlich 3 Tonnen Gold waren. 1522, ein Jahr nach der Eroberung, wurde Cortés Gouverneur (bezogen auf die zivilen Angelegenheiten) und Generalkapitän (bezogen auf die militärische Führung) von Neuspanien.

Weitere Eroberungen in Mexiko

Die Suche nach Gold war Antrieb und Anlass für weitere Erkundungsexpeditionen und Eroberungen der Spanier, die schon sehr bald nach der Einnahme Tenochtitláns erfolgten, so in Oaxaca und im Norden, wo sehr schnell spanische Ansiedlungen gegründet wurden.

Pedro de Alvarado eroberte 1524 von Mexiko aus das Gebiet des heutigen Guatemala und gründete dort die erste Hauptstadt, Antigua Guatemala. Die spanische Eroberung war letztlich erst 1697 vollständig abgeschlossen, als Tayasal, die letzte autonome Maya-Stadt, von den Spaniern besiegt wurde.

Cristóbal de Olid eroberte Honduras und strebte dort nach unabhängiger Herrschaft. Das veranlasste Cortés dazu, im Oktober 1524 nach Honduras aufzubrechen, um dies zu verhindern. Er nahm Cuauhtémoc auf den Zug nach Honduras mit, um jedes Risiko eines Aufstandes während seiner Abwesenheit auszuschließen. Auf dem Marsch durch Chiapas wurde Cuauhtémoc und mit ihm der Häuptling von Tlacopan wegen einer angeblichen Verschwörung von Cortés kurzerhand zum Tode verurteilt und erhängt, wie Díaz del Castillo berichtet. »In diesen Tagen meldeten der frühere Oberbefehlshaber von Cuauhtémoc und andere Kaziken, dass Cuauhtémoc und seine Vertrauten, die bei unserem Korps standen, beschlossen hätten, uns zu überfallen, umzubringen und dann nach Mexiko zurückzukehren, und das ganze Land gegen die Spanier aufzurufen. […] Die Geständnisse mehrerer Kaziken bestätigten die Meldung. […] Daraufhin ließ Cortes den Cuauhtémoc und seinen Vetter, den Fürsten von Tlacopan, ohne weitere Untersuchung aufhängen. Ehe die Hinrichtung vollzogen wurde, stärkten die Franziskanermönche die Verurteilten durch geistlichen Zuspruch. Donna Marina machte auch hier die Dolmetscherin. […] Als es zur Hinrichtung kam, sagte Cuauhtémoc: ›O Malinche, schon seit langer Zeit habe ich an deinen falschen Worten gemerkt, dass du mir diesen Tod bestimmt hast, weil ich mir nicht selbst den Tod gegeben habe, als du in meine Hauptstadt Mexiko eingedrungen bist! Warum lässt du mich nun ohne Urteil und Recht umbringen? Hoffentlich wirst du Gott dem Allmächtigen eines Tages auf diese Frage antworten können!‹ Der Fürst von Tlacopan aber sagte nur: Er könne sich über diesen Tod nur freuen, weil er ihn zusammen mit seinem Gebieter Cuauhtémoc erdulden dürfe. […] Mich schmerzte der Tod dieser Fürsten aufs tiefste. […] Sie starben unschuldig.«[232] Es ist durchaus zu vermuten, dass Cortés in Wirklichkeit nur einen lästigen Konkurrenten loswerden wollte, um mit seiner Witwe Tecuichpoch[233] ein ungestörtes Verhältnis zu beginnen. Diese gebar ihm 1527 die gemeinsame Tochter Leonor Cortés y Moctezuma.

Bevor Cortés in Honduras ankam, war ihm dort die Expedition unter Francisco de las Casas zuvorgekommen. Las Casas hatte Olid hinrichten lassen und die Autorität des Cortés war somit wieder gesichert. Cortés kam aber nicht mehr zu einem weiteren geplanten Zug nach Nicaragua, sondern musste umkehren, da er inzwischen in der Hauptstadt von seinen Gegnern für tot erklärt worden war und dort dringend seine Besitzansprüche geltend machen musste. Im Juni 1526 traf er wieder in Tenochtitlán ein. Cortés sah sich den Vorwürfen seiner Gegner konfrontiert, dass er die Unabhängigkeit von Spanien anstrebe, königliche Gelder veruntreut, Indianer

232 Ebd. 525.
233 s. S. 231 f.

misshandelt und seine Ehefrau ermordet habe. Anstelle von Cortés hatte ein königlicher Beamter die Regierung übernommen. 1528 stellte man Cortés die Königliche Audiencia, eine Verwaltungs- und Gerichtsbehörde, zur Seite, deren Vorsitzender Nuño de Guzman, einer der ärgsten Gegner von Cortés, wurde. Später, 1535, übernahm Don Antonio de Mendoza als erster Vizekönig Neuspaniens die Regierungsgeschäfte – nicht zuletzt auch um die Ausbeutung der Indianer durch die Konquistadoren einzuschränken und die Ansprüche der spanischen Krone zu sichern.

Cortés sah sich schließlich veranlasst, zu seiner Rechtfertigung und Verteidigung seiner Ansprüche 1528 selbst nach Spanien zu reisen. Zu seiner Begleitung gehörten neben verdienten Kampfgefährten Vertreter des indianischen Adels, so z. B. ein Sohn von Moctezuma und ein Sohn von Maxixcatzin, dem Herrscher von Tlaxcala sowie Ballspieler, Akrobaten und Musiker. Festgehalten ist diese indianische Begleitung des Cortés im Kostümbuch des Christoph Weitz (um 1600). Der Kaiser verlieh Cortés im Juli 1529 den Titel eines Marqués des Tales von Oaxaca und überließ ihm große Ländereien in Oaxaca und Grundbesitz in der Hauptstadt und ernannte ihn zum Generalkapitän Neuspaniens und der Küsten des Südmeeres sowie zum Ritter vom Heiligen Jakob. Cortés erhielt damit zwar weniger Ländereien als er sich gewünscht hatte, gehörte aber nun zu den reichsten Männern Mexikos und zum spanischen Hochadel. Ähnlich wie er erhielten auch die anderen Konquistadoren Städte oder Ländereien. Und auch die indianischen Adligen, vor allem die Erben Moctezumas, erhielten ihren Anteil. So erhielt Pedro, ein Sohn Moctezumas, Tula und Tecuichpo (mit spanischen Namen Isabel), eine Tochter Moctezumas und die Frau Cuauhtémocs, erhielt Tacuba (Tlacopan).

Als Cortés 1530 von Spanien nach Mexiko zurückkehrte, erwarteten ihn Anklagen der Audiencia und das Verbot, die Hauptstadt zu betreten. Cortés nahm daraufhin seinen Wohnsitz in Cuernavaca. Er unternahm noch einmal eine Expedition nach Norden und gelangte bis zur Halbinsel Niederkalifornien. Aber ebenso wie der Marsch nach Honduras war auch diese Expedition für Cortés eine Enttäuschung und ein finanzieller Misserfolg. 1540 veranlassten ihn wiederum Kompetenzstreitigkeiten zu einer zweiten Fahrt nach Spanien. 1541 nahm er am Krieg gegen Algerien teil. Danach wandte sich Cortés nochmals mit seinen Ansprüchen an den König. Dieser aber verzögerte eine Entscheidung in dieser Angelegenheit nicht nur um Monate, sondern um Jahre. Schließlich gab Cortés seine Hoffnungen auf und war im Begriff, nach Mexiko zurückzureisen. Er erkrankte jedoch an der Ruhr und starb am 02.12.1547 in Spanien, wo er auch zunächst begraben und erst 1562, gemäß seines früheren Wunsches, nach Mexiko überführt wurde. Auch der Sohn seiner zweiten Frau, Don Martín Cortés, musste um seine Besitzansprüche hart kämpfen. Bis 1811 hatte ein Nachkomme des Cortés den Titel Marqués del Valle de Oaxaca inne, der mit dem bis ins 20. Jh. bestehenden Herzogtum Monteleone auf Sizilien verbunden war. Cortés war zweimal verheiratet und hatte nach bisheriger Kenntnis insgesamt 11 Kinder von sechs verschiedenen Frauen. Die erste Ehe mit Catalina Juárez Marcaida blieb kinderlos, aus der zweiten Ehe mit der Adligen Juana Ramírez de Arellano de Zúñiga gingen sechs Kinder hervor, darunter Martín Cortés y Ramiréz de Arrelano, genannt der »Legitime« zur Unterscheidung von seinem anderen Sohn gleichen Namens, der aus der Beziehung des Cortés mit Malinche stammte und »El Mestizo« genannt wurde. Dieser Martín Cortés (1523–1595) war der erste Mestize von historischer Bedeutung und wurde später durch eine päpstliche Bulle legitimiert.

Warum die Spanier siegten

Angesichts der kleinen Schar von Spaniern, die ein so großes Herrschaftsgebiet wie das der Azteken eroberten, wird oft die Frage gestellt, worauf letztlich der Erfolg der Spanier beruhte. Zum einen und als erstes ist die technische Überlegenheit der spanischen Kriegsausrüstung, d. h. der Waffen und der Pferde sowie deren Wirkung auf die Indianer zu nennen. Zum zweiten konnte die kleine Schar der Spanier die Unterstützung einer großen Anzahl von Indianern gewinnen, denn Cortés verstand es glänzend, die Uneinigkeit und Feindschaft der indianischen Gruppen untereinander zu seinem Vorteil im Kampf gegen die Azteken auszunutzen. Drittens ist die andere und letztlich unterlegene Art der aztekischen Kriegsführung zu nennen: Die Azteken waren im Kampf darauf aus, möglichst viele lebende Gefangene – zwecks Menschenopfern – zu machen und weniger zu töten. Die langen Speere setzten die Azteken, obwohl hervorragend dafür geeignet, viel zu wenig gegen die spanischen Reiter ein. Und sie gaben mehrmals zu früh den Kampf auf. So verfolgten sie die Spanier nicht in der *Noche Triste*, als diese aus Tenochtitlán flohen oder sie zogen sich gleich aus der Schlacht von Otumba zurück, als einer ihrer Häuptlinge getötet wurde. Kurz, auf die Konfrontation mit einem völlig neuen Gegner wurde nicht adäquat reagiert. Dies zeigt sich auch in der Unentschlossenheit Moctezumas, die Spanier von Anfang an konsequent als Feinde zu behandeln. Cortés auf der anderen Seite verfolgte ohne Zögern sein Ziel und verstand es mit hervorragendem taktischen Geschick, Gegner – sowohl Spanier als Indianer – für sich zu gewinnen. Last but not least stand das Glück einfach aufseiten der Spanier. So entging Cortés mehrmals knapp dem Tod bei den Angriffen und Attentaten nicht nur der Indianer, sondern auch der eigenen Leute. Auch der Gewinn von indianischen Verbündeten und die zu frühe Aufgabe entscheidender Kämpfe durch die Azteken sind letztlich als Glück für die Spanier zu werten.

Die Azteken unter spanischer Herrschaft: Die Kolonialzeit

Die Spanier waren nach der Eroberung des Azteken-Reiches vor die Aufgabe gestellt, dieses als Kolonialgebiet Spaniens zu verwalten. 1535 wurde das Vizekönigreich Neuspanien mit dem Verwaltungssitz bzw. der Hauptstadt Mexiko-Stadt gegründet, ein riesiges Verwaltungsgebiet. Das andere große koloniale Verwaltungsgebiet der Spanier in Amerika war Neukastilien, das das ehemalige Gebiet des Inka-Reiches in Südamerika umfasste und im Norden an Neuspanien grenzte. Erst 1821 erfolgte die Unabhängigkeit Mexikos von Spanien.

An oberster Stelle der Verwaltung des Vizekönigreiches Neuspanien stand der Vizekönig, der als »Stellvertreter« bzw. im Namen des spanischen Königs regierte.

Schon 1503 war von den Spaniern die *Casa de Contratación* (= »Haus des Handels«) für die Verwaltung aller Handelsangelegenheiten der spanischen Kolonialgebiete in Sevilla gegründet worden.

1508 hatte der Papst der spanischen Krone das Patronatsrecht über die Kirche in Übersee übertragen und damit die Berechtigung, in den betreffenden Gebieten das Christentum und die christliche Ordnung zu verbreiten. 1524 wurde der *Consejo de las Indias*, der Indienrat gegründet, der alle Angelegenheiten in Übersee, also auch die *Casa de Contratación*, kontrollierte. Der Indienrat richtete in den spanischen Kolonialgebieten lokale Behörden ein, die *Audiencias*, die für die Gerichts- und Verwaltungsaufgaben zuständig waren und zum anderen auch die Regierung des Vizekönigs kontrollierten. 1528 wurde die Audiencia von Mexiko, zu der die Gebiete der heutigen Bundesstaaten Tabasco, Yucatán und Chiapas gehören, gegründet. 1544 erfolgte die Gründung der Audiencia de los Confines, später Audiencia von Guatemala genannt, die das Gebiet der heutigen Staaten Guatemala, El Salvador, Honduras, Nicaragua und Costa Rica umfasste. Beide Audiencias waren Teil von Neuspanien. Zu Neuspanien gehörten ebenso im Norden große Teile der heutigen USA, nämlich der ganze Südwesten, Kalifornien und Florida. Das andere große koloniale Verwaltungsgebiet der Spanier in Amerika war Neukastilien, das das ehemalige Gebiet des Inka-Reiches umfasste und im Norden (Panama) an Neuspanien grenzte.

Nach der Eroberung kamen immer mehr Spanier aus ihrem Heimatland nach Neuspanien. Zahlten die Indios früher Tribut an die Aztekenherrscher, hielten nach der Eroberung stattdessen die Spanier die Hände auf. Bereits von Cortés wird berichtet, dass er in der Provinz von Cuernavaca den Indios alle 80 Tage einen Tribut von 4800 Mänteln aus Baumwolle, ferner 20 Hemden, 20 Röcke und 20 Bettdecken aus Baumwolle abverlangte. Darüber hinaus mussten die Indios unentgeltlich die notwendigen Arbeiten in den Ländereien des Cortés leisten. Dadurch war Cortés seinerzeit einer der reichsten Männer in Mexiko. Und im Laufe der Kolonialzeit wurde Neuspanien die reichste Kolonie Spaniens – auf Kosten der Indianer.

Dabei erwiesen sich die Institutionen der *Encomienda* und des *Repartimiento* für die spanischen Kolonialherren als ideales Mittel zur Ausbeutung der Indianer. Der ursprüngliche Zweck der Encomienda (vom spanischen Wort *encomendar* = »treuhänderisch verwalten«) war der, einem Spanier die Verantwortung für die christliche Unterweisung der Indianer eines bestimmten Gebietes zu übertragen, wofür er als Gegenleistung Tribut und – wenn dies nicht möglich war – Dienstleistungen erhalten sollte. Diesem Ziel wurde die Encomienda aber nie gerecht, sondern sie wurde von Anfang an als reine Zuteilung von Land und Arbeitskraft der Indianer missbraucht. Die spanischen Kolonisten waren vor allem an einem kurzfristigen effektiven Gewinn interessiert und nahmen dafür auch eine exzessive Ausbeutung in Kauf. Um 1550 gab es im Hochtal von Mexiko 130 Encomenderos, die über ca. 180 000 Indianer herrschten. Neben der durch die Encomienda legitimierten Zwangsarbeit gab es von Anfang an auch die Sklaverei. Vor allem für die Silbergewinnung in den Minen wurden Sklaven eingesetzt.

Schließlich wurde die Institution der Encomienda von der des Repartimiento abgelöst bzw. modifiziert. Dabei wurden einem Spanier direkt indianische Arbeiter zugeteilt, die er bar bezahlen musste – in der Praxis ebenfalls eine Form der Zwangsarbeit. 1601 wurde die Zwangsarbeit verboten, mit Ausnahme der Arbeit in den Bergwerken. Die Spanier mussten sich jetzt sozusagen auf dem freien Arbeitsmarkt nach Arbeitern umsehen, was für sie aber zu teuer geworden wäre. Sie lösten dieses Problem mit der *Peonaje*, der Schuldknechtschaft, die das Repartimiento ersetzte. Hatte man einmal indianische Arbeiter mit Vorschusszahlungen angeworben, die sie abzuarbeiten hatten, genügten ein paar Tricks – wie z. B. die Verpflichtung zum Kauf der zum Leben nötigen Sachen beim Großgrundbesitzer zum mehrfach überhöhten Preis –, dass die Indianer zeit ihres Lebens nicht mehr aus den Schulden und somit aus dem Arbeitsverhältnis herauskamen. Es trat nun der *Hacendado* oder *Patrón*, der Großgrundbesitzer, an die Stelle des Encomendero und übte die Herrschaft über die für ihn arbeitenden Indianer aus. So hatte man einen Weg gefunden, die offiziell abgeschaffte Sklaverei fortzuführen.

Die Behandlung und Ausnutzung der Indianer war weit entfernt von irgendwelchen Gedanken über Menschenwürde. Im Gegenteil gab es zunächst sogar die Diskussion, ob die Indianer überhaupt als Menschen zu sehen seien. Erst 1537 erklärte der Papst die Indianer zu »wahren Menschen«! Aber in Gestalt des Dominikanermönches Bartolome de las Casas fand sich doch ein

Kämpfer für die Menschenrechte der Indianer. War das Ziel der spanischen Kolonisten letztlich persönlicher Gewinn und Bereicherung auf Kosten der Indianer, so war die spanische Krone ebenso darauf bedacht, ihren Anteil aus den Kolonialgebieten zu erhalten. Aus diesem Grund versuchte die spanische Regierung, eine zu extreme Ausbeutung der Länder und der Indianer durch die Kolonisten zu verhindern. Zu diesem Zweck wurden die Indianerschutzgesetze, die sogenannten Neuen Gesetze (»Nuevas Leyes«) von Burgos am 20.11.1542 von Karl V. erlassen. Wie gesagt, war der hier geforderte Schutz der Indianer nicht aus Menschenrechtsgründen wichtig, sondern es sollte verhindert werden, dass die spanischen Kolonisten das Land vollkommen zum Nachteil der Spanischen Krone ausbeuteten. Die Neuen Gesetze schränkten die Encomienda und Zwangsarbeit ein und verboten die Sklaverei und die Gewalt gegen die Indios.

Der Mann der hinter diesen Neuen Gesetzen stand, d. h. der sie forcierte und auf den Weg brachte, war der Dominikanermönch Bartolome de las Casas (1484/85–1566). Er hatte sich den Schutz der Indianer zur Lebensaufgabe gemacht. In Sevilla geboren, kam er als Siedler nach Amerika und hatte zunächst von 1502–1512 auf der Insel Hispaniola selbst eine Encomienda. Dann aber vollzog er eine völlige Kehrtwende: Er wurde Dominikanermönch und kämpfte 50 Jahre lang gegen Missbrauch, Gewalt, Ausbeutung und Versklavung der Indios, kurz gegen jede Ungerechtigkeit ihnen gegenüber. In unzähligen Petitionen und Streitschriften setzte er sich mit allen ihm zur Verfügung stehenden Mitteln für die Menschenrechte und Menschenwürde der Indianer ein. Allerdings nahm er durchaus die Sklaverei von Afrikanern in Kauf, weil diese seiner Meinung nach besser an gewisse Arbeiten gewöhnt seien als die Indios. Die bekannteste unter seinen zahlreichen Schriften ist ein *Kurzgefasster Bericht über die Verwüstung der Westindischen Länder*[234], in dem Las Casas die Grausamkeiten der Spanier gegenüber den Indios beschreibt, vor allem die Entvölkerung ganzer Gebiete aufgrund der Versklavung. Die Indianerschutzgesetze stießen allerding nicht nur bei den Kolonisten auf Widerstand, sondern auch in Spanien. Las Casas wurde 1545 zwar Bischof

234 Brevissima Relación de la Destrucción de las Indias.

von Chiapas (Mexiko), musste aber gegen den Widerstand der Encomenderos kapitulieren. 1547 gab er sein Bischofsamt auf und kehrte nach Spanien zurück, wo er seinen Einsatz für die Indianer bis zu seinem Tod 1566 in Madrid fortsetzte.

Die Eroberung und Ausbeutung der Indianer in der Kolonialzeit hatte einen drastischen Rückgang der indianischen Bevölkerung zur Folge. Von schätzungsweise insgesamt 25 Millionen Einwohnern Mexikos vor der Eroberung durch die Spanier soll die Bevölkerung im Jahr 1532 auf ca. 16 Millionen und im Jahr 1605 auf nur noch eine Million gesunken sein. Betrachtet man nur das Hochtal von Mexiko, so sank dort die indianische Bevölkerungszahl von ungefähr eineinhalb Millionen im Jahre 1521 auf 32 000 im Jahr 1570. Erst ab Mitte des 17. Jh. stieg die indianische Bevölkerungszahl wieder an und erreichte 1822 im Hochtal von Mexiko 275 000 Indianer. Eroberung, Ausbeutung durch Arbeitsdienst, Hungersnöte und Krankheiten, schon von dem Missionar Motolinía als Plagen der Indios bezeichnet, waren die Gründe für diesen Bevölkerungsrückgang. Die Hungersnöte waren die Folge von landwirtschaftlichen Veränderungen. So wurden z. B. die indianischen Grundnahrungsmittel Mais und Bohnen durch den von den Spaniern eingeführten Anbau von Weizen oder Zucker verdrängt oder fruchtbare Anbauflächen durch die spanische Viehwirtschaft zerstört. Aber vor allem von Europäern eingeschleppte Krankheiten bedeuteten für die Indianer den Tod. Von der Zeit der Eroberung bis ins 18. Jh. kam es in Zentralmexiko zu einer ganzen Serie von Epidemien, wie z. B. in den Jahren 1545–48, 1576–81 oder 1629–31. Um welche Epidemien es sich genau handelte, ist nicht mehr feststellbar, aber wahrscheinlich waren es Pocken, Typhus, Gelbfieber oder Masern. Die Indianer waren gegen diese Krankheiten nicht immun und so waren selbst Masern für sie tödlich. Von den Indianern wiederum »erbten« die Europäer die Syphilis, gegen die zwar die Indianer, aber nicht die Spanier immun waren. Zudem verfielen viele Indianer angesichts der desolaten Lebensverhältnisse dem Alkoholismus.

Es gab zwar durchaus Widerstand der Indianer gegen diese Zustände, aber letztlich ohne Erfolg. Der letzte große Aufstand gegen die Herrschaft der Spanier war der sogenannte Mixtón-Krieg von 1540–1542, der bis heute in der Erinnerung der

Indianer präsent ist. Benannt ist der Krieg nach dem Berg Mixtón (»Cerro de Mixtón«) nahe dem Ort Xochipillan, der späteren Stadt Juchipila im heutigen Bundesstaat Zacatecas, wo sich die Aufständischen in der letzten Phase des Kampfes verschanzt hatten und den Spaniern Widerstand leisteten. Ursache des Aufstandes war die Schreckensherrschaft von Nuño Beltrán de Guzmán in der Provinz Neu-Galicien. Die Indianer sahen ihre Stunde gekommen, als Francisco Vásquez de Coronado, der neue Gouverneur der Provinz, 1540 in einer Expedition mit einem Großteil der spanischen Soldaten Richtung Norden aufbrach, um dort die sieben goldenen Städte von Cibola zu finden. Der Aufstand begann in Tepic unter Führung von Tenamaxtle, dem Herrscher von Nochichtlán, und Petacal, dem Häuptling der Caxcan. Der Vizekönig Antonio de Mendoza schickte eine spanische Truppe unter Cristóbal de Oñate nach Neu-Galicien, die aber von den Indianern besiegt wurde. Auch der bei der Eroberung von Tenochtitlán zu zweifelhaftem Ruhm gekommene Pedro de Alvarado, der im Juni 1541 mit Verstärkung in Neu-Galicien eintraf, hatte keinen Erfolg. Im Gegenteil führten die Folgen einer bei diesen Kämpfen zugezogenen Wunde am Bein letztlich zu seinem Tod. Daraufhin zog der Vizekönig Antonio de Mendoza im September 1541 höchstpersönlich mit 450 spanischen Soldaten und 30 000 Indianern in das Krisengebiet. Trotzdem konnte er die Aufständischen erst 1542 besiegen, die sich in einer Festung auf dem Berg Mixtón verschanzt hatten. In der Folge gab es immer wieder kleinere Aufstände bis hin zum sogenannten Chichimekenkrieg 1550, in dem die Spanier den Norden Neuspaniens endgültig eroberten und befriedeten.

Im Laufe der Kolonialzeit ging aus den Verbindungen der Spanier mit Indianerinnen die Mestizenbevölkerung hervor, die auch noch heute in Mexiko die Mehrheit bildet. Bis heute fehlt dem Mestizen eine eigene Identität, er ist weder Spanier noch Indianer bzw. beides zugleich. Man unterschied in der Kolonialzeit die Gesellschaft Mexikos in Weiße bzw. Spanier, Indianer und Mestizen. Die Weißen bildeten die Elite, waren aber eine Minderheit. Bei ihnen handelte es sich entweder um Kreolen, die in Neuspanien geborenen Spanier oder die »Peninsularen«, die in Spanien geborenen Weißen. Schließlich sind auch die ursprünglich als Sklaven von den Spaniern nach Mexiko gebrachten Afrikaner zu erwähnen, die ebenfalls Verbindungen mit Weißen und Indianern eingingen. Bei den Mestizen unterschied man diverse »Kasten«. Mit »Kaste« bezeichnete man die Herkunft des Mestizen und den Grad seiner *mestizaje* (»Vermischung«), eine Einteilung der Gesellschaft, die man heute als rassistisch einstufen würde.

Dem Indianer war das Priesteramt, das Tragen von Waffen und anderes mehr verboten. Dem einfachen Indio wurde nicht einmal das volle Bürgerrecht zugestanden. Die Spanier praktizierten eine Trennung von Weißen und Indianern aus machtpolitischen Gründen, nämlich um ihre Vormachtstellung als Minderheit zu halten und zu festigen und diese nicht durch eine Vermischung zu gefährden.

Die Erben des Moctezuma: Die Indianische Oberschicht in der Kolonialzeit

Etwas besser als der einfachen indianischen Bevölkerung erging es der indianischen Oberschicht, die bis zu einem gewissen Grad den Spaniern gleichgestellt war. Eine Reihe von Adligen wurde in die für indianische Angelegenheiten zuständigen Ämter übernommen bzw. in indianischen Gemeinden eingesetzt. Schon von Cortés wurden die indianischen Würdenträger der Provinzen aus der Zeit vor der Eroberung zunächst in ihren Ämtern belassen. Man nannte sie Kaziken (ein karibisches Wort) und sie waren sozusagen die Herrscher einer *Cabecera* oder Provinzhauptstadt (wie die spanische Verwaltungseinheit genannt wurde). Die *Cabeceras* waren die Zentren der indianischen Lokalregierungen und diesen untergeordnet waren die *Estancias,* die kleineren Orte. Die den spanischen Behörden unterstellten Kaziken waren für die lokale Verwaltung ihrer *Cabecera* zuständig, vor allem für die Steuerabgaben an die *Encomenderos,* aber auch für Wasserversorgung, Straßen, Märkte u. a.

In Mexiko-Stadt nahmen nach Cuauhtémocs Tod vier Nachkommen der vorspanischen aztekischen Herrscher die Stellung eines Tlatoani bzw. Gobernadors als höchstes Amt in der indianischen Verwaltung ein. Der erste war Diego de Alvarado Huanitzin (reg. 1536–1539), ein Enkel des Axayácatl. Ihm folgte Diego de San Franciso Tehuetzquititzin (reg. 1540–1554), ein Enkel des Tizoc, und darauf Cristóbal de Guzmán Cecepahtic (reg. 1557–1562), Sohn von Huanitzin und Urenkel des Axayácatl. Der letzte dieser Reihe war Luis de Santa María Nanacacipactzin (1563–1565), Sohn von Acamapichtli und Enkel des Ahuitzotl. Danach nahmen keine direkten Nachkommen der aztekischen Herrscher mehr dieses Amt ein, sodass man diese dann einfach nur noch Gobernador und nicht mehr Tlatoani nannte. Die Zeit dieser Tlatoque (Pl. von Tlatoani) unter spanischer Herrschaft war eine Übergangszeit. So berichtet der *Codex Aubin* von diesen Tlatoque wie von den Herrschern der vorspanischen Zeit: »Und damals verstarb Don Diego Huaniztin. Und darauf bestieg (den Thron) Don Diego Tehuetzquititzin, zur Zeit als man nach Xochipillan aufbrach. Dorthin ging er (Tehuetzquititzin), seinen Krönungsfeldzug zu machen. Und es zog fort Don Antonio de Mendoza; er besiegte die Leute von Xochipillan.«[235] Auch der in diesem Zitat erwähnte Feldzug wird hier als »Krönungsfeldzug«[236] gegen »die Leute von Xochipillan« wie in vorspanischer Zeit bezeichnet, fand aber in Wirklichkeit unter Regie des ersten Vizekönigs von Neuspanien statt und war nichts weniger als die Niederschlagung des als Mixton-Krieg bekannten, bereits erwähnten indianischen Aufstandes.

Die Spanier kannten keinen »biologischen« Rassismus wie andere europäische Kolonialmächte. Die Unterscheidungen, die man machte, waren kultureller bzw. gesellschaftlicher Art. Schon die Konquistadoren hatten sehr bald, nachdem sie mexikanischen Boden betraten, indianische Konkubinen. Eine feste Verbindung gingen sie meist deshalb nicht ein, weil sie bereits mit einer spanischen Frau verheiratet waren oder weil sie sich eine Heirat in den Adelskreisen Spaniens erhofften. So bot der Herrscher von Tlaxcala seine Tochter Xicotenga (spanisch Doña Luisa), Cortés als »Geschenk« an. Cortés lehnte ab und gab das Geschenk an Pedro de Alvarado weiter. Das einzige »Manko« von Doña Luisa war mit der christlichen Taufe schnell behoben. Alvarado heiratete sie zwar auch nicht, aber sie wurde ehrenvoll behandelt und zumindest die gemeinsame Tochter Doña Leonora kam später in den Genuss

235 Walter Lehmann/Gerd Kutscher 1981, 76.
236 Vgl. S. 84.

einer standesgemäßen Heirat mit Francisco de la Cueva, einem Vetter des Herzogs von Albuquerque (Spanien).

Cortés selbst hatte nicht nur mit Malinche einen Sohn, sondern auch mit Tecuichpo (geb. zwischen 1505 und 1510, gest. 1551) eine Tochter. Tecuichpo war eine Tochter Moctezumas, wahrscheinlich aus einer Verbindung mit einer Tochter des Aztekenherrschers Ahuitzotl. Ihr ursprünglicher Name war Miyahuaxochitzin, denn »Tecuichpotzin« war nur ein Titel bzw. die Bezeichnung für die Töchter eines Herrschers. Später erhielt sie nach ihrer christlichen Taufe den spanischen Namen Doña Isabel Moctezuma. Sie wurde schon in jungen Jahren verheiratet. Atl Ixcatzin, ihr erster Mann starb schon früh im Kampf gegen die spanischen Eroberer. Cuitláhuac, ihr zweiter Ehemann, der Nachfolger ihres Vaters Moctezuma, starb an Pocken. Cuauhtémoc, ihren dritten Mann und der letzte autonome Aztekenherrscher, ließ 1525 Cortés auf seinem Eroberungszug nach Honduras hinrichten.[237] Sie wurde daraufhin die Konkubine von Cortés. Während ihre drei ersten Ehen kinderlos geblieben waren, ging aus der Verbindung mit Cortés 1527 die gemeinsame Tochter namens Leonor hervor. Dieser hatte Tecuichpo zu diesem Zeitpunkt schon an seinen Offizier Alonso de Grado »weitergegeben«, der sie 1526 geheiratet hatte. Die Eheleute erhielten von Cortés die Encomienda von Tacuba zum Geschenk, die größte Encomienda dieser Zeit im Hochtal von Mexiko. Die Ehe mit Alonso de Grado, der schon zwei Jahre später, 1528, starb, blieb kinderlos. Nun heiratete sie Pedro Gallego, mit dem sie den gemeinsamen Sohn Juan hatte. Nachdem auch dieser Ehemann 1530 gestorben war, heiratete sie Juan Cano de Saavedra, einen Kampfgefährten des Cortés während der Eroberung. Aus dieser Ehe gingen drei Söhne, Pedro, Gonzalo und Juan sowie zwei Töchter, Isabel und Catalina, hervor. Juan Cano versuchte zusammen mit seiner Frau durch Klagen und Bittschriften an den spanischen Königshof, die Zurückgewinnung des Erbes als Tochter des Aztektenherrschers Moctezuma durchzusetzen – mit nur teilweisem Erfolg. Nachdem die Tochter Isabel 1551 und ihr Mann 1572 verstorben waren, führten deren Nachkommen den Kampf um ihr Erbe fort. Die Nachfahren siedelten nach Spanien

237 s. S. 219 f.

über und stiegen durch entsprechende Ehen in die höchsten Adelskreise auf.

Auch Don Pedro de Moctezuma Tlacahuepan, ein Sohn von Moctezuma, versuchte nach dem Vorbild von Isabel Erbansprüche durchzusetzen. Zu diesem Zwecke reiste er 1567 höchstpersönlich mit seinem Sohn Don Diego Luis de Moctezuma nach Spanien. Er war aber auch weniger erfolgreich. Allerdings wurden auch seine Nachkommen durch Verleihung des Titels »Grafen von Moctezuma« in die spanischen Adelskreise aufgenommen. Einer von ihnen, Don José Sanmiento y Valladeros, Conde de Moctezuma y Tula, war von 1696 bis 1701 Vizekönig Neuspaniens. Bis heute gibt es einen Nachfahren von Moctezuma in Spanien, der den Titel Herzog Moctezuma von Tultengo trägt.

Heute gelten Moctezuma und Malinche in Mexiko weitgehend als indianische Unterstützer der spanischen Eroberung und somit als persona non grata, während Cuauhtémoc als Widerstandskämpfer gegen die Spanier verehrt wird. Dies zeigt sich zum Beispiel daran, dass Cuauhtémoc – im Gegensatz zu Moctezuma – als Vorname oder Ortsname wesentlich beliebter bzw. häufiger ist. Gleiches gilt für die ihm zu Ehren errichteten Denkmäler. Allerdings kam Moctezuma in Europa zu gewissem Nachruhm: So sind zum Beispiel mehrere Opern bis in unser Jahrhundert nach ihm benannt und haben die Ereignisse der spanischen Eroberung zum Thema. Die bekannteste Opter ist die von Antonio Vivaldi (*Motezuma*, Uraufführung 1733). Zu der Oper *Montezuma* von Carl Heinrich Graun (Uraufführung 1755) schrieb der Preußenkönig Friedrich der Große persönlich das Libretto.

»Sind doch die Götter auch gestorben.« – Die christliche Missionierung

Die Mission der heidnischen Indios wurde von den spanischen Eroberern und Kolonisten gerne zur Verdeckung ihres Strebens nach Gewinn und Reichtum vorgeschoben. Allerdings gab es gerade in Mexiko positive Beispiele der Missionsarbeit, wie z. B. der von Bernardino de Sahagún oder anderer franziskanischer Missionare. Die Franziskaner gründeten in Neuspanien Schulen, wo sie die Kinder indianischer Adliger in spanischer, lateinischer und auch aztekischer Sprache unterrichteten. Ziel war es, dass diese Eliteschüler später auf die einfache indianische Bevölkerung Einfluss ausüben und dadurch ihre Anpassung an die neue Zeit fördern würden. Aus einigen der Schüler wurden aber auch bekannte indianische Geschichtsschreiber, wie z. B. Hernando de Alvarado Tezozomoc, Axayacatzin, Chimalpahin oder Fernando de Alva Ixtlilxóchitl. Die Franziskaner, aber auch die Dominikaner waren bei der Missionierung nach der Eroberung bestrebt – solange es erlaubt war –, indianische Gesänge und Tänze in den christlichen Ritus zu integrieren und christlich zu interpretieren.

Im Jahre 1524 kam es zu einem in der damaligen christlichen Missionsgeschichte[238] einmaligen Treffen und Gespräch: Zwölf Minoriten bzw. Franziskanermönche, darunter der auch als Chronist bekannte Toribio Motolinia[239] trafen sich mit indianischen Adligen, Priestern und Philosophen zu einem Gespräch über die »letzten Dinge« bzw. religiöse Themen. Es war der letzte große öffentliche Auftritt der aztekischen Priester, die angetreten waren, ihre Weltsicht und Religion gegenüber den christlichen Missionaren zu verteidigen. Chronist dieser Gespräche war Sahagún, der sie wohl schon bald nach seiner Ankunft in Mexiko 1529 niederschrieb. Wie bereits erwähnt, wurde das Werk Sahagúns, auch die Colloquios, von der Inquisition verboten, weil es zu viel über die »heidnische« bzw. indianische Religion informierte.

Von den insgesamt 51 Kapiteln der *Colloquios* sind nur 14 Kapitel erhalten. Das Thema der fehlenden Kapitel ist aber durch eine jeweilige kurze Inhaltsangabe bekannt. Erst im 20. Jh. wurde die Schrift wieder aufgefunden und publiziert. Inhaltlicher Schwerpunkt ist die Erklärung der christlichen Lehre durch die Franziskaner. Erstaunlich für den heutigen Leser ist dabei die Tatsache, dass die Franziskaner die Existenz der aztekischen Götter nicht anzweifeln, wohl aber ihre Göttlichkeit bestreiten. Zu dieser Zeit war der Glaube an Teufel und Hölle noch sehr lebendig und so werden die aztekischen Gottheiten als Teufel bzw. Luzifer und sein

238 Vergleichbar sind zwar die Gespräche des Jesuiten Cosme de Torres mit Buddhisten in Yamaguchi (1552), aber diese sind längst nicht von solch einer Dramatik und Qualität wie die *Colloquios*.

239 s. S. 37 f.

Gefolge der gefallenen Engel gedeutet. Die Franziskaner betonen außerdem, dass den Azteken der christliche Gott bisher unbekannt ist, er ist der, »den ihr nimmer kennenlerntet«[240]. Sie bemühen sich, den Unterschied zwischen wahrem Gott und falschen Göttern herauszuheben.

In Kapitel 21 erklären sich die Azteken bereit, zum Christentum überzutreten. Die konkreten Gründe dafür werden aber nicht genannt. Es liegt die Vermutung nahe, dass sie weniger von der christlichen Glaubenslehre überzeugt waren, sondern ihnen bewusst war, dass ihnen als Besiegten kaum eine andere Möglichkeit übrigblieb. Die realistische Einschätzung ihrer Situation zeigt sich auch in der Antwort der Azteken im Kapitel sechs und sieben, die zusammen mit der Antwort der Franziskaner in Kapitel acht den Höhepunkt der *Colloquios* bilden. Dabei wird auch deutlich, dass den Indianern durchaus bewusst war, dass die Annahme des Christentums gleichzeitig die Aufgabe ihrer kulturellen Tradition und somit ihrer Identität bedeutet. Der Wortführer der indianischen Seite ist dabei ein Priester vom höchsten Rang, nämlich ein Priester des Quetzalcoatl: »Und jetzt was ist es, wie verhält es sich? [...] Sind wir denn überhaupt etwas? Nur kleine (unbedeutende) Untertanen sind wir, wir (sind) voll Erde (Unrat), voll Kot, wir Räudigen, wir Armseligen, wir bedürftigen, wir Beladenen, uns hat bloß zurückgesetzt der Herr, unser Fürst [...] Wohin sollen wir denn vielleicht noch gehen? Wir (sind) Untertanen, wir (sind) vergänglich, wir (sind) sterblich, wohlan, lasst uns denn sterben, wohlan, lasst uns denn zugrunde gehen! Sind doch die Götter (auch) gestorben. [...] Ihr sagtet (zu uns), dass wir nicht kennen den Herrn des Mit und Bei, den Herrn des Himmels (und) der Erden. Ihr sagtet, dass nicht wahre Götter unsere Götter (sind). Es ist ein neues (unerhörtes) Wort, was ihr sprachet, und darüber sind wir bestürzt, daran nehmen wir Ärgernis (Anstoß). Denn unsere Erzeuger, die zu sein, die zu leben gekommen waren auf Erden, nicht so sprachen sie. Sie gaben uns ihre Sitte (ihr Gesetz), sie glaubten an sie (die Götter), sie dienten, sie erwiesen Ehrfurcht den Göttern. Sie lehrten uns insgesamt das, womit gedient wird, was in Ehren zu halten ist: so essen wir vor ihnen Erde, so zapfen

240 Walter Lehmann 1949, 77.

wir uns Blut ab, so büßen wir, so legen wir Copal-Harz nieder, und so veranstalten wir (Menschen-)Opfer. Sie sagten: Es sind sie die Götter, durch die alles lebt, sie erwiesen uns Gnade. [...] Es sind sie, die uns geben unseren Unterhalt (unser Abendessen, unser Frühstück) und insgesamt Trank (und) Speise [...] Und etwa nun wir, sollen wir zerstören das alte Gesetz? Das Gesetz der Chichimeken, das Gesetz der Tolteken, das Gesetz derer von Colhuacan, das Gesetz der Tepaneken?[241] [...] Lasst uns nicht erzürnen die Götter, ihrem Zorne, ihrem Grimme lasst uns nicht anheimfallen! Und dass nicht deshalb vor uns, über uns sich erhebe das Volk! Mögen nicht deswegen wir es beunruhigen, mögen nicht deswegen wir es verwirren, durch das, was wir sagten: Es möge nicht mehr sie (die alten Götter) anrufen, es mögen nicht mehr sie anbeten. [...] Genug allein mit dem, [...] dass uns weggenommen wurde, dass uns verboten wurde die Matte (und) der Sitz (die Herrschaft).[242] Werden wir am selben Ort wohnen bleiben, nur eingeschlossen (gefangen) werden wir sein. Möget ihr mit uns machen, was ihr wollt! Das ist alles, womit wir erwidern, womit wir antworten eurem Hauch, eurer Rede, o unsere Herren!«[243]

Die Antwort der Franziskaner im Kapitel acht geht der Zeit entsprechend vom Christentum als der einzig wahren Religion aus: »Vernehmet es, wenn es wirklich wahre Götter sind, würden wir etwa nicht auch sie göttlich verehren, würden wir etwa nicht auch sie bitten um unseren menschlichen Unterhalt?«[244] Die spanische Eroberung wird zwar einerseits als Strafe Gottes für das Verhalten der Azteken gesehen, gleichzeitig wird aber auch das Verhalten der Eroberer kritisiert.

Auch wenn die Franziskaner in ethnozentrischer Weise ihrem Weltbild verhaftet sind, ist doch Offenheit für den indianischen Gesprächspartner festzustellen: Hierbei zu nennen sind nicht nur die Tatsache, dass die Franziskaner sich überhaupt auf ein Gespräch mit den aztekischen Priestern und Weisen einlassen und ihnen Gelegenheit geben, ihr Weltbild darzustellen – indem

241 Mit diesen Völkern werden die Geschichtsabschnitte Mexikos zusammengefasst, Tenochtitlán wird als gegenwärtige Epoche nicht extra erwähnt.
242 Eine offene Kritik gegen die spanischen Eroberer.
243 Walter Lehmann 1949, 101–107.
244 Ebd. 108 f.

sie sie als Gesprächspartner ernst nehmen –, sondern auch ihre gut gemeinte Absicht, die indianischen Gesprächspartner von der Wahrheit des christlichen Glaubens zu überzeugen (die Mission dient hier nicht als Argument zur Durchsetzung materieller Machtinteressen) und nicht zuletzt die Kritik an der Ausbeutung der Indios durch die spanischen Eroberer.

»Es lebe die Jungfrau von Guadalupe!« – Der heilige Azteke

»Es lebe die Jungfrau von Guadalupe! Tod der schlechten Regierung! Es lebe Fernando VII.«[245] Mit diesem Ausruf, dem *Grito de Doloros* (»Schrei von Dolores) des Priesters Miguel Hidalgo in der Stadt Dolores am 16.09.1820 begann der Mexikanische Unabhängigkeitskrieg. Die erste Nationalflagge Mexikos zeigte deshalb das Bild der Jungfrau von Guadalupe. Sie ist bis heute nicht nur das Symbol mexikanischer und gleichzeitig indianischer Identität, sondern auch das der Verbindung aztekischer und christlicher Religion. Der Kult der Virgin de Guadalupe geht auf eine Marienerscheinung zurück: Die Erscheinung der heiligen Maria widerfuhr 1531 – 10 Jahre nach der Eroberung – einem Indianer, und zwar genau an der Stelle auf dem Berg Tepeyácac außerhalb von Mexiko-Stadt, wo sich früher ein Heiligtum der aztekischen Erdgöttin Tonantzin befand. Heute bildet dieser Ort mit der Basilika der Jungfrau von Guadalupe einen Stadtteil im Norden von Mexiko-Stadt und ist einer der bedeutendsten Marien-Wallfahrtsorte der Welt.

Schon Sahagún beschreibt die Entwicklung des Kultes im Tempel der Erdgöttin Tonantzin hin zur Verehrung der heiligen Maria in der *Basilica de Nuestra Señora de Guadalupe* und sah deutlich und gleichzeitig kritisch die Identifizierung der Tonantzin mit der Jungfrau von Guadalupe: »An diesem Ort [Tepeyácac, Anm. d. Autorin] hatten sie einen Tempel der der Mutter der Götter geweiht war, die sie Tonantzin nannten, was so viel wie *Unsere Mutter* heißt. Dort brachten sie viele Opfer zu Ehren dieser Göttin. Dorthin kamen

245 »¡Viva la Virgen de Guadalupe! ¡Muera el mal gobierno! ¡Viva Fernando VII.!«

sie von weither [wörtlich von mehr als zwanzig Meilen, Anm. d. Autorin] aus allen Gegenden Mexikos und brachten viele Opfergaben. Es kamen Männer und Frauen, Jungen und Mädchen zu diesen Festen. Es war eine große Menschenmenge und alle sagten ›Wir gehen zum Fest der Tonantzin‹. Und jetzt ist dort die Kirche für Nuestra Señora de Guadalupe erbaut, die man auch Tonantzin nennt […] aber eines ist gewiss, dass dieses Wort [Tonantzin, Anm. d. Autorin] vor allem jene alte Tonantzin bezeichnet, und es ist eine Sache die beendet werden muss, weil der eigentliche Name der Mutter Gottes, der heiligen Maria nicht *Tonantzin*, sondern *Dios Y Nantzin* [»Mutter Gottes«, Anm. d. Autorin] ist. Es scheint eine satanische Erfindung zu sein, um so die Götzenanbetung unter diesem Namen Tonantzin zu verbergen. Und heute kommen sie von weit her zu dieser Tonantzin, so weit wie früher.«[246] Sahagúns Kritik ist aus seiner Sicht durchaus berechtigt, denn Tonantzin war eine Erscheinung der Coatlicue, der Mutter von Huitzilopochtli, sodass hier die indianische religiöse Tradition im Christentum ihre Fortsetzung findet.

Die Geschichte der Erscheinung der Jungfrau von Guadalupe, wie sie dem Indio Juan Diego aus Cuauhtitlán 1531 widerfuhr, wird im *Nican mopohua*[247] (»Hier wird erzählt …«), einem Text auf Nahuatl, beschrieben. Diese Erzählung ist indianischen Ursprungs und wurde als Teil eines Buches mit dem Titel *Huei tlamahuicoltica* (»Das große Ereignis«) erstmals publiziert. Die Erzählung *Nican mopohua* ist älter als die übrigen Texte des Buches und wurde wohl um 1556 niedergeschrieben. Der Autor war aller Wahrscheinlichkeit nach ein Azteke namens Antonio Valeriano (1522/1526–1605), ein ehemaliger Schüler im Colegio de Santa Cruz in Tlatelolco und späterer Mitarbeiter von Sahagún sowie Gobernador von Atzcapotzalco. Valeriano kannte die *Cantares Mexicanos*[248], deren Spuren und Einflüsse sich im *Nican mopohua* wiederfinden.

Der Indio Juan Diego war auf dem Weg zum Gottesdienst, als ihm auf dem Hügel Tepeyácac die Gottesmutter Maria erschien und zu ihm sprach: »Ich bin es wirklich, die heilige Jungfrau Maria, Mutter des wahren Gottes, Spender des Lebens,

246 Bernardino de Sahagún, 1999, 705 (dt. Übersetzung U. P.).
247 Benannt nach den Anfangsworten.
248 s. S. 193–196.

Ipalnemohuani, Schöpfer der Menschen, Teyocoyani, der Allgegenwärtige, Tloque Nahuaque, Herr der Himmel, Ilhuicaha, Herr der Erde, Tlalticpaque. Es ist mein innigster Wunsch, dass man mir hier eine Kirche erbaut, wo ich […] allen Menschen alle meine Liebe, mein Mitleid, meine Hilfe, meinen Schutz schenken kann. […] Hier werde ich erhören ihre Klagen, ihr Leiden, so […] werde ich heilen alle ihre Not, ihr Elend, ihre Leiden.«[249] Sie bat Juan Diego, zum Bischof von Mexiko Zumárraga zu gehen und ihm dies zu berichten. Dieser war skeptisch und vertröstete ihn damit, noch einmal wiederzukommen. Wieder zum Berg zurückgekehrt, erhielt Diego nochmals von der Gottesmutter den Auftrag, beim Bischof vorzusprechen. Dieser verlangte aber einen Beweis von ihm. Nun ließ die Jungfrau – mitten im Winter und in der kargen Landschaft – Rosen erblühen. Nachdem Diego die Rosen gepflückt und in seinen Umhang gelegt hatte, trat er wiederum vor den Bischof. »Und darauf öffnete er seine weiße Decke, in der die Blumen aufbewahrt waren. Und als die vielen Blumen zu Boden fielen […], blieb dort in seinem Umhang das Zeichen, erschien das herrliche Bild der heiligen Jungfrau Maria, der Mutter Gottes, so wie es […] aufbewahrt wird in dem herrlichen Schrein, in ihrer Kirche, in Tepeyácac, Guadalupe genannt.«[250]

Es lassen sich Parallelen zwischen dem altaztekischen Denken, wie es sich vor allem in den *Cantares Mexicanos* findet und dem *Nican mopohua* nachweisen: der Sprachstil, die Betonung und Bedeutung von Gesang und Blumen, die Vorstellungskonzepte *Tonantzin* und *Totahtzin* (= unsere Mutter, unser Vater), *Ipalnemohuana* (= Schöpfer) sowie *Tloque Nahuaque* (= der Herr des Nahen und Fernen) und *Ilhuacahua* (= der Herr des Himmels).[251] Auch im Gnadenbild in der Wallfahrtskirche selbst werden vorspanisch-indianische Einflüsse gesehen, wie z. B. die blaugrüne Farbe des Umhanges als der Farbe des Schöpferpaares Ometecuhtli und Omicihuatl oder der Gürtel als Symbol der Schwangerschaft. Dafür spricht auch, dass der Maler dieses Bildes vermutlich ein Azteke war und zwar der Künstler Marcos Cipac de Aquino

249 Miguel León-Portilla 2000, 101 ff. (dt. Übersetzung U. P.).
250 Ebd. S. 151 (dt. Übersetzung U. P.).
251 Ebd. 51–69.

(† 1572). Das Gnadenbild besteht aus Stoff, dargestellt ist Maria, auf einer Mondsichel stehend, in einem rosafarbenen Kleid mit einem blaugrünen, sternengeschmückten Mantel, der auch den Kopf bedeckt.

Die Marienerscheinung des Indios Juan Diego verhalf der Kirche dazu, dass sich innerhalb kurzer Zeit Millionen Indios zum Christentum bekehrten. Die Jungfrau von Guadalupe wurde zu *der* Schutzheiligen Lateinamerikas schlechthin und zum Vorbild der Jungfräulichkeit in einer männerorientierten bzw. durch Machismo geprägten Gesellschaft. 1709 wurde die neu erbaute Basilika eingeweiht, die die bisherige Kapelle ersetzte. 1974 wurde wiederum eine neue Basilika eingeweiht, weil die alte, die später zum Museum wurde, für die wachsenden Pilgermassen nicht mehr ausreichte. Papst Benedikt XIV. (1675–1758) erklärte die Virgen de Guadalupe zur Schutzpatronin von Mexiko, Papst Leo XIII. legte den 12. Dezember als ihren Gedenktag zunächst für ganz Lateinamerika fest, Papst Johannes Paul II. erklärte ihn dann zum Gedenktag für die ganze katholische Kirche und er sprach Juan Diego als ersten Indianer überhaupt im Jahre 2002 heilig. Die Heiligsprechung eines Indianers brauchte somit 500 Jahre! Der Papst erklärte ihn zum Patron der Indianer und legte den 9. Dezember als seinen Gedenktag fest. Die Überlieferung geht davon aus, dass Juan Diego Cuauhtlatoatzin wohl zwischen 1474 und 1548 lebte und in Cuautitlán in der Nähe von Mexiko-Stadt geboren wurde. Aber war Juan Diego wirklich eine historische Person oder handelt es sich nur um eine fiktive Legendengestalt? Dies wurde lange Zeit kontrovers diskutiert und ist nicht ganz eindeutig geklärt. Als Argument für eine fiktive Heiligengestalt wird aufgeführt, dass Juan Diego weder in den Schriften des Erzbischofs Juan de Zumárraga noch von Bernardino de Sahagún erwähnt wird. Schriftlich erwähnt wird er erstmals im *Nican Mopohua,* das erst 1649, hundert Jahre nach Diegos Tod, erschien. Die katholische Kirche geht von der hisotrischen Authentizität aus, da dies ihrer Ansicht nach durch eine Forschergruppe im Auftrag der *Congregatio de Causis Sanctorum* im Jahr 1998 festgestellt worden sei. Ob historisch oder fiktiv, entscheidend ist die Nachwirkung, in der die Vision von Juan Diego zum Symbol indianischer und mexikanischer Identität wurde.

Der *Guadalupanismo*, der Kult der *Virgin de Guadalupe* ist auch gleichzeitig das Paradebeispiel für den Synkretismus zwischen indianischer und christlicher Religion. Am 12. Dezember ist die Basilika der Jungfrau von Guadalupe das Ziel zahlreicher Pilger aus dem In- und Ausland. Nicht wenige Pilger legen die letzte Strecke auf Knien zurück. Während auf dem Kirchenvorplatz den ganzen Tag Tänze in indianischer Tradition aufgeführt werden, finden in der Basilika Gottesdienste statt. Um angesichts der Pilgermassen einen geordneten Ablauf zu garantieren, gelangen die Pilger auf Rollbändern in und aus der Basilika. Die Tänze auf dem Vorplatz werden meistens von den *Cofradías* aufgeführt, den Bruderschaften, die jeweils die Standarte eines bestimmten Heiligen mitführen.

Die Institution der *Cofradía* ist der integrierende Faktor zwischen indianischer und christlicher Religion. Sie wurde von den Europäern zur Festigung des Christentums eingeführt und lässt sich auf die christlichen Bruderschaften in Europa zur Zeit des Mittelalters zurückführen. Die *Cofradías* verbinden nicht nur das katholische und indianische Element, sondern sind auch ein stabilisierender Faktor der Dorfgemeinschaft, ja der indianischen Identität schlechthin. Wichtigste Aufgabe einer *Cofradía* ist die Verehrung und praktisch die »Betreuung« eines bestimmten, mit einer indianischen Gottheit gleichgesetzten Heiligen, die Organisation seines Patronatsfestes, die Versorgung der in der Kirche aufgestellten Heiligenfigur mit Opfern und Bekleidung etc.

Der Totenkult ist ein weiteres indianisches Phänomen, das sich mit der christlichen Religion verband. Die Vorstellungswelt der altaztekischen Religion war geprägt durch den Dualismus von Leben und Tod sowie die Furcht, dass die Fünfte Sonne und damit alles menschliche Leben untergehen könne – und um dies zu verhindern, wurden der Sonne Opfer dargebracht. Schließlich war die Vergänglichkeit des Lebens auch ein Haupttopos in der altmexikanischen Poesie. Diese Vorstellungen waren dem christlichen *Memento Mori* (= »Gedenke des Todes«, d. h. gedenke, dass du sterblich bist) phänomenologisch nicht ganz unähnlich. Die *Memento-Mori*-Einstellung, das Bewusstsein von der Vergänglichkeit des Lebens und des Todes als Folge der menschlichen Sünde, ist für das Christentum vom Mittelalter bis zum 18. Jh. prägend.

Kennzeichnende Motive sind Totentanz, Skelett oder Totenschädel. Skelett und Totenschädel findet man nicht nur häufig in der aztekischen Kunst, sondern auch heute noch in der mexikanischen Volkskunst. José Guadalupe Posada (1851–1913), ein Zeitungslitograph, prägte den Stil von ironisch-satirischen Totendarstellungen und *Calaveras* (»kleinen Toten«) und sein Einfluss lebt – über Diego Rivera und andere hinaus – nach wie vor. Kurz, indianische und christliche Religion befruchteten sich hier gegenseitig.

Ein Paradebeispiel dafür ist der *Día de los Muertos* (»Tag der Toten«, d. h. Allerheiligen) am 1. November. Nach indianischer Vorstellung kehren die Seelen an diesem Tag auf die Erde, an ihr Grab, zurück. Entsprechend verbringt man den Tag auf dem Friedhof. Man bringt den Toten Gaben dar, wie Blumen, Weihrauch, Wasser und Kerzen, die die vier Elemente Erde, Luft, Wasser und Feuer symbolisieren, aber auch Nahrungsmittel und Getränke. Man veranstaltet ein Picknick mit den Toten am Grab, es finden Straßenumzüge mit Skelettkostümen und einer »Leiche« im Sarg statt und anderes. Es gehört zum guten Ton, Verwandten und Bekannten sowie den Toten kleine Totenschädel aus Zuckerguss zu schenken – ähnlich wie man bei uns die Ostereier zu Ostern verschenkt. Obwohl das Halloween-Fest aus den USA, das seit einigen Jahren auch in Europa beliebt ist, seinem Ursprung nach auf das keltisch-irische Totenfest zurückgeführt wird, ist es nicht unwahrscheinlich und auch näherliegend, dass der mexikanische Totentag hierfür vorbildgebend war. Auch in Deutschland hielt der *Día de los Muertos* einzug, wie z. B. in den Veranstaltungen der diversen Weltmuseen bzw. Museen für Völkerkunde.

Die Wiederentdeckung der aztekischen Kultur

Im Jahre 1790 fand man auf dem Zócalo in Mexiko-Stadt bei Pflasterarbeiten die große Steinskulptur der aztekischen Göttin Coatlicue, der Mutter des Stammesgottes Huitzilopochtli, ferner den sogenannten Sonnenstein bzw. Kalender der Azteken und schließlich den sog. Opferstein des Tizoc.[252] Der damalige,

252 Vgl. dazu S. 183 f.

aufklärerisch eingestellte Vizekönig befahl glücklicherweise den Schutz dieser Objekte. Die Skulptur der Coatlicue erregte auch bei den Indianern Aufsehen, man legte Opfergaben vor ihr nieder und um dies zu verhindern, wurde sie wieder in der Erde vergraben. Der Mexikaner Antonio León y Gama erstellte – nach einer ausführlichen Beschäftigung mit dem Sonnenstein – eine Liste weiterer archäologischer Funde in der Stadt Mexiko. Sein Werk erschien 1832 (posthum). 1803 kam Alexander von Humboldt (1769–1859) nach Mexiko und wurde – ebenfalls durch den Sonnenstein angeregt – zum Pionier der Wissenschaft des Alten Mexiko schlechthin. 1813 gab er zunächst einen Bildband der archäologischen Funde in Mexiko heraus. Er beschäftigte sich aber auch mit der aztekischen Sprache, der Frage nach dem Ursprung der aztekischen Kultur und ihrer Einordnung. Angeregt durch Humboldts Bildband unternahm Guillermo Dupaix (1746–1818) im Auftrag des spanischen Königs Karl IV. zwischen 1805 und 1808 drei Forschungsreisen, um eine erste Bestandsaufnahme der archäologischen Stätten und Funde in ganz Mexiko vorzunehmen. León y Gama, Humboldt und Dupaix (ebenso Ciriaco Gonzáles Carvajal) sind auch die ersten, die mexikanische Kunstobjekte zu wissenschaftlichen Zwecken sammelten. Der Engländer William Bullock veranstaltete 1824 in London die erste bedeutende Mexiko-Ausstellung. Im Zusammenhang damit wurde auch die in der Erde vergrabene Statue der Coatlicue wieder ans Licht geholt und gleich wieder zum Objekt indianischer Verehrung. Der Schweizer Lukas Vischer, der Spanier José Mariano Sánchez y Mora und der Deutsche Carl Uhde legten im 19. Jh. umfangreiche und bedeutende Sammlungen mexikanischer Kunstwerke an, die später größtenteils in die europäischen Museen (British Museum, Louvre und die Museen für Völkerkunde in Basel, Wien und Berlin) gelangten.

In Mexico City gründete man 1825 ein »Nationalmuseum« am Zócalo, machte es aber erst 1887 der Öffentlichkeit zugänglich. Heute befindet sich das »Nationalmuseum für Anthropologie« in dem 1964 eröffneten Neubau im Chapultepec-Park. 1900 fand man bei Kanalarbeiten am Zócalo eine Reihe weiterer aztekischer Kunstwerke. 1913 – wiederum zufällig – entdeckte man die Südwestecke des Templo Mayor. Und 1978 fand man den Stein der aztekischen Mondgöttin Coyolxauhqui. Ein Fund, der die Ausgrabung der Überreste des Templo Mayor von 1978 bis 1982 und die Gründung des Museums Templo Mayor 1987 zur Folge hatte.

Neben der Archäologie ist aber auch die Erforschung der aztekischen Bilderhandschriften zu erwähnen. Vor allem ist hier der Italiener Lorenzo Boturini Benaducci (1702–1749) zu nennen, der 1736 nach Mexiko kam und als erster alle Bilderhandschriften sammelte, die er bekam. Die spanische Kolonialverwaltung konfiszierte aber seine Sammlung, sie wurde von einem Amt zum anderen geschickt, dabei jedes Mal ein wenig kleiner und schließlich ganz vergessen. Ein Jahrhundert später kam der Franzose Joseph Marcus Alexis Aubin (1802–1891) nach Mexiko und brachte die Reste der Sammlung Boturini, jetzt auch Sammlung Aubin genannt, in die Nationalbibliothek von Paris, wo sie sich noch heute befinden. Diese Sammlung ist eines der wichtigsten Zeugnisse der Geschichte des Alten Mexikos. Ein anderer Franzose, der Geistliche Charles-Etienne Brasseur de Bourbourg (1814–1874), entdeckte den *Codex Chimalpopoca*. In Frankreich wurde 1863 die »Amerikanische Gesellschaft zur Erforschung der Kulturen und Ethnien Amerikas« gegründet und ebenfalls in Frankreich fand 1875 der erste Internationale Amerikanistenkongress statt, der seitdem bis heute alle vier Jahre veranstaltet wird. Während sich die Franzosen mehr mit den Schriften des Alten Mexikos befassten, konzentrierten sich die Engländer – und wenig später die Amerikaner – auf die Archäologie.

Mit dem Beginn des 20. Jh.s wurden die Franzosen von den Deutschen durch die Untersuchungen und Arbeiten Eduard Selers (1849–1922) von 1887 bis 1923 in der Erforschung der mexikanischen Schriften abgelöst. Sein Schwerpunkt war die Ikonographie und sein Verdienst die Wiederentdeckung und die Auswertung des Werkes von Sahagún. Daneben befasste er sich auch mit den Bilderhandschriften wie den *Codices Borbonicus, Telleriano-Remensis, Vaticanus* und *Borgía*. Seler ging es vor allem darum, den aztekischen Text des Werkes von Sahagún zu übersetzen, denn Sahagún selbst hatte ihn nicht wörtlich übersetzt, sondern nur inhaltlich zusammengefasst. Aufgrund verschiedener Hindernisse, wie etwa der Sperre der Handschriften durch die mexikanische Regierung und dem Ersten Weltkrieg, konnte Seler sein Vorhaben nicht selbst vollenden, dies taten seine Schüler Walter Lehmann (1878–1939) und Leonhard Schultze-Jena (1872–1955). Seler und seinen Schülern ist es nicht zuletzt zu verdanken, dass wir über die Azteken ab diesem Zeitpunkt mehr Informationen haben als über alle anderen Völker des Alten Amerika und dass sich die Alt-Amerikanistik zu einer anerkannten Wissenschaft entwickelte.

Im 20. Jh. wurden dann die Mexikaner führend in der Erforschung der Kultur und Geschichte ihrer indianischen Vergangenheit. So fand 1940, im letzten Regierungsjahr des indianischen Präsidenten Lázaro Cárdenas, eine »Interamerikanische Indianerkonferenz« statt, die u. a. die Gründung von Indianerinstituten in Ländern Amerikas mit indianischer Bevölkerung vorsah. Dem folgte 1948 die Gründung des »Nationalen Indianerinstituts« (INI) in Mexiko. Aufgabe des INI waren und sind nach wie vor sowohl die Erforschung der gegenwärtigen indianischen Kulturen als auch die praktische Umsetzung von Entwicklungsaufgaben. Ging die Initiative von Cárdenas aus, so wurden Gründung und Aufbau des INI durch den bekannten mexikanischen Anthropologen und Archäologen Alfonso Caso geprägt. Prominente gegenwärtige Erforscher der aztekischen Kultur sind z. B. Felipe Solis, Miguel León-Portilla oder Eduardo Matos Moctezuma – um nur einige zu nennen.

Aztekisches Erbe und indianische Gegenwart

Mit Beginn des 20. Jh.s wurde das mexikanische Nationalbewusstsein, das sich in der Rückbesinnung auf die altindianischen Traditionen Mexikos ausdrückte, ein wichtiges Motiv in der mexikanischen Kunst, vor allem der Malerei und der Literatur. Dieser *Indigenismo* wurde seit der Revolution auch politisch forciert und gefördert. So sollten die Wandmalereien in den öffentlichen Gebäuden der – zum großen Teil analphabetischen – Bevölkerung die eigene Geschichte vermitteln und nahebringen. Nicht nur Volkskunst und Folklore sind von der aztekischen Vergangenheit geprägt. So sind in der Literatur beispielhaft Juan Rulfo (1917–1986), Octavio Paz (1914–1998) und Carlos Fuentes (1928–2002) zu nennen, die in ihren Werken die indianische Vergangenheit oder

Gegenwart Mexikos zum Thema machten. Octavio Paz erhielt den Friedenspreis des deutschen Buchhandels (1984) und den Nobelpreis für Literatur (1990). Vor allem aber bei Carlos Fuentes ist die Begegnung des alten mit dem gegenwärtigen Mexiko bzw. die Spuren aztekischer Vergangenheit in der Gegenwart (z. B. *Chac Mool und andere Erzählungen*) oder die Begegnung zwischen Alter und Neuer Welt (z. B. *Terra Nostra, Hautwechsel*) ein Topos seines Werkes.

Bezüglich der Malerei ist der *Muralismo*, die Wandmalerei, mit ihren drei bedeutendsten Vertretern, Diego Rivera (1886–1957), José Clemente Orozco (1883–1949) und David Álfaro Siqueiros (1896–1974) zu nennen. Ihre Wandmalereien finden sich noch heute in zahlreichen öffentlichen Gebäuden vor allem von Mexico-Stadt.

Diego Rivera war der produktivste von diesen drei *Muralisten* (»Wandmalern«) und der, bei dem die indianische Vergangenheit – neben anderen politischen und sozialen Motiven – zu einem zentralen Thema wurde. Seine wichtigsten Wandmalereien befinden sich im Regierungspalast und Erziehungsministerium von Mexico-Stadt. Sie zeigen Ereignisse aus der aztekischen Vergangenheit in sozialkritischer Weise. Privat besaß er eine nicht unbedeutende Sammlung präkolumbischer Kunst von ca. 2000 Stücken, die heute noch in dem von ihm – nach dem Vorbild eines Maya-Grabes – selbst entworfenen Haus, dem *Anahuacalli* (= »Haus von Anahuac«) in Coyoacán ausgestellt ist.

Auch bei der Porträtmalerin Frida Kahlo (1907–1954), Ehefrau von Diego Rivera, spielt die Betonung des Mexikanischen und des Indianischen eine wichtige Rolle. Ihr Vater war deutsch-jüdischer Abstammung, die Vorfahren ihrer Mutter waren Indianer aus Oaxaca. Wie ihr Mann betonte auch sie gerne diese Abstammung von indianischen Vorfahren. Sowohl auf Fotos und erst recht in ihren Selbstbildnissen – ihre Werke sind fast nur Selbstbildnisse – fällt ihre Selbstinszenierung in indianischer Tracht, oft mit ihren beiden mexikanischen Nackthunden etc. auf.

Wer ist heute Azteke bzw. Nahua-Indianer? In den offiziellen Statistiken ist hierbei das sprachliche Kriterium entscheidend. Nach dem Zensus in Mexiko von 2000 sprechen 1,5 Mio. Mexikaner Nahuatl, die Sprache der Azteken, und sind somit als Nahua einzustufen. In ganz Mexiko geht man insgesamt von ca. 12 Mio.

Indianern bei einer Gesamtbevölkerung von ungefähr 120 Mio. aus. Die Mehrheit der mexikanischen Bevölkerung bilden mit 60 % die Mestizen. Offiziell sind allein in Mexiko 62 indianische Sprachen anerkannt. Mehr als 6 Mio. Mexikaner über fünf Jahre gaben 2005 an, dass eine dieser 62 indianischen Sprachen ihre Muttersprache sei. Im nördlichen Teil des Hochlandes von Mexiko sprechen 300 000 die Sprache der Otomi-Indianer. An der Golfküste sprechen noch 280 000 die Sprache der Totonaken. In Oaxaca und Teilen der Nachbarbundesstaaten sprechen 750 000 Zapotekisch und 450 000 Mixtekisch. Dazu kommen noch die verschiedenen Maya-Sprachen, die sich neben Mexiko auch auf die Nachbarstaaten verteilen.

Die Sprache ist aber nicht das einzige Kriterium. Mitentscheidend ist – was generell für die Definition einer Ethnie gilt – vor allem die eigene und fremde, letztlich mental-subjektive Zuordnung, d. h. ob sich jemand selbst als Indianer betrachtet und/oder auch von außen als solcher gesehen wird. Und diese Selbsteinschätzung kann sich innerhalb des Lebens einer Person durchaus ändern. Jemand gilt z. B. solange, wie er auf dem Land in einer indianischen Dorfgemeinschaft lebt, als Indianer. Sobald er aber in die Stadt zieht in der Hoffnung auf mehr und bessere Arbeitsmöglichkeiten und sich dem Stadtleben anpasst, ist er letztlich nicht mehr als Indianer anzusprechen, da er nicht mehr im indianischen Kontext der Dorfgemeinschaft lebt. Für den Fremden und Touristen wird das indianische Leben vor allem anhand der Fiestas und Märkte sichtbar.

Seit der Revolution wurde der Indigenismus gefördert. Diese Bewegung, die sich auf die indianischen Wurzeln zurückbesinnt, versucht einerseits die indianische Tradition, das Indianische aufzuwerten und zu erhalten, andererseits die Indianer in die Gesellschaft zu integrieren und anzupassen – ein Widerspruch in sich, der durch die Betonung des Wertes der indianischen Hochkultur und Vergangenheit einerseits und die Geringschätzung der heutigen Indianer andererseits nach wie vor präsent ist, und sich am deutlichsten am Symbol mexikanischer Identität schlechthin zeigt, dem Nationalmuseum für Anthropologie in Mexiko-Stadt. Hier wurde eine neue – durchaus didaktisch sehr gelungene und öffentlichkeitswirksame – Konzeption entwickelt und finanziell gefördert, ebenso wie auch der Museumsbesuch durch Schulklassen u. a. mehr.

Nach wie vor ist das aztekische Erbe lebendig: in der Musik, im Kunsthandwerk, in den Tänzen und Festen der indianischen Dorfgemeinschaften außerhalb der großen Städte. Aber auch in den großen Städten begegnet man der indianischen Vergangenheit. Die existenziellen Probleme werden häufig durch Alkoholismus kompensiert. Auch die Fiestas und der *Machismo*, die männerorientierte Lebenseinstellung, sind Bereiche, in denen sich der Indio ausleben, ein gewisses Selbstwertgefühl erlangen sowie seine Misere verdrängen kann und die daher von Regierung und Obrigkeit seit jeher bewusst toleriert, ja gefördert werden, um jeden Widerspruch und Aufstand seitens der Indianer von Anfang an zu vermeiden.

Das Verlassen der indianischen Dorfgemeinschaft für ein Leben in der Stadt oder in den USA führt mehr oder weniger zum Verlust indianischer Identität und Tradition. Aber auch die heutige Missionierung der Indianer, vor allem durch radikale protestantische Sekten aus den USA und generell die Anpassung an den »American Way of Life« stellen die indianische Tradition in Frage. Obwohl indianisches Leben im Mexiko der Gegenwart nach wie vor präsent ist, scheint die Zukunft ungewiss – um mit den Worten eines anonymen Dichters der *Cantares Mexicanos* zu enden:

»Ich weine, ich fühle es schmerzlich, wenn ich daran denke, dass wir von den schönen Blumen, den schönen Gesängen so bald Abschied nehmen müssen. Lasst uns noch fröhlich sein! Lasst uns noch singen! Allesamt gehen wir ja von dannen und vergehen.«[253]

253 Leonhard Schultze-Jena 1957, 191.

Zeittafel[254]

Geschichtliche Entwicklung vor den Azteken

2300–1500 v. Chr.	**Archaikum**
1500 v. Chr.–300 n. Chr.	**Vorklassik:**
1200–600 v. Chr.	Blütezeit der Olmeken = erste Hochkultur Mesoamerikas (San Lorenzo und La Venta)
300–900 n. Chr.	**Klassik:**
350–550	Blütezeit von Teotihuacán
500–800	Blütezeit von Monte Albán (Zapoteken, Mixteken)
600–900	Blütezeit von El Tajín (Tarasken)
	Blütezeit der Maya-Kultur im südlichen Tiefland
725–950	Blütezeit von Cholula
900–1520	**Nachklassik:**
900–1200	**frühe Nachklassik:**
um 900	Blütezeit der Maya-Kultur im nördlichen Tiefland
900–1150	Blütezeit von Tula (Tolteken)
900–1200	Blütezeit von Chichén Itzá (Yucatán)
1200–1521	**späte Nachklassik:**
1325–1521	Azteken

Geschichte der Azteken

1111	Aufbruch und Beginn der Wanderung der Mexica von Atzlan (nach dem mythischen Bericht)
um 1300	Niederlassung der Mexica in Chapultepec
um 1319	Die Mexica werden von den Nachbarvölkern besiegt und ihr Anführer Huitzilíhuitl hingerichtet
1325	Gründung von Tenochtitlán

254 Diese Daten zu den historischen Epochen sind keine Zeitangaben im Sinne fixer Jahreszahlen, sondern sollen dem Leser eine Vorstellung von dem ungefähren Zeitraum dieser Phasen vermitteln. In diversen Publikationen finden sich teilweise unterschiedliche Angaben, ich orientiere mich hier an Hanns J. Prem [2]2008, 349. Die einzelnen Kulturen werden nach ihrer Blütezeit aufgeführt.

Die Zeit der aztekischen Herrschaft

Tenochtitlán	Texcoco
Acamapichtli (um 1371–1391) → Gründung der Herrschaftsdynastie der Mexica	**Quinantzin** (1298–1377) → Gründung der Herrschaftsdynastie der Acolhua, Texcoco wird Hauptstadt der Acolhua
Huitzilíhuitl (1391–1415) → erste Eroberungen unter der Herrschaft der Tepaneken	**Techotlalatl** (1377–1409)
Chimalpopoca (1415–1427)	**Ixtlilxóchitl I.** (1409–1418) 1414–1418: Krieg zwischen Texcoco und den Tepaneken, Ixtlilxóchitl wird hingerichtet
Itzcoatl (1427–1440) 1428: Itzcoatl und Nezahualcóyotl besiegen die Tepaneken → Befreiung von der tepanekischen Herrschaft und Gründung des aztekischen Dreibundes der Städte Tenochtitlán, Texcoco und Tlacopan → Beginn der aztekischen Expansion 1449–54: Überschwemmung und Hungersnot in Tenochtitlán	**Nezahualcóyotl** (1418–1472) 1428: Befreiung von der Tepanekenherrschaft und Gründung des Dreibundes, kulturelle Blütezeit Texcocos
Moctezuma I. (1440–1471) Zusammen mit seinem Halbbruder Tlacaélel, konnte er das aztekische Herrschaftsgebiet durch neue Eroberungen erheblich erweitern und das Staatswesen und die Kultur der Mexica maßgebend gestalten – in der Form, wie die Spanier dann das Reich kennenlernten Kriege mit Chalco, Eroberungen bis Oaxaca und bis an die Golfküste sowie die Naturkatastrophen	
Axayácatl (1471–1482) 1473: Tenochtitlán besiegt Tlatelolco 1474: Sieg über Toluca 1478: Niederlage beim Feldzug gegen die Tarasken	**Nezahualpilli** (1472–1516) Texcoco als kulturelles Zentrum
Tizoc (1482–1486) Eroberungen im Westen (Oaxaca und Guerrero)	
Ahuitzotl (1486–1502) Größte Ausdehnung des aztekischen Reiches → Eroberungen im Norden und im Süden bis zum Isthmus von Tehuantepec und Soconusco 1487: Einweihungsfeier des Templo Mayor 1498: Überschwemmung von Tenochtitlán 1499: Niederlage der Azteken gegen die Nachbarstädte Tlaxcallan, Huexotzinco und Cholula	
Moctezuma II. (1502–1520) Staatsreform, Festigung der Reichsgrenzen, spanische Eroberung	**Cacama** (1516–1520)
Cuitláhuac (1520)	**Ixtlilxóchitl II.**
Cuauhtémoc (1521–1525)	

Die Zeit der spanischen Eroberung

1493	Übertragung der Herrschaft über Westindien an Spanien durch eine päpstliche Bulle – zum Zwecke der Ausbreitung des Christentums
1502	Kolumbus trifft ein Handelskanu der Maya
1503	Gründung der *Casa de Contratación* (»Haus des Handels«)
1518	erste Begegnung zwischen Azteken und Spaniern während der Entdeckungsfahrt des Grijalvas
1519–1521	Eroberung Tenochtitláns durch die Spanier unter Hernán Cortés
01.07.1520	*Noche Triste* (»Traurige Nacht«): Rückzug der Spanier aus Tenochtitlán
13.08.1521	Gefangennahme Cuauhtémocs und endgültiger Sieg der Spanier über die Azteken
1522	Hernán Cortés wird Gouverneur und Generalkapitän von Mexiko
1523	Ankunft von Franziskanermönchen als erste Missionare in Mexiko
1524	Gründung des Indienrates
1524–1526	Cortés auf Eroberungszug nach Honduras und Hinrichtung des Cuauhtémoc
1528	Gründung der Audiencia von Mexiko, Zumárraga erster Bischof in Mexiko
1530	Gründung des Vizekönigreiches »Neuspanien«
1531	Erscheinung der *Virgin de Guadalupe* (»Jungfrau von Guadalupe«), die dem Indianer Juan Diego widerfährt
1532–1535	Cortés auf Eroberungszug in Westmexiko
1533	Ankunft der ersten Augustiner in Mexiko
1535	Las Casas beginnt sein Missionswerk in Chiapas
1535–1550	Mendoza erster Vizekönig in Mexiko
1536	Einführung der Encomienda, Ankunft der ersten Dominikaner in Mexiko
30.11.1539	Hinrichtung von Ometochtzin (Enkel von Nezahualcóyotl) wegen Abfall vom christlichen Glauben
20.11.1542	Erlass der »Neuen Gesetze« von Burgos bzw. der Indianerschutzgesetze durch Kaiser Karl V.
1545–1547	Las Casas Bischof in Chiapas
1545–1548	Epidemie im Hochtal von Mexiko (Pocken oder Typhus)
1547–1575	ethnografische Studien des Franziskaners Bernadino de Sahagún, die er in seiner *Allgemeinen Geschichte der Begebenheiten in Neu-Spanien* niederschreibt
1576–1581	Epidemie in Zentralmexiko (Pocken oder Typhus)
1601	Verbot der Zwangsarbeit
1790	Entdeckung der Skulptur der Coatlicue, des Sonnensteins und des Steins des Tizocs bei Bauarbeiten am Zócalo, die den Beginn der Wiederentdeckung der aztekischen Kultur markiert
1803–04	Humboldt in Mexiko

Die Zeit von der Unabhängigkeit bis zur Revolution

16.09.1810	Miguel Hidalgo ruft mit dem *Grito de Dolores* (»Ruf von Dolores«) zur Unabhängigkeit Mexikos auf
22.10.1814	Maria Morelos verabschiedet Verfassung für eine unabhängige Republik Mexiko
1821–1823	Augustín de Iturbide erster Kaiser von Mexiko (Augustín I.)
1822	Unabhängigkeit Mexikos von Spanien: Mexiko wird zur Republik ausgerufen
1824–1860	Bürgerkriege zwischen Liberalen und Konservativen mit mehr als 30 Regierungswechseln in Mexiko
1855/56	Reformgesetze von Benito Juaréz, die vor allem die Abschaffung der Privilegien von Kirche und Militär und die Veräußerung von kirchlichem und kommunalem Landbesitz vorsehen
1859–1864 und 1867–1872	Benito Juárez Präsident von Mexiko, der erste indianische Präsident überhaupt in Amerika, Unterbrechung seiner Regierung durch
1864–1867	Maximilian von Österreich, Kaiser von Mexiko
1872–1910	»Porfiriato«, Diktatur unter Porfirio Diáz
1910–1924	Mexikanische Revolution
1934–1940	Lázaro Cárdenas zweiter indianischer Präsident in Mexiko
1939	Gründung des INAH (Instituto Nacional de Antropología y Historia), des Nationalen Instituts für Anthropologie und Geschichte
1948	Gründung des INI (Instituto Nacional Indigenista), des Nationalen Instituts für Indianer
1964	Eröffnung des Nationalmuseums für Anthropologie im Chapultepec-Park
1975	Gründung des CNPI, des Nationalen Indianerrates
1978–1982	Ausgrabungen am Templo Mayor unter Leitung von Eduardo Matos Moctezuma mit bedeutenden Funden
1987	Eröffnung des dortigen Museo del Templo Mayor
2000	PRI (Revolutionspartei) nach 71 Jahren nicht mehr Regierungspartei. Der neue Präsident Vicente Fox erlässt ein Gesetz, dass die Autonomie der Indianer vorsieht

Literatur[255]

Landeskunde und Geschichte im Überblick

Baedeker-Reiseführer: Mexiko, Ostfildern, [13]2014.

Ewald, Ursula: Mexiko. Das Land, seine Geschichte und Kultur, Stuttgart u. a. 1994.

Gockel, Wolfgang: Mexiko (DuMont-Kunstreiseführer), Köln [3]2005.

Heck, Gerhard / Gockel, Wolfgang: Guatemala, Belize, Honduras und El Salvador (DuMont-Kunstreiseführer), Köln [2]2006.

Neubauer, Jürgen: Mexiko. Ein Länderporträt, Berlin 2012.

Ruhl, Klaus-Jörg / Ibarra García, Laura: Kleine Geschichte Mexikos. Von der Frühzeit bis zur Gegenwart, München [2]2007.

Allgemeine Übersichtswerke

Coe, Michael D. (Hg.): Amerika vor Kolumbus (Bildatlas der Weltkulturen), Augsburg 1996.

Consejo Nacional para la Cultura y las Artes / Intituto Nacional de Antropología e Historia (Hgg.): Arqueología Mexicana (Zeitschrift, die anschaulich und verständlich zu Themen der mesoamerikanischen Kulturen berichtet, allerdings auf Spanisch).

Davies, Nigel: Die versunkenen Königreiche Mexikos, München 1988.

Gunsenheimer, Antje / Schüren, Ute: Amerika vor der europäischen Eroberung (Neue Fischer Weltgeschichte 16), Frankfurt a. M. 2016.

Köhler, Ulrich (Hg.): Altamerikanistik. Eine Einführung in die Hochkulturen Mittel- und Südamerikas, Berlin 1990.

Peters, Ulrike: Das Alte Mexiko und seine Hochkulturen, Wiesbaden 2015 (mit ausführlicher Bibliografie zu den Vorgänger- und Nachbarkulturen der Azteken).

Pörtner, Rudolf / Davies, Nigel (Hg.): Alte Kulturen der Neuen Welt. Neue Erkenntnisse der Archäologie, Frankfurt a. M. 1982.

Prem, Hanns J.: Geschichte Alt-Amerikas, München [2]2008.

Prem, Hanns J. / Dyckerhoff, Ursula (Hg.): Das alte Mexiko. Geschichte und Kultur der Völker Mesoamerikas, München 1986.

Riese, Berthold: Der Untergang der Sonnengötter. Die Hochkulturen des alten Amerika, Freiburg, Basel, Wien 2010.

Seler, Eduard: Gesammelte Abhandlungen zur Amerikanischen Sprach- und Altertumskunde (4 Bde.), Graz 1960.

Wauchope, Robert (Hg.): Handbook of Middle American Indians (16 Bde.), Austin 1964–1976 (bis heute Grundlagenwerk zu den mesoamerikanischen Kulturen, mit Ergänzungsbänden!).

255 Bei der Auswahl der Literatur wurden deutschsprachige Publikationen als Einstiegslektüre in das Thema vorrangig berücksichtigt. Eine ausführliche Bibliografie zu den Vorgänger- und Nachbarkulturen der Azteken s. Ulrike Peters, Das Alte Mexiko und seine Hochkulturen, Wiesbaden 2015. Die unter den Quellenwerken angeführte Literatur stellt eine Auswahl der wichtigsten Werke dar.

Azteken – Gesamtdarstellungen

Carrasco, David: Die Azteken, Stuttgart 2015.
Davies, Nigel: Die Azteken. Meister der Staatskunst, Schöpfer hoher Kultur, Reinbek bei Hamburg 1989.
Ekholm, Gordon F. / Bernal, Ignacio (Hg.): Archaelogy of Northern Mesoamerica I (Handbook of Middle American Indians 10), Austin, TX 1971.
DuMont-Verlag (Hg.): Azteken (Ausstellungskatalog), Köln 2003
Eggebrecht, Arne (Hg.): Geheimnisvolles Mexiko. Die Kultur der Azteken (Ausstellungskatalog), Augsburg 1994.
Lindig, Wolfgang / Münzel, Mark: Die Indianer 2: Mittel- und Südamerika (indianische Kulturen der Gegenwart), München 1998.
Prem, Hanns J.: Die Azteken. Geschichte, Kultur, Religion, München [5]2011.
Riese, Berthold: Das Reich der Azteken: Geschichte und Kultur, München 2014.
Soustelle, Jacques: Das Leben der Azteken. Mexiko am Vorabend der spanischen Eroberung, Zürich 1986.
Westphal, Wilfried: Montezumas Erben. Die Geschichte der Azteken von den Anfängen bis heute, Essen 2003.

Religion, Philosophie, Literatur und Kalender

Arellano Hoffman, Carmen / Schmidt, Peer (Hg.): Die Bücher der Maya, Mixteken und Azteken. Die Schrift und ihre Funktion in vorspanischen und kolonialen Codices (Schriften der Universitätsbibliothek Eichstätt 34), Frankfurt a. M. 1997.
Broda, Johanna / Carrasco, David / Matos Moctezuma, Eduardo: The Great Temple of Tenochtitlan. Center and Periphery in the Aztec World, Berkely, Los Angeles, London 1988.
Hassler, Peter: Menschenopfer bei den Azteken. Eine quellen- und ideologiekritische Studie, Bern 1992.
Ibarra Garcia, Laura: Das Weltbild der Azteken. Entstehung und Begründung, Berlin 2016.
Krickeberg, Walter et al. (Hg.): Die Religionen des alten Amerika (Die Religionen der Menschheit 7), Stuttgart 1961.
Lanczkowski, Günter: Götter und Menschen im alten Mexiko, Olten 1984.
Linden, Heidi: Das Ballspiel in Kult und Mythologie der mesoamerikanischen Völker (Nikephoros 1), Hildesheim 1993.
Leon-Portilla, Miguel: La filosofia Nahuatl. Estudia en sus fuentes, Mexiko-Stadt 1983.
Ders.: Literaturas de Mesoamérica, Mexiko-Stadt 1984.
Peters, Ulrike: Philosophie der Azteken. Eroberung und Mission als Transkulturation (Interkulturelle Bibliothek 22), Nordhausen 2010.
Schmidt, Peter J.: Der Sonnenstein der Azteken (Wegweiser zur Völkerkunde 6), Hamburg 1974.
Stenzel, Werner: Grundlagen der mesoamerikanischen Religionen, Frankfurt a. M. 2014.
Miller, Mary / Taube, Karl: An Illustrated Dictionary of the Gods and Symbols of Ancient Mexico and the Mayas, London 1997.

Übersee-Museum Bremen / Ganslmayr, Herbert (Hg.): Lebende Toten. Totenkult in Mexiko, Frankfurt a. M. 1986.

Wissmann, Hans: Sind doch die Götter auch gestorben. Das Religionsgespräch der Franziskaner mit den Azteken von 1524 (Missionswissenschaftliche Forschungen 15), Gütersloh 1981.

Einzelaspekte

Hugh, Thomas: Die Eroberung Mexikos. Cortés und Montezuma, Frankfurt a. M. 1993.

Köhler, Ulrich: Vasallen des linkshändigen Kriegers im Kolibrigewand. Über Weltbild, Religion und Staat der Azteken (Ethnologische Sutdien 39), Berlin 2009.

Prescott, William H.: Die Eroberung von Mexiko, Köln 2000 [1845].

Sandmaier, Peter: Azteken und Spanier: Das Aufeinandertreffen zweier Großmächte, München 2013.

Schuster, Sven: Bernardino de Sahagún – Ethnograf oder Ethnologe?, München 2006.

Quellen / Primärliteratur (Auswahl der wichtigsten Werke)

Alt-aztekische Gesänge, übersetzt und erläutert von Leonhard Schultze-Jena (Quellenwerke zur alten Geschichte Amerikas aufgezeichnet in den Sprachen der Eingeborenen VI, hg. von der Lateinamerikanischen Bibliothek Berlin), Stuttgart 1957.

Cortés, Hernan: Die Eroberung Mexikos. Eigenhändige Berichte an Kaiser Karl V., Leipzig, Frankfurt a. M. 1980.

Dúran, Diego: Historia de las Indias de Nueva España y islas de tierra firme, Mexiko-Stadt 1867.

Ders.: Ritos y fiestas de los antiguos mexicanos, Mexiko-Stadt 1980.

Crónica Mexicayotl, hg. von Berthold Riese (Collectana Instituti Anthropos 44), Sankt Augustin 2004.

Díaz del Castillo, Bernal: Die Eroberung von Mexiko, Berlin 2017.

Krickeberg, Walter (Hg.): Märchen der Azteken und Inkaperuaner, Maya und Muisca, München 1991.

Ixtlilxóchitl, Fernando de Alva: Historia de la nación Chichimeca, Barcelona 2014.

Die Geschichte der Königreiche von Colhuacan und Mexico, übersetzt von Walter Lehmann, hg. von Gerdt Kutscher (Quellenwerke zur alten Geschichte Amerikas aufgezeichnet in den Sprachen der Eingeborenen I, hg. von der Lateinamerikanischen Bibliothek Berlin), Stuttgart 1974 (→ *Codex Chimalpopoca*).

Geschichte der Azteken. Codex Aubin und verwandte Dokumente, übersetzt und erläutert von Walter Lehmann und Gerdt Kutscher (Quellenwerke zur alten Geschichte Amerikas aufgezeichnet in den Sprachen der Eingeborenen XIII, hg. von der Lateinamerikanischen Bibliothek Berlin), Berlin 1981.

Lehmann, Walter: Sterbende Götter und christliche Heilsbotschaft. Wechselreden indianischer Vornehmer und spanischer Glaubensapostel in Mexiko

1524 (Quellenwerke zur alten Geschichte Amerikas aufgezeichnet in den Sprachen der Eingeborenen III, hg. von der Lateinamerikanischen Bibliothek Berlin), Stuttgart 1949.
León-Portilla, Miguel (Hg.): Cantos y crónicas del México antigua (historia 16), Madrid 1986.
Ders. / Heuer, Renate (Hg.): Rückkehr der Götter. Die Aufzeichnungen der Azteken über den Untergang ihres Reiches, Zürich 1986.
Ross, Kurt (Hg.): Codex Mendoza. Aztekische Handschrift, Fribourg 1978/1984.
Ders.: Fünfzehn Dichter aus der aztekischen Welt, Wien, Berlin 2011 (leider eine nicht immer korrekte Übersetzung ins Deutsche).
Lopez de Gomara, Francisco: La conquista de México, Madrid 1987.
Mendieta, Gerònimo de: Historia Eclesiàstica Indiana, Mexiko-Stadt 1997.
Motolinia, Toribio: Historia de los Indios de la Nueva España. Relación de los ritos antiguos, idolatrías y sacrificios de los indios de la Nueva España, y de la maravillosa conversion que Dios en ellos ha obrado.
Sahagún, Bernardino de: Einige Kapitel aus dem Geschichtswerk des Fray Bernardino de Sahagun, übersetzt von Eduard Seler, hg. von Caecilia Seler-Sachs / Walter Lehmann / Walter Krickeberg, Stuttgart 1927 (Nachdruck Paderborn 2014).
Ders.: Wahrsagerei, Himmelskunde und Kalender der alten Azteken, übersetzt und erläutert von Leonhard Schulze Jena (Quellenwerke zur alten Geschichte Amerikas aufgezeichnet in den Sprachen der Eingeborenen IV, hg. von der Lateinamerikanischen Bibliothek Berlin), Stuttgart 1950.
Ders.: Gliederung des alt-aztekischen Volks in Familie, Stand und Beruf, übersetzt und erläutert von Leonhard Schultze-Jena (Quellenwerke zur alten Geschichte Amerikas aufgezeichnet in den Sprachen der Eingeborenen V, hg. von der Lateinamerikanischen Bibliothek Berlin), Stuttgart 1952.
Ders.: Aus der Welt der Azteken. Die Chronik des Fray Bernardino de Sahagún, Übersetzungen von Leonhard Schultze-Jena, Eduard Seler und Sabine Dedenbach-Salazar-Sáenz, ausgewählt und mit einem Nachwort versehen von Claus Litterscheid, Frankfurt a. M. [2]1990.
Ders.: Historia general de las cosas de Nueva España, Mexiko-Stadt 1999.

Bibliografische Information der Deutschen Nationalbibliothek
Die Deutsche Nationalbibliothek verzeichnet diese Publikation in der Deutschen Nationalbibliografie; detaillierte bibliografische Daten sind im Internet über http://dnb.d-nb.de abrufbar.

Lektorat: Stefan Gücklhorn, Wiesbaden
Covergestaltung: Karina Bertagnolli, Wiesbaden
Bildnachweis: Ansicht der Stadt Tenochtitlán, Wandgemälde von Diego Rivera, akg-images / Bildarchiv Steffens / Henri Stierlin www.steffens.biz © Diego Rivera (until 2027) / VG Bild-Kunst
Karten: S. 21, 51 cartomedia, Karlsruhe; S. 61 Peter Palm, Berlin
Satz und Bearbeitung: Medienservice Feiß, Burgwitz
Der Titel wurde in der Palatino Linotype gesetzt.
Gesamtherstellung: CPI books GmbH, Leck – Germany

ISBN: 978-3-7374-1086-1

Mehr über Ideen, Autoren und Programm des Verlags finden Sie auf www.verlagshausroemerweg.de und in Ihrer Buchhandlung.

Das aztekische Herrschaftsgebiet
Río Lerma
Chapala-See
Laguna de Yuriria
Quitupan
Tzintzuntzan
Zapotlán
Tamazuca
Tuxpan
Pátzcuaro
Tenochtitlán
Colima
Uruapan
Toluca
Arto
MICHOACÁN
Cuernavaca
Río Balsas
Tlachco
Teloloapan
Zacatula
YOPITZINCO
Acapulco
Pazifik
0 50 100 150 km